청소년을 위한
생각하는
사회

철학의 눈으로 사회를 보는 8가지 질문들

청소년을 위한
생각하는 사회

장의관 지음

『생각하는 사회』가 처음 출간된 지 어언 10년이란 세월이 지났다. 『생각하는 사회』의 주제들은 지속적으로 우리 사회의 화두를 구성하고 있지만 그 해답은 쉽게 구해지지 않고 있다. 과학과 지식의 급속한 발전을 선보이는 21세기이지만 아직 명쾌한 해답을 허용하지 않는 분야들도 존재한다. 끊임없는 숙고와 성찰에도 불구하고 해답이 손쉽게 다가오지 않는 것은 이들 질문에 내재한 본원적 어려움 때문일 것이다. 이들 영역에서 해답을 구하는 우리 노력이 더딘 결실로 이어지는 것은 어쩌면 불가피한 현상일 수밖에 없다.

이 책은 인간 삶 속에 함께한 오랜 철학과 사고의 주제들을 논의하지만, 한편으로 끊임없이 새롭게 마주치는 우리 사고와 행태와 문화와 관습의 변화를 분석하고자 시도한다. 지난 10년의 기간 동안 이 책이 관심을 가진 주제들을 둘러싸고 사람들의 인식 전환도 이루어졌고, 각국의 입법 및 정책의 수정도 진행되었다. 이번에 출간되는 청소년 버전의 개정판은 이들 주제와 관련하여 그간의 변화들을 반영하고자 노력하였다.

　내용의 부분적 개정에도 불구하고 이 책이 애초에 던진 질문들의 궁극적 성격과 취지는 변치 않는다. 시민 지성은 우리 사회에서 빈번히 무너지는 정의의 현주소에 대한 진중한 성찰 위에서 성장하고, 따라서 우리는 부단히 생각하는 사회를 지향하는 질문들을 던지고 이에 답하고자 노력해야 한다. 나는 이 개정판『청소년을 위한 생각하는 사회』가 우리 사회의 시민 지성의 성장에 지속적으로 일조하기를 희망한다.

1944년 노벨 물리학상을 수상한 이시더 아이삭 래비 Isidor Isaac Rabi는 수상 소감에서 어머니에 대한 감사를 표하며 어린 시절 어머니의 남다른 교육 방식을 회고했다.

"내 어머니는 의도하신 바는 아니겠지만 결국 내가 과학자가 되도록 이끄신 분이었습니다. 어린 시절을 보냈던 뉴욕 브루클린 지역의 유대인 어머니들은 학교에서 돌아온 자식들에게 이렇게 묻곤 했습니다. '그래, 오늘은 학교에서 무엇을 배워왔니?' 하지만 나의 어머니는 달랐습니다. '이시더야, 오늘은 선생님께 어떤 좋은 질문을 했니?' 좋은 질문을 하라는 어머니의 교육이야말로 어쩌면 나를 노벨상 수상자의 자리에 설 수 있게 만든 가장 큰 동인이었을 것입니다."

주어진 질문에 적절한 답을 제시하는 것은 좋은 학생의 징표일 것이다. 하지만 남들이 미처 생각하지 못하거나 혹은 당연하다고 생각하여 지나치는 질문을 발견하는 것은 더 훌륭한 학생의 자질이다. 이시더의 어머니는 위대한 지적 통찰력이란 언제나 질문을 갖고 삶을 대하는 자세와 노력에서 나온다는 것을 그에게 가르친 셈이다.

우리는 인생을 살아가면서 '왜?'라는 질문을 던져야 하는 수많은 상황에 직면한다. 우리 인생은 우리 스스로의 것이다. 우리 삶의 궁극적 주체는 우리 자신이며, 이는 우리 삶이 타인의 의지와 결정에 휘둘리지 말아야 함을 의미한다. 자기 인생을 자기 것으로 만들기 위해 삶을 어떻게 살지를 고민하고 사유하는 것은 우리 모두에게 주어진 자연스러운 숙제가 아닐 수 없다.

하지만 우리 중 많은 이들은 삶에 대한 고민과 사유를 부담스러워한다. 사유하기보다는 순간적 직관에 의존하며, 때로는 관습과 전통에 기대어 삶의 문제를 해결하고 선택에 대처하려 든다. 우리의 순간적 직관이 임의적이고 변덕스러울 수 있다는 사실에 관심을 기울이지 않는다. 과거에 형성된 관습과 전통이 현재의 우리 삶을 이끄는 적절한 지침이될 수 있는지도 고민하려 들지 않는다.

'왜?'라는 질문은 종종 우리를 불편하게 만든다. 우리가 당연하게 여기던 도덕과 관행에 도전하며 옳고 그름에 관한 우리의 생각에 혼란을 불러일으키기 때문이다. 내 삶을 그저 펼쳐지는 대로 받아들이며 과거의 전통적인 방식이나 주변 사람들의 방식을 따른다면 나는 내 삶의 주체가 될 수 없다. 근대 영국의 자유주의 철학자 존 스튜어트 밀John Stuart Mill은 타자를 흉내 내는 삶은 유인원의 삶이지 결코 인간의 삶이 될 수 없다고 말한다.

어쩌면 하루하루의 물질적 안위를 고민하는 우리 대부분에게 삶에 대한 근원적 고민은 그 자체가 사치로 느껴질 수도 있다. 삶이란 어차피 주어진 운명의 손아귀를 크게 벗어날 수 없을진대 이를 고민하는 것은 어리석다는 운명론자도 있을 것이다. 고민해 본들 명쾌한 답이 없는 삶의 난제에 시간을 허비하는 것은 부질없는 짓이라는 염세적 실용주의자도 있을 것이다. 각고의 노력 끝에 답을 얻어낸들 그것이 여러 사람의 지혜를 담은 관습 및 전통과 큰 차이가 없을 것이라는 보수주의자도 존재할 것이다.

하지만 여전히 우리 삶의 주인은 우리 자신이며, 우리는 자신의 행복을 스스로 책임지며 살아가야 한다. 우리가 진정 행복을 원한다면 삶을 고민하는 일은 불가피하다. 그리고 그 고민과 사유는 개인의 삶에 국한되지 않으며 개인이 함께 이루어가는 정치 공동체의 목적 및 구현 방안으로 연결된다. 고대 그리스로부터 현대에 이르기까지 정치철학의 핵심 화두는 '좋은 삶이란 무엇이며 좋은 삶의 구현을 위해 정치 공동체의 역할은 무엇인가'이다. 현대 정치학의 중심 주제이자 모든 정치 공동체가 추구했던 정의正義의 질문 역시 그 궁극적 답안의 모색은 결국 '좋은 삶이란 무엇인가?'라는 질문으로 환원한다. 현재 우리 사회의 정의의 문제들과 관련한 질문들은 고전기의 철학적 질문들과 맥을 같이 한다. 우리 사회의 정의의 문제들을 논의하는데 우리는 여전히 고전기가 태동시킨 철학적 지혜를 반추할 것을 요청받는다.

왜 정의를 논의해야 하는가

미국의 정치학자 데이비드 이스턴David Easton은 정치를 '사회 내 모든 가치의 권위적 배분'이라고 규정한다. 우리 삶 속에는 다양한 가치가 존재한다. 이 가치들은 경제적인 것뿐만 아니라 정치, 사회, 문화적인 것을 포함한다. 정치는 이 가치들을 배분하는 역할을 담당한다. 국회가 특정 소득세법을 통과시키면 사람들은 자신의 소득 상황에 따라 경제적인 득실을 경험하게 될 것이다. 어떤 사람은 바뀐 소득세법으로 인해 경제적 혜택을 얻고, 어떤 사람은 반대로 손실을 보게 된다. 즉, 소득세법을 바꾸는 정치적 행위는 사회 내에서 경제적 재화를 배분하는 방식을 바꾼다.

시의회가 공원을 건설하는 법안을 제정했다고 하자. 모든 시민이 자유롭게 사용할 수 있는 무료 공원은 흔히 공공재public goods의 대표적인 사례로 일컫는다. 공공에게 혜택을 주기 때문에 시의회의 법안 제정은 사회 내 가치의 배분에 큰 영향을 미치지 않는다고 생각할 수 있다. 하지만 무료 공원 또한 공원 주변에 거주하거나 공원의 시설을 즐길 수 있는 시간적 여유를 가진 사람들에게 차별적인 혜택을 제공한다. 그리고 공원 건설에 재원이 쓰일 경우 시의 다른 사업이 예산 부족으로 포기될 수도 있다. 공공의 이익을 목표로 하는 시의회의 결정조차도 어떤 사람은 혜택을 얻고 어떤 사람은 손실을 보는 가치 배분의 정치 행위인 것이다.

정치를 통해 가치를 배분하는 일은 사회의 경제적인 영역에만 국한하지 않고 문화적이고 도덕적인 영역에도 깊숙이 개입한다. 국가가 제정한 결혼법에 대해 생각해보자. 우리의 현 결혼법은 특정한 연령에 달했을 때만 결혼 자격을 부여하며, 동시에 여러 사람과 결혼 관계에 들어가는 중혼을 금지한다. 남녀 간의 결합만을 법적으로 인정하며, 결혼을 하면 일정 기간 내에 국가에 신고할 것을 요구한다. 만약 결혼 당사자들이 국가가 정한 이러한 규칙을 지키지 않으면 국가는 결혼을 인정하지 않거나 징벌이나 벌금을 부과한다. 반면 규칙을 따라 국가에 결혼을 등록한 이들에게는 부부라는 특별한 법적 지위와 혜택을 부여한다. 결혼법은 이성애 및 동성애와 관련한 우리 사회 내의 도덕적 가치의 배분에 영향을 미친다. 결혼법은 이성 간의 사랑을 보편화하고 정당화하는 한편, 동성 간의 사랑은 특수화하고 차별화한다. 즉 그것은 우리가 이성애자로 살지 아니면 동성애자로 살지에 관한 가치판단에 영향을 미친다. 결혼법이 설정한 사회적 가이드라인을 벗어나는 삶에는 편견과 차별이 뒤따를 수 있다. 이는 결혼법이 도덕적 가치를 배분하고 있음을 의미한다.

이처럼 정치는 사회의 다양한 가치를 배분하는 일을 수행한다. 문제는 배분의 방식이다. 이스턴은 '권위적authoritative'이라는 말로 이를 표현한다. 권위적 배분은 '권위주의적authoritarian' 배분과는 다르다. 두 어휘는 비슷해 보이지만 매우 다른 의미를 설정한다. 권위주의적 배분은 통치자의 자의적이고 강압적 결정으로 이루어진 배분을 의미한다. 반면 권위적 배분은 그 과정이 사회 내에서 기본적 동의의 원칙과 정당한 절차에 따라 이루어진다. 민주주의 사회에서 권위적 배분은 피통치자의 동의와 합법적 절차의 조건을 충족한 배분 방식으로 규정될 수 있다.

그렇다면 우리 사회 내의 많은 가치들은 권위적 배분의 요건을 충족하고 있을까? 만약 힘 있는 소수의 횡포가 가치를 배분하는 주된 동인이라면 우리 정치는 민주 사회가 요구하는 권위적 배분을 실현하는 데 실패하고 있는 셈이다. 관습이나 전통을 단순히 답습하거나 종교적 편견이 가치 배분의 주도적 요인이 되는 경우도 마찬가지다. 사회 내의 다양한 가치가 권위적 배분을 이루지 못한다면 그 사회는 그만큼 정의를 상실할 것이다. 성 아우구스티누스Saint Augustine는 국가가 정의를 상실하면 대규모 도적단과 다를 것이 없다고 말한다.

정의로운 사회는 정치적, 경제적, 사회적, 도덕적 가치가 적절하게 수용되고 배분되는지를 지속적으로 고민해야 한다. 가치의 중요성을 결정하는 중요한 조건 중의 하나는 희소성이다. 희소성은 한 사람이 가치를 획득할 때 다른 사람이 동일 가치를 획득할 기회를 감소시킨다. 정치권력이나 경제적 부는 사회적 희소성을 지닌 대표적인 가치들이다. 희소성과는 비교적 무관하게 보이는 형태의 가치들도 있다. 안락사나 동성애의 권리 등 도덕적 가치를 둘러싼 논쟁은 선에 대한 관념들이 충돌하며 빚어내는 사회적 긴장의 산물로, 희소성 때문에 생기는 일반적 가치 배분의 문제와는 특성을 달리한다. 하지만 서로 다른 선의 관념들이 사회적 인정이라는 희소 자원을 확보하기 위해 경쟁한다는 점에서 도덕적 가치의 배분이 희소성의 기준과 완전히 유리되는 것은 아니다.

정치는 도덕적 가치들이 사회적 인정을 확보하기 위해 경쟁하는 주된 공간이다. 정치가 합리적인 상호 논의의 과정 없이 어느 한쪽의 도덕적 입장만을 수용하거나 지지할 때 정의는 추락한다. 우리 사회가 어떤 도덕적 가치를 수용할 것인가에 대해 숙고하는 것은 정의로운 사회 실현의 필수 요건이다.

여덟 가지 주제로 살펴보는 우리 시대의 정의

이 책은 이러한 문제의식을 바탕으로 오늘날 우리 사회에서 논쟁을 불러일으키는 여덟 가지 주제를 선택하여 살펴보고자 한다. 이들 주제는 안락사, 낙태, 마약, 동성애, 부유세, 사형, 매춘, 사치 등을 포함한다. 우리는 텔레비전 뉴스를 통해서 또는 우리 자신의 삶 속에서 이들 주제들과 종종 마주친다. 이 주제들이 워낙 친숙해서 나름의 정리된 해답을 우리 사회가 이미 지니고 있다고 생각할 수도 있다. 하지만 불행하게도 우리 사회는 이 주제들에 대한 해답들이 아직 마련되지 않은 채 논쟁 중이다.

정의로운 사회는 정의에 대한 시민 지성을 필요로 한다. 시민 지성은 우리 사회에서 빈번히 무너지는 정의의 현주소에 대한 진중한 성찰 위에서 성장한다. 삶과 죽음, 사랑과 쾌락, 탐욕과 부와 사치, 개인 자유와 사회적 책임에 대해 '왜'라는 질문을 던질 수 있을 때 시민 지성은 성장한다. 나는 이 책이 시민 지성의 성장에 조그만 밑거름이 될 수 있기를 희망한다.

목차

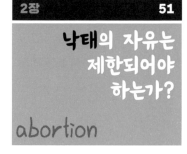
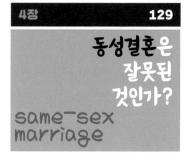

1장

안락사는 금지되어야 하는가?

euthanasia

euthanasia

‖ 죽음의 의사 ‖

1990년대 초 잭 케보키언^{Murad Jacob "Jack" Kevorkian}이라는 미국 의사는 타나트론^{Thanatron}이라는 자살 기계를 고안했다. 기계는 먼저 링거 바늘을 통해 환자의 정맥으로 생리 식염수를 흘려보낸다. 환자가 스위치를 스스로 누르면 진정제인 티오펜탈이 주사되어 환자는 의식을 잃는다. 60초 후에 염화칼륨 용액이 나와서 환자의 심장을 멎게 한다. 케보키언이 발명한 또 다른 기계인 머시트론^{Mercitron}은 환자가 스위치를 누르면 일산화탄소가 관을 타고 환자에게 씌워진 마스크로 흘러들어가 환자를 죽음으로 이끈다.

케보키언이 발명한 자살 기계의 도움을 받아 죽은 이들은 대부분 불치병 말기 증세를 보이는 환자들로 극심한 통증으로 고통의 삶을 살고 있었다. 케보키언은 회복 가능성 없이 하루하루 고통스러운 삶을 영위하는 환자가 안락사를 원할 경우 이를 돕는 것이 의사의 임무라고 확신했다. 1990년부터 1998년까지 최소 130명 이상의 환자가 그의 도움으로 안락사를 실행했다. 이로 인해 케보키언은 네 차례나 기소당했지만 모두 무죄나 기소 중지 판결을 받았다.

그러나 1998년 말 CBS 방송이 그의 허락 하에 그가 안락사를 주도한 장면을 담은 비디오테이프를 방송하면서 그는 또 한 번 기소되었다. 이 테이프는 자살 장치만 제공한 여타 경우와 달리 그가 직접 약물을 주입하는 장면을 담고 있어서 커다란 사회적 파장을 초래했다. 결국 케보키언은 2급 살인죄로 법정에 섰다. 그는 변호사의 도움을 거부한 채 홀로 법정 싸움을 펼치며 안락사의 당위성을 주장했지만 결국 실형을 선고받고 8년여의 수감 생활을 하게 되었다.

2007년 가석방된 그는 2011년 혈전증으로 사망할 때까지 "죽음은 범죄가 아니다"라는 유명한 어구를 남기며 안락사 권리 운동을 전개했다. 그가 잠든 묘지에는 "모든 이의 권리를 위해 자신을 희생하다"라는 비문이 새겨져 있다. 어떤 사람들은 케보키언이 사회적으로 무시되고 있던 '죽을 권리'를 주창하고 안락사를 사회적 이슈로 부각시켰다며 그의 외로운 투쟁과 공로를 높이 치하했다. 반면 다른 이들은 그가 삶의 진정한 가치를 외면한 채 죽음의 해법에 과도하게 집착했다고 비난했다.

"산다는 사실보다는 삶 안의 자유가 내게는 더 큰 의미를 지닌다."
- 잭 케보키언

▎ 안락사란 무엇안가 ▎

회복 가능성이 전혀 보이지 않는 상태에서 고통에 계속 신음하는 환자가 자신의 죽음을 앞당겨 달라고 요청할 때 우리 사회는 이를 거부해야 할까? 모든 인간 생명을 존중하자는 것은 우리 사회의 중요한 도덕 명제 중 하나다. 우리는 이 명제에 부응하기 위해 고통 속에서 죽음을 기다리는 환자의 생명을 연장하는 데 최선을 다한다. 설령 환자가 생명 연장을 원치 않고 빨리 죽기를 바란다고 할지라도 말이다. 이때 우리는 혹시 도덕 명제에 집착하여 환자에게 자신의 고통스런 삶을 강요하는 것은 아닐까?

'안락사'란 현대의학으로는 더 이상 치료가 불가능한 병에 걸려 죽어가는 환자가 있을 때 이 환자의 생명을 인위적으로 단축하거나 혹은 연장을 중단하는 의료 행위를 말한다. 안락사는 통상적으로 의료진이 생명 단절 수단을 제공하는 적극적 안락사와, 인공 호흡기나 영양 공급기 등 생명 유지 수단을 중단하는 소극적 안락사로 구분된다. 적극적 안락사는 환자가 사망 단계에 아직 진입하지는 않았더라도 의료 행위를 통해 환자가 죽음에 이르도록 만든다. 반면 소극적 안락사는 이미 사망 단계에 진입한 환자에게 삶의 연장 수단을 제거하거나 추가적인 수단을 중단함으로써 사망에 도달하도록 방치하는 것이다.[1]

안락사를 희망하는 직접적인 동기는 환자의 격심한 고통이다. 안락사는 흔히 불치병에 걸려 지속적으로 고통받는 환자의 고통을 중단하기 위한 최종적인 방안으로 시행된다. 또한 환자 본인이 자신의 삶에 대한 통제력을 완전히 상실했다고 여기고 앞으로의 삶이 무의미하다고 판단할 때 안락사를 선택하기도 한다. 이들은 병상에서 생명 연장만을 꾀하는 것은 인간다운 삶과는 거리가 멀다고 믿으며, 차라리 자신의 인생을 마감할 수 있는 품위 있는 죽음을 선택하고자 한다.

안락사는 고대 그리스에서부터 논란이 된 주제이지만 현대적 의미의 논쟁은 19세기 후반부터 시작되었다. 고통 없는 편안한 죽음을 뜻하는 안락사euthanasia의 정의는 시대를 흐르며 꾸준히 변화해 왔다. 현대적 의미에서 안락사를 시행하는 조건은 주로 다음과 같다. 첫째, 불치병에서 회복이 불가능한 말기 환자여야 하고, 둘째, 환자 자신이 죽음의 의사를 명확히 표현해야 하며, 셋째, 환자의 이익에 최대한 부합하는 형태로 죽음이 이루어져야 한다. 즉 환자가 스스로 원할 경우 고통이 없는 가장 편안한 방식으로 죽음을 맞이할 수 있어야 한다. 이때 안락사를 도울 조력자가 필요할 수 있는데, 이 조력자의 행위는 필히 선의에서 비롯되어야 한다. 만약 조력자가 이기적인 목적으로 안락사에 개입하는 경우 살인의 논란이 초래될 수 있다.

현대적 의미의 안락사에 관한 논쟁은 생명 과학과 의료 기술이 발전하면서 야기된 결과라고 할 수 있다. 과거에는 죽음의 과정을 운명으로 받아들일 수밖에 없었던 인간이 의학과 기술의 발전에 힘입어 자신의 생명을 연장할 수 있게 되면서 안락사 논쟁은 확대되었다. 인류 역사의 대부분 동안 인간의 평균 수명은 40세를 넘지 않았다. 하지만 의학의 발전으로 인간 수명이 꾸준히 연장되어 왔고, 환자들은 의료 기술의 도움으로 죽음을 늦추거나 서서히 맞이하는 것도 가능하게 되었다.

의학이 발전함에 따라 인간의 삶과 죽음이 더 이상 신의 영역에 속하는 것이 아니라 인간 스스로가 계획하고 통제할 수 있는 것이라는 사회적 인식 또한 점차 확대되고 있다. 운명으로만 여겨졌던 삶과 죽음의 문제가 점차 선택의 문제로 바뀌고 있다. 인간이 삶과 죽음의 문제를 전혀 통제할 수 없는 상황에서 안락사가 논쟁이 될 수 없었듯이, 언젠가 이 문제를 완전히 통제하게 된다면 역시나 현재의 논쟁은 소멸될 것이다. 안락사는 인간이 삶과 죽음을 부분적으로 통제하는 상황에서 야기되는 이슈로, 안락사를 둘러싼 사회적 논쟁은 인간이 삶과 죽음을 완전히 통제하는 시점에 이를 때까지 지속적으로 내용적 변화를 꾀할 것이다.

▮ 안락사를 허용한 나라들 ▮

전 세계적으로 적극적 안락사를 법으로 허용한 나라는 많지 않다. 네덜란드, 벨기에, 캐나다, 스페인은 적극적 안락사를 합법화한 대표적인 국가들이다. 이들 국가는 불치병 혹은 비불치병인지 여부와는 무관하게 질병으로 인해 격심한 고통을 경험하는 환자가 명확한 의사를 표명할 경우 안락사를 허용한다. 네덜란드는 1994년 이래로 왕립네덜란드의사협회가 제안한 기준에 따라 안락사를 시행해 왔다. 2004년 이후로는 환자가 유아인 경우처럼 명시적 동의를 확보하기 어려운 상황에서도 비자발적 안락사를 허용하고 있다. 벨기에는 2002년에 적극적 안락사를 합법화했으며, 2014년에는 미성년자에게 적용되던 연령 제한 규정을 철폐하였다. 캐나다와 스페인 역시 각기 2016년과 2021년에 적극적 안락사를 허용하였다.

반면, 프랑스와 영국 등 일부 국가들은 아직 적극적 안락사나 의사 조력 자살을 불법으로 규정하고 있다. 가톨릭 인구가 다수인 프랑스의 경우 안락사 이슈는 첨예한 사회 문제를 구성하여 왔다. 2013년 말 80대의 동갑내기 노부부가 안락사 합법화를 요구하는 편지를 남긴 채 동반 자살을 시도하여 프랑스 사회에 커다란 충격을 주었고, 이후 죽을 권리를 인정해야 한다는 사회적 목소리는 더욱 확대되어 왔다. 진보 진영을 중심으로 정치권에서는 합법화 공약이 거듭되고 있지만 입법화의 실제 진행은 더딘 상황이다.

독일의 경우 과거 나치 시절 안락사가 장애자나 사회 미적응자를 제거하는 살인의 우회적 표현이었다는 어두운 역사적 경험 때문에 안락사에 대한 독일 사회 전반의 보수적 입장이 존재한다. 이러한 입장을 반영하여 독일 연방의회는 의사 조력 자살을 범죄로 규정하는 법안을 2015년에 통과시켰다. 하지만 이 법안은 5년 후인 2020년 독일 헌법재판소의 판결에 의해 무력화되었다. 독일은 현재 소극적 안락사와 의사 조력 자살은 허용하지만 적극적 안락사는 불법으로 남겨져 있다.

스위스는 안락사의 합법화 조치를 구체적으로 취하지는 않고 있지만 조력 자살에 대해서는 매우 관용적인 국가이다. 조력자가 굳이 의사가 아니어도 상관이 없으며, 조력자가 자신의 이익이 아닌 환자를 위한 이타적 목적으로 자살을 돕는 한 이를 법적으로 문제 삼지 않는다. 내국인뿐만 아니라 외국인에 대해서도 자국 내 의사 조력 자살을 허용하기 때문에, 의사 조력 자살을 희망하는 세계 각국의 환자들이 스위스를 찾는 것으로 유명하다.

2011년 낸 메이트랜드^{Nan Maitland}라는 84세의 영국 여성은 스위스에 입국하여 의사의 도움을 받아 삶을 마치게 된다. 그녀는 의사 조력 자살을 지지하는 유명 비정부기구 활동가로서, 관절염으로 고통받기는 했지만 불치병에 걸린 것은 아니었다. 그녀가 의사 조력 자살을 택한 것은 나이가 들면서 건강이 악화되고 더 이상 사회적으로 무기력한 삶을 사는 것을 원치 않았기 때문이다. 그녀는 죽기 바로 전에 가까운 친구들과 함께 최고급 레스토랑에 들러 세 시간 동안 식사를 하며 대화를 나눈 뒤 리무진을 타고 병원으로 이동하여 친구들이 보는 앞에서 숨을 거둔 것으로 전해진다.

미국의 경우 의사 조력 자살은 오리건, 워싱턴, 캘리포니아, 버몬트 등 10여 개 주에서 허용되고 있다. 1994년 미국 오리건주에서는 의사 조력 자살을 허용하는 '품위 있게 죽을 권리에 관한 법'이 주민 투표로 통과되었다. 하지만 이듬해 보수파가 이끄는 오리건 주의회는 이 법을 폐지하는 조치를 취하였다. 화난 주민들은 2년 후인 1997년 다시금 동일 법안을 주민 투표로 통과시켰다.

　같은 해 미국 연방대법원은 타인의 자살을 지원하는 행위를 금지한 주법이 합헌이기는 하지만, 환자 역시 통증으로부터 해방되는(죽음을 앞당길 수 있는) 치료를 요구할 권리가 있다는 상충적 내용의 판결을 내렸다. 이 판결은 의사 조력 자살이 이미 사회적으로 논란이 되고 있으며, 법원은 사회가 민주적 논의 과정을 통해 자율적으로 해답을 찾을 때까지 임의적 판단을 자제하겠다는 입장을 반영한 것이었다. 이 판결 이후 미국에서는 의사 조력 자살의 합법화 여부가 개별 주의 결정에 맡겨지고 있다.

　의사 조력 자살을 허용하는 오리건주와 버몬트주의 경우 2023년 이래로 다른 주의 주민이 방문하여 의사 조력 자살을 원할 경우에도 이를 허용한다. 그래서 의사 조력 자살을 원하는 미국인들은 이들 주로 여행을 가거나 이사를 한다. 미국 내 보수 진영은 의사 조력 자살을 불법화하기 위해 여러 차례의 입법 시도를 꾀했지만 성공하지는 못했다. 2006년 연방대법원은 과거 판결을 재확인하는 결정을 내렸고, 이 결정은 현재까지 유효하다.

　한편 소극적 안락사와 관련해서 미국은 1990년 이래 이를 허용하고 있다. 동일 해 낸시 크루전Nancy Cruzan의 아버지는 장기간 식물인간 상태에 있는 딸의 생명 연장 치료를 중단해 달라고 요청한 연방대법원 소송에서 승리하였다. 연방대법원의 판결은 미국 내 소극적 안락사를 허용하는 효시가 되었다. 1990년대에는 환자의 의견이 명시적으로 확인되는 경우에 한정되었으나, 현재는 약 40개 주에서 환자가 의사 표명을 하기가 어려운 식물인간 상태인 경우라도 가족의 동의가 확보되면 생명 보조 장치의 제거를 허용하고 있다.

전 세계적으로 소극적 안락사를 허용하는 국가의 수는 적지 않다. 비록 법적으로 허용되지는 않는다고 할지라도 많은 국가에서 관행적으로 소극적 안락사를 눈감아 주고 있다. 인도, 브라질, 타이완 등의 경우 소극적 안락사는 법적으로나 사회적으로 용인되고 있다. 영국은 안락사가 불법이라는 입장을 유지하고 있지만, 1993년 식물인간 상태의 환자에게 영양 공급을 중단하는 것이 가능하다는 사법부 판결이 이루어진 이후 소극적 안락사를 사실상 허용하고 있다. 일본에서도 안락사에 대한 명확한 법규 부재 상황에서 공식적으로는 불법의 입장을 취하지만, 소극적 안락사의 경우 일정 조건을 충족하면 허용되고 있다.

한편, 의료 시설과 자원이 열악한 대다수 저개발 국가들은 안락사 이슈가 사회 내에서 적극적으로 논의될 여력 자체를 결여한다. 일반 환자에 대한 의료 지원도 부족한 나라에서 죽어 가는 사람의 생명을 연장하느냐 마느냐 하는 것은 사치스러운 문제로 간주될 뿐이다. 대부분의 저개발 국가에서는 회생 가능성이 낮은 환자에 대한 치료 중단과 같은 소극적 안락사가 자연스런 관례로 수용되고 있다고 해도 과언이 아니다.

한국의 안락사 논쟁

한국은 어떨까? 한국에서 안락사는 공론화 자체가 아직 충분히 이루어지지 않은 이슈라고 할 수 있다. 2009년에 소극적 안락사를 인정하는 대법원 판결이 내려지면서 안락사 문제가 우리 사회에서 잠깐 관심을 끌었던 적이 있었다. 당시 대법원은 '무의미한 연명 치료 장치 제거 등 청구 소송'에서 원고 측의 손을 들어주었고, 이에 따라 식물인간이었던 원고 측 환자는 오랜 시간 착용하였던 인공 호흡기를 제거할 수 있었다. 하지만 환자가 호흡기 제거 후에도 201일이나 추가 생존하면서 소송 관련자들을 머쓱하게 한 바 있다.

2018년부터 의료연명결정법이 시행되면서 우리나라는 인공 호흡기 제거 등 소극적 안락사를 공식적으로 허용하였다. 이후 2022년까지 약 4년의 짧은 기간 동안 연명의료 중단 사례는 33만 건을 상회하였다. 2009년 대법원 판결 당시 대법원은 안락사의 세부적 입법화를 정치권에 권고했으나, 적극적 안락사나 의사 조력 사망과 관련한 정치권의 논의는 지금까지 지지부진한 상황이다. 2022년에 의사 조력 사망을 합법화하는 법안이 국회에서 발의되기도 했지만 일부 종교단체의 반발로 의결 절차를 밟지 못하고 법안은 사장되었다.

한국에서는 사법부 판결과는 무관하게 소극적 안락사가 이미 관행적으로 실행되어 왔다고 해도 과언이 아니다. 집에서 임종을 맞겠다고 환자가 요구하거나 경제적 사정 등으로 환자가 가족과 의사의 동의하에 퇴원을 요구하는 경우 별 어려움 없이 퇴원이 가능했다. 이러한 퇴원 조치는 사실상 소극적 안락사와 별 다를 바 없다. 국민의료보험 체계를 갖추고 있기는 하나 병원비의 개인 부담률이 서유럽의 복지국가들과 비교할 때 상대적으로 높은 한국에서 소극적 안락사를 규제하는 것은 현실적으로 한계가 있었다. 특히 비보험 진료비의 부담이 큰 질병 환자의 경우 치료의 뚜렷한 효과가 없이 환자를 병원에 묶어두는 것이 쉽지 않았는데, 이는 환자와 가족에게 가중되는 경제적 부담 때문이었다.

적극적 안락사나 의사 조력 자살에 대한 우리 사회의 여론 지지율은 아직 명확히 확인되지 않고 있다. 2017년에 조사된 세계 가치 서베이 World Value Survey 자료에 따르면, 안락사에 대한 우리나라의 찬성 지지율은 33.4퍼센트를 보였다. 이는 60~80퍼센트 수준을 보이는 네덜란드나 독일 등 서구유럽 국가들에 비해 현저히 낮은 수치이다.[2]

⫶ 안락사 내부 논쟁 ⫶

대다수 국가들은 환자를 자연스러운 죽음으로 이끄는 소극적 안락사와 환자의 죽음을 의도적으로 촉진하는 적극적 안락사 사이에는 큰 도덕적 차이가 있다고 생각한다. 이러한 이유로 많은 나라들이 적극적 안락사에 대하여 부정적인 입장을 취한다. 적극적 안락사나 의사 조력 자살을 허용하지 않는 나라에서 의사가 환자의 요구로 안락사를 집도한 경우에는 '촉탁 살인죄' 혹은 '승낙 살인죄'란 죄목으로 처벌받을 수 있다. 안락사를 지원한 경우에도 '자살 방조죄' 혹은 '자살 교사죄'로 처벌 대상이 된다.

하지만 소극적 안락사는 허용하면서 적극적 안락사를 형법상 중범죄로 처벌하는 것은 일관되지 못하다는 비판적 시각이 존재한다. 시한부 환자를 위해 현대 의학이 해줄 수 있는 것이 지극히 한정적인 상황이라면, 환자가 고통을 인내하며 죽음을 마냥 기다리도록 만드는 소극적 안락사가 고통의 기간을 단축시킬 수 있는 적극적 안락사보다 도덕적으로 나은 선택이라고 할 수 있을까? 적극적 안락사의 지지자들은 소극적 안락사와 적극적 안락사를 구분하는 도덕적 경계가 모호하다고 말한다. 이들은 고통 속의 환자를 자연사할 때까지 내팽개치는 것보다는, 환자의 의견을 존중하여 그를 고통에서 해방시키는 것이 휴머니즘의 가치에 더 부응한다고 주장한다. 인간의 생명을 존중하는 것은 더할 나위 없이 중요한 과제이지만, 생명의 기간을 단순히 연장하는 것만이 생명 존중의 방식은 아니라는 것이다.

한편, 의사 조력 자살의 경우 합법화를 요구하는 사회적 목소리는 서유럽과 북미 지역에서 꾸준히 증가 추이를 보이고 있다. 여론 조사 결과들은 이들 지역의 대다수 국가에서 응답자 다수가 의사 조력 자살을 지지하고 있음을 보여준다. 이 국가들이 왜 여태껏 의사 조력 자살의 합법화 조치를 적극적으로 취하지 않았는지 도리어 의아할 정도이다.[3]

개인은 죽을 권리가 있는가

　안락사 논쟁은 주로 세 가지 이슈를 중심으로 이루어진다. 첫째, 개인이 질병으로 인해 '존엄한 삶'을 영위하는 것이 불가능할 경우 자신의 생명을 스스로 중단시키는 권리, 이른바 자살할 권리를 보유하는 것일까?

　인류 역사 속에서 자살은 범죄적 행위로 인식되기도 하였다. 전통적으로 기독교는 자살을 포함한 모든 형태의 살인을 죄악으로 규정했다. 중세 말 13세기 신학자 토마스 아퀴나스는 자살은 삶에 대한 인간의 본원적 욕망을 거스르는 행위이자 생명을 부여한 신의 자비를 모욕하는 것이라고 기술했다. 자살은 신이 인간에게 선물한 생명을 신의 의지에 반하여 버리는 행동으로 신에 대한 명백한 배신이자 기독교적 공동체에 대한 범죄라는 것이다. 하지만 근대에 접어들면서 자살은 대부분의 국가에서 범죄 항목에서 제외되었다. 그러나 다른 이의 자살을 돕는 행위는 여전히 많은 국가에서 범죄로 처벌된다.

　자살이 선택의 문제이자 자신의 삶에 대한 권리의 연장선상에 있는 또 하나의 권리라는 시각이 생기기 시작한 것은 16세기 이후라고 할 수 있다. 자유주의가 확산되면서 자살은 이성적인 인간이 불가피한 상황에서 선택할 수 있는 하나의 선택으로 이해되기 시작했다. 자살이라는 극단적 대안을 택하는 이들은 그 어떤 제삼자보다 고민에 고민을 거듭한다. 물론 일시적인 충동이나 비합리적인 판단으로 자살을 선택하는 사람도 있을 것이다. 이런 가능성을 우려하는 사람들은 국가가 개인의 삶과 죽음에 더 적극적으로 개입할 것을 요청한다. 하지만 국가의 개입이 과연 바람직한 일일까? 또, 국가가 자살을 규제하려 든다고 해도 이것이 현실적 실효성을 지닐 수 있을까?

자살의 의미는 종종 해당 사회에 퍼져 있는 삶에 대한 사람들의 가치관 및 사후세계에 대한 인식 등에 의해 영향받는다. 프랑스 사회학자 에밀 뒤르켐Emil Durkheim은 『자살론Suicide』에서 왜 유럽 내 신교(개신교) 국가의 자살률이 구교(가톨릭) 국가보다 높은지를 분석했다. 뒤르켐에 따르면, 신교와 구교의 자살률 차이는 이들 교리에 담긴 삶의 의미와 자기 책임성에 대한 인식이 다르기 때문이었다. 뒤르켐은 신교의 교리가 신의 구원을 얻기 위한 개인적 신앙심을 강조하며, 이는 신교도들에게 자기 삶에 대한 책임성을 강조하는 것으로 이어진다고 말한다. 개인은 현실 삶의 어려움들에 대응해 신에 의탁하기보다는 스스로 해결하고 극복할 것

에밀 뒤르켐과 프랑스의 지역별 자살률 차이

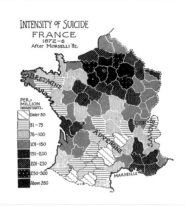

을 요구받는데, 이런 요구는 개인들에게 심리적 부담과 좌절감을 야기하고, 이것이 결국 높은 자살률로 이어진다는 것이다. 뒤르켐은 구교에서 이루어지는 고해성사 등의 관행이 올바른 삶에서 벗어날 때 뒤따르는 죄에 대한 개인의 심리적 부담감을 이완시키며, 결과적으로 구교도들이 신교도들보다 낮은 자살률을 보이는 중대한 이유로 기능한다고 말한다.

모든 사람은 자율적으로 생각하고 판단할 능력이 있다는 '보편적 이성'이란 개념은 근대의 산물이며 자유주의의 가장 핵심적인 전제이기도 하다. 신교를 태동시킨 16세기 종교개혁은 바티칸의 교황만이 성서에 기록되어 있는 신의 의지를 올바르게 해석할 유일한 존재라는 전통적 시각에 도전했다. 개인이 신실함을 지닌다면 성서를 통해 직접 신의 의지를 확인할 수 있다는 신교의 교리는 자유주의의 발전사에서 중요한 역할을 수행했다. 자살 이슈는 생명의 고귀함과 인간 삶의 존엄성을 둘러싼 논쟁으로 종종 요약되지만, 그 저변에는 자살의 행위가 신이 부여한 운명에 대한 인간의 단순한 거역인지, 아니면 비록 완벽하지는 않지만 이성을 통해 개인이 스스로 도출한 인생의 선택인지의 논란이 존재한다. 오늘날 과학과 기술이 발전하고 신의 존재에 대한 확신이 사회적으로 쇠퇴하면서 이 역사적 논쟁에서 자살은 개인 인생에 대한 스스로의 선택이라는 주장이 점차 우위를 점하게 된다. 종교적 시각에 따른 자살의 의미가 근대 이후 설득력을 상실하게 된 것이다. 신의 존재에 대한 절대적 믿음이 흔들리는 순간 신으로부터 부여받은 인간 생명이라는 전제 또한 설 땅을 잃기 때문이다.

만약 개인이 자신의 삶을 끝낼 권리를 갖고 있지 않다면 도대체 누가 그 권리를 가지고 있다는 말인가? 국가가 모든 개인의 생명을 관리하는 것이 합리적일까? 아니면 특정 종교에서 주장하는 것처럼 인간의 생명은 신의 소유이기 때문에 인간은 자신의 삶을 신의 의지가 반영된 이른바 운명이라는 것에 맡겨야 하는 것일까?

자유주의 사회는 개인이 존엄과 행복, 그리고 스스로 정한 가치를 추구할 자기 결정권을 갖는다는 점을 강조해 왔다. 자유주의 사회는 죽음을 결정할 궁극적 주체가 자기 자신이어야 한다는 입장을 견지한다. 자유주의 사회는 개인에게 자신의 삶의 방향과 방식을 결정하고 추구할 권리가 있다면, 자신의 삶을 마감할 권리 또한 부여되어야 함을 강조한다. 안락사 지지자들은 죽음을 선택할 권리가 행사되는 것이 권장할 만한 사항은 아니라고 할지라도 자유주의 사회의 가치와 부합하는 것임에 의문을 달지 않는다.

안락사가 인간 생명의 고결함을 인식하지 못하는 데서 비롯한다는 안락사 비판자들의 주장에 대해, 지지자들은 인간 생명을 의미 없이 연장시키는 것이야말로 생명의 고결함을 외면하는 것이며 인간 존엄성에 대한 모독이라고 반박한다. 더군다나 고통 속에 있는 환자에게 생명의 존속만을 강요하는 것은 인간의 존재 근거를 수단화하는 논리적 오류를 초래한다고도 지적한다. 생명의 주체인 인간이 왜 살아야 하는지를 묻는 것은 외면한 채, 그저 생명을 최대한 연장하는 것만이 인간의 도덕적 의무이자 행복인 것처럼 관점을 오도한다는 것이다. 안락사 지지자들은

'존엄한 죽음'이라는 표현을 차용한다. 물론 이들은 안락사를 선택하는 동기가 특별히 존엄하기를 기대하지 않는다. 이들은 존엄한 죽음이 존엄한 삶을 원하는 인간의 의지와 선택에서 비롯된 부득이한 파생물임을 수용한다.

생명은 되돌릴 수 없기에, 죽음을 결정하는 일은 신중함을 요구한다. 과연 개인은 자신의 죽음을 신중히 결정할 수 있을까? 자유주의자들도 개인의 판단 능력이 부족하거나 상실되는 상황이 예외적으로 발생할 수 있다는 점을 인정한다. 비합리적인 개인의 존재는 사회가 안락사의 허용을 주저하게 만드는 중대한 요인이다. 하지만 비합리적 사고의 소유자가 존재한다는 사실만으로 진중하게 안락사를 선택하는 합리적 개인의 권리가 부인되어야 하는지는 의문이다. 자유주의자들은 사적 삶에 대한 개인의 판단이 여타 사회 구성원들의 판단과 설령 차이를 보인다고 할지라도 사회가 이를 존중할 필요가 있다고 강조한다. 자신의 삶에 대해 가장 신중하고 합리적인 판단을 내릴 수 있는 사람은 자기 자신이며, 그가 선택한 삶에 대해서는 그 자신이 가장 많은 책임을 떠안게 될 것이기 때문이다.

▌ 삶은 그 자체로 축복안가 ▌

안락사 이슈는 시한부 생명을 지닌 고통 속의 불치병 환자라는 특수한 상황이 추가된다는 점에서 일반적인 자살 이슈와는 다르다. 안락사 논쟁은 일반적으로 개인의 자기 결정권이 현대 국가의 국민 생명 보호 의무와 충돌할 때 어느 쪽이 우선적 지위를 가져야 하는가로 귀결된다.

약육강식의 자연 세계에서는 죽고 죽이는 행위가 일상적으로 반복된다. 그리고 자연 세계의 살육 행위는 도덕적 판단에서 면제된다. 인간 세계는 자연 세계의 일부이지만, 나머지 자연 세계의 일상적 관행과 구분되는 상이한 도덕적 기준을 갖는다. 안락사를 반대하는 사람들은 모든 삶을 소중하게 여기는 인간 세계만의 특별한 도덕적 기준이 있으며, 이러한 도덕적 기준을 철저히 지키는 것만이 인간다움을 실천하는 것이라고 강조한다. 이들은 안락사를 선택하는 것이 진정한 자유의 표현이 아니라 절망의 표현이라고 말한다. 안락사는 지속적인 통증 속에서 삶의 희망을 잃어가는 환자들이 자포자기의 심정으로 더 빠른 죽음을 선택하도록 만드는 절망의 탈출구라는 것이다.

안락사 지지자들은 반대자들의 이러한 입장이 일관되지 못하다고 주장한다. 이들은 인간 세계가 자연 세계와 다른 것은 삶을 생존의 문제로만 보는 것이 아니라 생존 너머에서 가치와 행복을 추구하는 문제로 보기 때문임을 강조한다. 생명이 축복이라면 이는 단순히 살아 있다는 사실 때문이 아니라, 삶을 어떻게 살 것인지를 판단하고 자신이 원하는 삶을 추구할 수 있는 기회를 가지기 때문이다. 안락사 지지자들은 모든 이의 삶이 소중한 만큼 모두가 행복한 삶을 가질 수 있어야 한다고 말한다. 그들은 삶이 소중하다고 주장하는 안락사의 반대자들이 종종 삶의 내용을 들여다보는 데 소홀한 점을 비판한다.

불행한 삶이 태어나지 않은 삶보다 과연 나은 것일까? 고통 속에서 하루하루 절망적으로 살아가는 이들에게 삶의 지속을 강요하는 것이 인간 세계만의 특별한 도덕적 기준인 것인가? 안락사 지지자들은 안락사의 선택이 개인 자유의 표현이 아니라는 반대자들의 주장에 대해서도 반박한다. 이들은 인간이 오직 희망을 표현하는 것만이 자유의 표현인지를 반문한다. 안락사는 절망의 상황에서 이루어지는 선택일 수 있지만, 한편으로 죽음을 용기 있게 대면하고자 하는 자유 의지의 표현일 수 있다. 안락사 지지자들은 대다수 사람들이 죽음으로 내몰리는 상황에 처하면 삶에 집착한다는 점을 인정한다. 하지만 대다수 사람들의 일반적인 선택이 고통 속의 삶을 버리고 안락사를 택하는 소수의 선택을 어리석게 만들지는 않음을 지적한다.

안락사는 비이성적인 선택인가

안락사 논쟁의 두 번째 이슈는 환자의 회복 가능성 및 죽음에 이르기까지의 과정과 기간을 예측하는 데 현대 의학이 아직 명백한 한계를 지닌다는 사실에서 비롯된다. 환자가 안락사를 선택할 때는 통상적으로 건강 상태에 대한 의사의 소견과 예측을 토대로 한다. 하지만 의사의 정보와 견해가 항상 완벽히 정확한 것은 아니다. 안락사가 환자의 자율적 결정에 달려 있다고 하지만, 환자는 의사가 전달하는 불완전하고 때로는 주관적인 정보와 견해에 종속되지 않을 수 없다. 그 경우 환자의 결정은 자율적이지도 않고 충분히 객관적이지도 않을 것이다.

안락사 반대자들은 의료 기술이 지속적으로 발전하고 있는 상황에서 성급하게 안락사를 결정하는 것은 미래의 치료법으로 살릴 수도 있는 환자에게 죽음을 부여하는 결과를 낳을 수 있다고 우려한다. 회복 가능성이 없다고 판단한 환자가 안락사로 죽은 후 얼마 지나지 않아서 새로운 치료법이 개발된다면 되돌릴 수 없는 환자의 죽음을 누가 책임져야 하는가? 안락사 반대자들은 현대 의학이 발전시킨 통증 완화 기술의 획기적 발전을 강조한다. 무통 수면 기술 등 통증을 통제하는 의학 기술이 발전하고 있음에도 불구하고 환자들에게 안락사를 허용하는 것은 생명의 가치보다 비용 부담에 더 민감한 사회의 타산적인 선택이라는 것이다.

안락사 지지자들도 현대 의학이 충분한 지식과 경험적 자료를 축적하지 못한 질병의 경우에는 질병의 진행 과정을 신뢰성 있게 예측하는 것이 불가능하다는 점을 인정한다. 하지만 의사의 객관적 평가 및 예측이 불가능한 질병의 경우 통상 안락사가 허용되지 않는다는 사실을 환기시킨다. 또한 이들은 현재의 통증 완화 기술로는 모든 종류의 통증을 제어하지 못한다는 점을 강조한다. 통증 제어가 원활하지 않은 환자들은 고통의 나날을 보내야 한다. 물론 환자를 무의식 상태에 있도록 진정제를 투여하면서 통증을 통제하는 무통 수면 기술 등이 활용될 수 있을 것이다. 하지만 의식과 감각을 완전히 상실한 무통 수면의 유지가 과연 죽음과 무슨 차이가 있을까? 한번 결정한 죽음은 돌이킬 수 없다는 이유 때문에 불확실한 의료 기술의 발전 가능성에 기대어 삶의 기간을 연장하는 것이야말로 환자와 가족 모두를 고통스럽게 만드는 어설픈 휴머니즘이라는 비판을 회피할 수 있을까?

안락사 반대자들은 장기간의 투병 생활로 지친 환자가 과연 죽음을 신중하게 결정하는 합리적 판단력을 유지할 수 있을지 우려한다. 이들은 환자가 투병 과정에서 겪는 극도의 스트레스나 심리적 혼돈이 안락사라는 우발적 결정으로 이어질 수 있음을 상기시킨다. 하지만 안락사를 합법화하는 국가들은 불치병으로 인해 고통 속에서 시한부 삶을 사는 특정 환자에게만 안락사를 제한적으로 허용한다. 삶에 비관적인 독감 환자가 스스로 자살할 용기가 없어서 의사에게 도움을 청한다고 국가가 이를 허용하는 것은 아니다. 안락사를 합법화하는 국가들은 우발적으로 안락사를 선택하는 일이 발생하지 않도록 최대한의 제도적 조치를 강구한다. 특별한 비자발적 안락사의 경우를 제외하면, 안락사는 통상 환자가 이성적인 판단력을 명백히 확보했다고 판단되는 상황에서 고려 대상이 된다. 환자가 안락사를 요청하기 위해서는 일정한 대기 기간의 경과와 반복적인 요청 절차 등의 조건을 충족해야 한다. 의사 및 가족들과 충분한 상의가 이루어지는지도 추가적인 조건이다. 안락사 지지자들은 안락사의 선택 자체가 신중하게 이루어질 뿐만 아니라 제도적 장치들로 보완하기 때문에 우발적 선택의 가능성은 극히 희박하다고 주장한다.[4]

자신의 삶을 통제한다는 것

환자들이 안락사를 택하는 주된 이유 중 하나는 자신의 삶을 통제할 수 없다는 절망감이다. 이들은 병상에 누워 식물인간처럼 살아야 한다는 사실을 인내하기 힘들어한다. 네덜란드의 경우를 보면 안락사를 요구하는 환자의 반 이상이 통증 때문이 아니라 통제할 수 없는 자신의 삶에 대한 좌절을 주된 동기로 꼽는다. 이들은 병상에서 삶을 지속하는 것은 무의미하다고 믿으며, 죽음을 맞이할 마음의 준비를 갖추었다는 나름의 확신을 가지고 안락사를 요청한다.

자신의 삶을 자신이 책임지고 통제한다는 생각은 자유주의 사회의 가치와 일치한다. 자신의 삶에 대한 책임성과 통제력을 잃었다고 판단할 때 개인은 삶의 의미 자체를 잃어버릴 수 있다. 목숨만을 부지하는 삶을 유지할 것인지에 대한 궁극적 판단은 환자 자신의 몫이며, 이는 우리가 안락사를 허용할 때 환자의 자발적 결정 여부를 중시하는 이유이기도 하다. 예를 들어 스위스에서는 환자에게 안락사를 허용할 때 심각한 통증의 유무보다는 환자의 결정이 신중하게 이루어졌는지를 우선적인 조건으로 여긴다.[5]

환자의 삶과 죽음에 대한 궁극적인 판단은 환자 자신이 내려야 한다는 자유주의 사회의 기본 원칙이 충족되려면 환자는 먼저 자신의 질병 상태에 대한 정확한 정보를 전달받아야 한다. 하지만 우리는 종종 암울한 미래 상황에 대한 정보를 전달받은 환자가 더 큰 심적 부담을 가질 수 있다는 사실을 우려하여 환자에게 정확한 정보를 전달하는 데 주저한다. 병마와 싸우는 환자가 희망의 끈을 놓지 않도록 하기 위해 환자에게 죽음이 다가온다는 사실을 숨기는 선의의 거짓말을 행하기도 한다. 국내 한 대학병원의 조사에 따르면 임종을 맞이하는 환자의 75퍼센트가 자신의 병 상태를 알지 못한 채 죽음을 맞이하는 것으로 나타나고 있다. 많은 이들이 죽음을 두려워하는 것은 사실이다. 우리는 사랑하는 이가 이러한 두려움 속에서 죽음을 맞이하는 것을 원치 않을 수 있다. 그러나 그런 이유로 환자에게 자신의 병 상태를 알리지 않는 것을 과연 진정한 배려라고 할 수 있을까?

개인의 자율성을 중시하는 서구 사회에서 의사는 환자의 몸 상태와 질병에 대해 가능한 한 정확한 정보를 환자 본인에게 제공하는 것을 원칙으로 한다. 어린 자녀를 환자로 둔 부모의 입장에서 자녀에게 다가올 죽음을 미리 알려주어야 하는지에 대해서는 고민이 뒤따른다. 하지만 정상적인 성인 환자라면 자신의 죽음에 대한 정보가 차단되는 상황이 바람직하지 않을 것이다. 환자에게 정보를 통제하는 경우 환자는 자신의 삶을 정리할 여유도 없이 불현듯 생을 마감할 수도 있다. 삶의 궁극적 주체가 우리 자신이라고 생각한다면 죽음의 소식이 아무리 공포스럽다고 할지라도 이를 냉정하게 수용하며 마지막 삶을 정리하는 노력이 필요할 것이다.

강요된 안락사와 미끄러운 경사로 논변

안락사 논쟁의 세 번째 이슈는 안락사를 원치 않는 환자가 의료비나 가족에게 짐이 된다는 등의 부담감 때문에 안락사를 선택할 수 있다는 우려에서 비롯된다. 이 이슈는 이른바 '미끄러운 경사로 논변 the slippery-slope argument'을 토대로 한다. 회생 가능성이 없이 장기간의 투병 생활을 해야 하는 환자는 순수한 자율 의지라기보다는 막대한 치료비로 인한 경제적 부담, 정신적으로 탈진 상태에 있는 가족에게 계속해서 짐이 되어야 한다는 부담감 등 때문에 안락사를 선택할 가능성이 있다. 다시 말해, 안락사 합법화 조치가 죽어 가는 중환자들에게 심리적인 압력으로 작용할 수밖에 없다는 것이다. 안락사 합법화로 인한 이러한 부작용은 특히 빈곤 계층에서 발생할 가능성이 더 높다.

안락사가 허용될 경우 사회적으로 악용될 소지는 분명 존재한다. 특히 노인층이나 장애인 등 사회에 도움이 되지 않는다고 지목된 집단을 향해 암묵적으로 사회적 압력이 조성될 수 있다. 보험 회사나 병원 측이 치료비가 많이 드는 난치병 환자나 중증 장애인 그리고 치료비 지불이 힘든 가난한 사람들을 안락사로 내몰 여지도 늘어난다. 이때 안락사의 존엄하게 죽을 권리는 강요된 죽음으로 탈바꿈한다.

안락사의 권리가 존중되려면 환자가 자신의 의지와 이해관계에 기초하여 스스로 자신의 삶과 죽음에 대해 냉정하고 진중하게 자율적으로 결정을 내릴 수 있어야 한다. 만약 환자 주변의 요인이 환자의 결정에 과도하게 영향을 미친다면 이는 분명 문제가 된다. 이러한 문제에 대처하기 위해 안락사를 허용하고 있는 서구 사회들은 안락사의 조건과 절차를 철저히 관리하려 노력한다. 그럼에도 불구하고 국가의 관리만으로 미끄러운 경사로 논변이 주장하는 안락사의 폐해를 완벽히 예방할 수 있을지는 의문이다. 안락사가 허용될 경우 시한부 환자들이 심리적 부담감을 갖는 것은 불가피하다.

이러한 부담감이 실제로 안락사의 증가로 이어졌는지를 판별할 수 있는 경험적 자료는 아쉽게도 부족한 상태다. 네덜란드의 자료를 살펴보면, 안락사 시행 수는 합법화 이후 꾸준히 증가했음을 보여준다. 네덜란드의 지역안락사평가위원회Regional Euthanasia Review Committees의 연례보고서에 따르면, 안락사 수는 2002년에 1,882건을 기록하였으나, 20년 후인 2022년에는 8,720건으로 증가하여 전체 사망자의 약 5.1퍼센트를 점하였다. 벨기에의 경우에도 마찬가지로 2003년에 235건이던 안락사 수는 2022년에 2,966건으로 증가하였다. 하지만 이러한 수적 증가는 안락사를 용인하는 사회적 인식의 변화, 안락사의 허용 범위 확대, 그리고 안락사 시행을 국가건강보험 체계 내로 편입시킨 결과 등에 기인하는 것으로 분석되고 있다. 이들 국가에서 미끄러운 경사로 논변이 초래한 효과는 확인되지 않고 있다.[6]

네덜란드나 벨기에의 경험적 사례가 다른 국가에도 적용될 수 있을지는 논란을 초래한다. 이들 두 국가는 확실한 의료보험 체계를 보유한 부유한 복지국가로서, 경제적 부담감 등으로 인해 환자가 안락사를 선택할 가능성은 비교적 낮다. 이는 국민의료보험 체계를 갖추기는 했지만 의료 보장 범위와 정도가 제한적인 한국과는 사정이 많이 다르다. 따라서 이들 국가의 사례를 확대 해석하는 것은 우리 사회의 안락사 논의에 적절하지 않을 수 있다. 중환자 입원비가 대다수 서민 가족들에게는 부담이 될 수밖에 없는 한국의 상황에서 미끄러운 경사로 논변을 과소평가할 수만은 없을 것이다.

안락사를 허용하는 서구 사회의 일반적 추세를 살펴보면 안락사 실행 비율이 꾸준한 증가세를 보이고 있다. 물론 여기에서 간과해서는 안 될 사실은, 안락사를 합법화한 국가들과 비교할 때 안락사 불법화 국가들의

미끄러운 경사로 논변(slippery-slope argument)

"그간 진료비가 엄청난데 조력자살 옵션이 어떠신지?"

실제 안락사 비율이 결코 뒤지지 않는다는 점이다. 소극적 안락사는 안락사 합법화 여부와 무관하게 안락사가 법적으로 허용되지 않는 국가에서도 폭넓게 실행되어 왔다. 공식적으로는 안락사를 불법화하는 영국의 경우 병원 내에서 환자의 사망과 직결되는 연명 보조 장치의 거부 혹은 제거 결정은 매우 빈번하게 이루어지며, 이는 전체 사망자의 약 40퍼센트를 차지하는 것으로 알려져 있다. 이 수치는 사실상 수동적 안락사가 일상적으로 이루어지고 있음을 함의한다.[7]

　　일부 안락사 지지자들은 안락사를 합법화하고 명확한 기준을 적용하는 것이 강요된 안락사를 방지함으로써 도리어 안락사 비율을 낮출 수 있다고 주장한다. 하지만 이러한 주장의 현실적 타당성을 확인할 경험적 정보들은 아직 제한적이다. 결론적으로, 미끄러운 경사로 논변은 안락사 합법화에 대한 가장 현실적이고 강력한 반대 근거임에 틀림없다.

세네카와 에픽테토스의 죽음

　　인간 삶의 본원적 가치가 단순히 삶의 기간을 연장하는 것만으로 보존되는 것이 아님은 분명하다. 살아 있다는 것보다 어떻게 살아야 하는지가 인생에서 더욱 중요한 과제가 아닐 수 없다. 그리고 어떻게 살아야 하는지에 우리의 관심이 모아질수록, 삶의 길이에 대한 집착도 줄어들 것이다. 인간 삶에 대한 스토아 학파의 이야기를 들어보자.

스토아 학파Stoicism는 완전한 지적 개화의 상태를 최고의 선으로 보았다. 따라서 스토아 학파는 진리의 완성을 최고의 덕으로 규정했다. 영혼의 혼돈을 불러일으키는 속세의 욕망을 제어하기 위한 침잠과, 진리를 완성하기 위한 부단한 고행 등은 스토아 학파가 제시하는 가치 있는 삶의 방식이다. 스토아 학파가 목표로 제시하는 지적 개화는 불교의 해탈과도 유사한 면이 있다. 하지만 스토아 학파의 완전한 지적 개화는 불교의 영속적 해탈과는 달리 일시적이다. 완전한 지적 개화는 지극한 기쁨을 주지만 기쁨 뒤에는 다시 현세의 혼란과 고통이 기다린다. 힘들게 정상에 오르는 순간 험난한 내리막길이 기다리고 있는 셈이다.

그렇다면 왜 굳이 정상에 올라야 하는가? 스토아 학파는 이렇게 답한다. 지적 개화의 상태는 그 무엇과도 바꿀 수 없는 진정한 기쁨을 부여하며, 이때 기쁨이 지속되는 시간은 중요하지 않다고 말이다. 스토아 철학자들에게 삶은 길이의 문제가 아니라 무엇을 어떻게 달성했느냐의 문제였다. 완전한 지적 개화를 경험했다는 세네카Seneca나 에픽테토스Epictetus가 나중에 자살을 시도했던 것은 — 비록 두 사람 모두 미수로 끝나긴 했지만 — 우연이 아닐 것이다. 삶의 목표가 달성되는 순간 더 이상의 의미 없는 삶을 단축하는 것은 어쩌면 필연적 수순이었을 것이다. 스토아 철학자들에게 죽음이란, 세네카가 주장하듯, 잘못된 삶을 사는 위험을 피하기 위한 선택지인 셈이다.

▌ 죽음이라는 헤어짐 ▐

　자유주의 사회의 정의正義를 논할 때 피할 수 없는 질문 중 하나는 개인의 사적 영역과 사회의 공적 영역 간의 경계를 어떻게 설정하는가이다. 개인의 권리와 의무에 대한 논의는 사실 이 안락사 논의와 밀접한 연관성을 갖는다. 우리는 특정 행위가 사적 영역과 공적 영역 중에 어느 쪽에 더 적절히 속하느냐에 따라 개인의 권리와 의무의 영역을 경계 짓는다.

　자신의 삶을 끝낼 권리는 어느 영역에 속하는 것일까? 우리가 고립된 섬의 로빈슨 크루소와 같은 존재가 아닌 이상 우리는 사회의 다른 구성원들과 관계 맺고 연결될 수밖에 없으며, 이러한 연계성은 완전히 배타적인 개인의 사적 영역을 설정하는 것을 주저하게 만든다. 그럼에도 불구하고 자신의 생명을 결정하는 일이 그 무엇보다도 사적 영역에 가까운 것임에는 의문의 여지가 없다.

　죽음에 대한 공포는 모든 동물의 본능적 특성이고 우리 인간도 예외는 아니다. 죽음의 공포에서 벗어나는 일이 인간 삶의 가장 중요한 관심사였다고 해도 과언이 아니다. 절대 군주권을 주장했던 홉스조차도 군주가 만약 시민의 목숨을 위협한다면 시민은 군주와의 계약을 기꺼이 파기할 수 있다고 말한다. 죽음에 대한 공포는 인간 사회로 하여금 죽음을 피하는 개인의 자위적 권리를 다른 어느 권리보다 높게 여기도록 만들어왔다. 그리고 죽음이 두려운 것인 만큼 삶은 가치 있는 것으로 더 큰 의미가 부여되었다.

현대에 접어들면서 인권 개념이 꾸준한 부상했고 이는 삶의 가치를 중시하는 사고로 이어졌다. 모든 이의 삶이 소중하다는 인식은 우리 시대가 이끌어낸 중요한 업적이다. 하지만 삶이 소중하다고 해서 죽음의 상황을 회피하고 삶의 기간을 연장하는 것만이 능사는 아니다. 삶이 소중한 만큼 어떻게 삶을 살아야 하는지가 더욱 중요한 질문으로 부상한다.

안락사 논쟁은 얼마만큼 환자를 더 오래 살게 해야 하는가에 머물지 않는다. 단 하루라도 환자가 어떻게 삶을 영위해야 하는가에 관한 더 근본적인 물음으로 나아간다. 환자의 생명을 유지하고 연장하기 위한 치료 행위가 어디까지 행해져야 하는지에 관한 논쟁은 의료 기술이 발전함에 따라 그 내용도 변화할 것이다. 하지만 안락사를 둘러싼 궁극적 질문은 삶과 죽음을 우리가 어떻게 받아들여야 하는가에 있으며, 이 물음은 우리에게 끊임없는 성찰을 요구할 것이다.

죽음 이후에 펼쳐지는 세계에 대한 우리의 무지는 죽음의 공포를 끊임없이 생산해 왔다. 죽음의 공포를 덜기 위한 하나의 방편은 죽음을 외면하고 사는 것이다. 죽음은 필연적으로 다가올 것이지만 우리 중 많은 사람들은 마치 우리 삶이 영원할 것 같은 착각을 가지고 하루하루를 살아간다. 셰익스피어는 『로미오와 줄리엣』에서 "헤어짐은 매우 달콤한 슬픔Parting is such sweet sorrow"이라고 적는다. 오늘의 헤어짐은 내일 다시 만날 수 있는 기쁨을 약속하기 때문이다.

죽음이라는 헤어짐은 재회의 기쁨을 우리에게 주지 않는다. 그래서 우리는 죽음을 더욱 두려워하는지도 모른다. 우리는 죽음에 다가가는 가족과 친구들에 대한 아쉬움으로 힘들어하며, 이들의 죽음을 조금이라도 더 늦추기 위해 노력한다. 그러나 죽음은 피할 수 없는 인간 삶의 최종 절차이고, 우리는 사랑하는 이를 결국 떠나보내야 한다. 그 사랑하는 이가 어쩌면 죽음보다 더한 고통으로 삶을 연명한다면 그를 우리 옆에 두려는 것은 우리의 이기심일 수 있다. 안락사는 사랑하는 이에 대한 우리의 마지막 사랑의 표현이자 존중일 수 있다.

2장

낙태의 자유는 제한되어야 하는가?

abortion

abortion

가아프가 본 세상

2차 세계대전이 진행되던 시기 간호사였던 제니 필즈는 뇌 손상이 심한 어느 젊은 상이군인을 치료하게 된다. 제니는 아이를 갖고 싶다는 욕심 때문에 정상적으로 사고하지 못하는 젊은 군인을 이용해 임신을 한다. 이성과의 성관계나 결혼에 극도로 무관심했던 그녀가 유일하게 원한 것은 자신의 아이였다. 그녀는 결국 '가아프'라는 아들을 낳고 혼자서 기른다. 하지만 가아프는 자신의 모친과는 달리 성적 욕망에 탐닉하는 바람둥이 남성으로 자란다.

가아프는 이성 간의 열정과 사랑을 바탕으로 한 대중소설을 써 일약 유명 문인으로 떠오른다. 반면 그의 어머니 제니는 자식을 혼자 길러 온 독립 여성으로서 성적 욕구에 무관심했던 자신의 삶을 자서전으로 출판해 순식간에 여권주의자들의 아이콘으로 부상한다. 제니는 자서전을 출판해 얻은 수익으로, 남성에게 학대받은 여성을 위한 보호소를 설립하며 자선 사업을 펼친다. 그러나 그녀는 여권주의를 강하게 부르짖는 여성 정치인을 공개적으로 지지하게 되면서 남성우월주의자들의 공격 대상이 되고 만다. 결국 제니는 대중 연설을 하다가 이들 중 한 명의 총에 맞아 살해된다. 한편, 여성 편력이 화려했던 아들 가아프 역시 어린 시절 같이 뛰놀던 소녀에게 총격을 당한다.

이 이야기는 존 어빙John Irving이 1978년에 출판한 소설 『가아프가 본 세상The World According to Garp』의 줄거리다. 이 소설의 메시지는 무엇일까? 성에 너무 무관심해도 총에 맞고 너무 밝혀도 총에 맞으니 적당히 하라는 것일까? 이 소설은 사실 어빙의 자전적 요소가 많이 가미되었다는 평을 받고 있다. 그 자신이 독신주의자인 홀어머니 밑에서 자랐고, 자라는 동안 어머니로부터 그의 친부에 대한 이야기를 한 번도 들어본 적이 없었다고 한다.

『가아프가 본 세상』을 소개하는 이유는 낙태 및 대리모와 관련된 성과 생명의 윤리학적 주제를 살펴보기 위해서다. 남성과의 관계를 혐오하

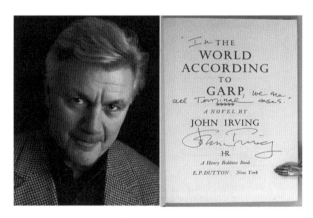

"우리의 인생에서 최악은 죽음이 아니라
진실된 삶이 아닌 거짓 삶을 사는 것이다."

- 『가아프가 본 세상』 존 어빙

는 여성이 아이를 갖고 싶은 욕심에 성관계를 갖고 아이를 낳아서 혼자 기른다면 우리는 이를 비방할 수 있을까? 성관계를 통해 임신을 하였지만 출산을 원치 않는 이가 있다면 이에 대한 적절한 도덕적 판단은 무엇일까? 아이를 낳지 않기 위해 낙태하는 사람들이 있는가 하면 아이를 얻기 위해 대리모를 고용하는 부부도 있다. 낙태와 대리모 이슈는 내용이 다르지만 다른 한편으로 사랑, 자녀, 결혼, 생명, 죽음 등과 관련한 인간 삶의 본원적 질문을 공유한다.

▌ 지리적으로 세계를 반분하는 낙태 논쟁 ▌

낙태는 거의 모든 나라에서 민감한 사회 윤리적 문제이다. 어떤 나라는 낙태를 합법화하고 그 비용을 정부가 지원하기까지 하는 반면, 또 어떤 나라는 낙태를 살인에 준하는 범죄 행위로 취급해 가혹하게 처벌한다. 현재 법적으로 낙태를 자유롭게 허용하는 국가는 대략 80개국에 이르며, 이들 국가의 인구 총수는 전 세계 인구 대비 약 34퍼센트를 차지한다. 나머지 국가들은 낙태를 불법화하거나 제한적으로만 허용하고 있다.

물론 낙태를 법적으로 불허한다고 할지라도 현실적으로는 공공연히 낙태가 이루어지고 있고, 국가는 이를 방치하거나 묵인하는 경우가 많다. 구트마커 연구소Guttmacher Institute와 세계보건기구WHO가 공동으로 진행한 조사에 따르면 낙태를 합법화한 국가와 불법화한 국가 사이의 실제 낙태 비율은 별 차이가 없는 것으로 나타난다.[1] 낙태를 불법화한 국가들의 경우 낙태 시술이 음성적으로 이루어진다는 것이 다를 뿐이다. 흥미로운 사실은 낙태 합법화를 주도하는 대부분의 국가가 북반구에 위치한 선진국인 반면, 불법화를 유지하는 국가는 남반구에 있는 개발도상국이나 저개발 국가라는 점이다. 아래 지도에서 보듯이 양측은 지리적으로 놀라울 만큼 확연하게 나뉘어져 있다.

2024년 전 세계 낙태법 현황

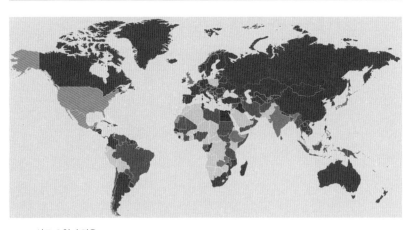

■ 산모 요청시 허용
■ 사회적·경제적 이유 해당시 허용
▨ 산모의 건강상 이유에만 허용
■ 산모의 생명과 직결시만 허용
■ 낙태 불허
▨ 각 주별로 상이

출처: Center for Reproductive Rights (2024)

낙태 합법화에 앞선 국가는 덴마크, 스웨덴, 아이슬란드, 오스트리아, 프랑스, 이탈리아, 네덜란드 등 대다수가 서유럽에 위치한다. 유럽에서는 폴란드가 종교적 이유에서 예외적으로 낙태를 강하게 규제하고 있다. 영국의 경우 의사 두 명의 동의를 받아야 하는 등 주변 나라보다 낙태 절차가 다소 까다롭지만 현실적으로는 잘 지켜지지 않고 있다. 미국은 1970년대 이래 낙태를 합법화했지만 보수 진영의 반발로 정치 사회적 논쟁은 지속되고 있다.

한편 여성의 사회 참여를 적극적으로 제도화한 사회주의 국가들 역시 일찍부터 낙태를 합법화해 왔다. 낙태를 세계 최초로 합법화한 국가는 1920년대 레닌 시절의 소련이었다. 현재 사회주의를 표방하는 중국, 쿠바, 베트남, 북한 등과 과거 사회주의 국가였던 러시아, 헝가리, 체코, 우크라이나 등은 모두 낙태를 합법화하고 있다.

반면 낙태 불법화에 앞선 국가는 이란, 시리아, 사우디아라비아 등 이슬람교 국가와 남미와 필리핀 등 가톨릭교의 영향력이 큰 일부 국가들이다. 아프리카와 아시아 국가들 또한 낙태를 법적으로 불허하거나 제한적으로만 허용하고 있다.[2] 하지만 이 국가들 대부분에서 낙태는 법적 규제와 상관없이 음성적으로 폭넓게 이루어지고 있다.

낙태 합법화에 가장 적극적인 국가는 프랑스다. 프랑스는 2013년 모든 여성에게 평등한 낙태 접근권의 보장을 공약한 프랑수아 올랑드 사회당 후보의 대통령 당선 이래로 정부가 낙태 비용을 전액 지원하는 정책을 시행하고 있다. 프랑스는 임신 후 14주까지 자유로운 낙태를 허용한다. 프랑스의 2021년 통계 지표는 한 해 동안 22만 3,282건의 낙태 시술이 이루어졌음을 보여준다.[3] 2024년 3월 프랑스 상·하원은 세계 최초로 여성의 낙태 자유를 명시한 헌법 개정안을 통과시켰다. 가톨릭교 인구 비율이 주변 국가에 비해 높은 점을 감안할 때 프랑스의 진취적인 낙태 합법화 조치는 의외이다.

‖ 미국의 낙태 논쟁 ‖

미국은 1970년대 초 낙태를 합법화했지만 50년이 지난 지금도 찬반 논란이 종교와 이념의 차이에 따라 거세게 벌어지고 있다. 미국의 초기 낙태 논쟁은 1973년 '로 대 웨이드 Roe v. Wade' 사건에 대한 연방대법원의 판결로 일단락된다. 이 사건은 제인 로 Jane Roe라는 여성이 텍사스주의 낙태금지법이 연방 헌법을 위반한다고 소송을 제기한 것으로, 당시 텍사스주법은 산모의 생명에 위험이 있지 않는 한 낙태를 금지하고 있었다. 로는 가난 때문에 아이를 양육할 자신이 없었고 낙태가 합법적인 다른 주로 여행할 경비조차 없어 텍사스주에서 몰래 낙태를 시도하다가 적발되었다. 이 사건은 결국 연방대법원까지 올라갔고, 연방대법원은 여성이 낙태를 선택할 수 있는 권리는 수정헌법 14조에서 보장하는 사생활의 권리에 속한다고 판결했다.

연방대법원의 판결은 낙태를 선택할 수 있는 사생활의 권리가 태아의 생명권과 상충될 수 있음을 지적하면서 낙태를 조건부로 합법화했다. 판결은 임신 기간을 세 단계로 구분했다. 임신 후 3개월까지는 주 정부가 임산부의 자율적 결정을 존중해야 하며, 이후 6개월까지는 주 정부가 임산부의 건강에 문제가 발생하는 경우에 한해 낙태 시행을 규제할 수 있다. 그리고 6개월 이후에는 주 정부가 태아의 생명 보호를 위해 낙태를 제한할 수 있다.

소송이 제기되었던 1970년대 초 미국에서는 18개 주가 낙태를 허용하고 있었고 나머지 32개 주는 불법으로 규정해 형사 처벌이 가능한 상황이었다. 연방대법원의 판결은 낙태를 범죄 행위 항목에서 완전히 제외시키는 조치였다. 소송 당사자였던 로는 소송이 길어져 낙태 시기를 놓쳤고 결국 아이를 출산했다. 사회단체의 후원으로 아이를 양육한 로는 1995년에 가톨릭교로 개종한 뒤 오히려 낙태 반대 운동에 참여하였다. 낙태 반대론자들은 소송 당사자인 로조차도 뒤늦게 자신들의 편에 섰음을 강조했지만, 낙태 찬성론자들은 자식이 이미 성인이 되어 더 이상의 양육 부담이 없는 그녀의 결정이 특별한 의미를 갖기 힘들다고 반박하였다.

'로 대 웨이드' 판결 이후 미국에서는 생명 보호 단체와 가톨릭교를 중심으로 판결을 무력화하기 위한 활동이 꾸준히 전개되었다. 이들은 초기에는 낙태 시행에 대한 주 정부의 규제 권한을 강화하는 우회적 방법 등으로 합법화 조치에 일정 수준의 족쇄를 채우고자 시도하였으며, 1989년의 웹스터 판결과 1992년의 케이시 판결이 대표적인 사례라고 할 수 있다.

미국 사회의 보수화가 진행되면서 연방대법원은 결국 2022년 '돕스 대 잭슨 여성건강협회Dobbs v. Jackson Women's Health Organization' 판결에서 '로 대 웨이드'의 판결을 뒤집었다. 이 판결은 낙태에 대한 연방헌법상의 권리를 부정하며, 낙태 정책에 관한 권한을 각 주에 이전시켰다. 이에 따라 텍사스, 앨라배마, 루이지애나 등 남부의 대다수 보수적 성향의 주들은 낙태 불법화를 채택하였고, 캘리포니아, 워싱턴, 오리건, 뉴욕, 버몬트, 일리노이 등 진보적 성향의 주들은 낙태 합법화를 지속하고 있다. 현재 미국 내에서 낙태를 합법화하는 주와 불법화하는 주의 수는 거의 반반으로 나뉘고 있다.[4] 한편, 애리조나 등 일부 주에서는 입법부의 법안과 사법부의 판결이 서로 달라서 혼선을 빚는 사태도 발생하고 있다.

낙태 합법화에 역행하는 조치는 입법부 차원에서도 있었다. 1976년의 '낙태 비지원법안'은 연방정부의 의료 지원금이 낙태에 사용되는 것을 제한했다. 원래 개인의 낙태 권리를 인정한 1973년 판결은 개인이 낙태 시술을 원할 경우 국가가 이를 지원할 의무가 있다는 해석으로 이어졌다. 따라서 국가가 운영하는 공공 의료 시설은 가난한 이들이 낙태를 희망할 경우 시술을 지원할 의무가 있었다. 그러자 낙태를 반대하는 사람들이 자신들이 동의한 적 없는 낙태 시술에 자신들의 세금이 사용된다며 반발했다. 낙태를 원한다면 최소한 당사자가 비용을 부담하라는 것이다. '낙태 비지원법안'은 보건소 등의 공공 의료 시설에서 가난한 여성에게 무료로 시행되는 낙태 시술을 금지하는 조치였다. 한편, 2003년의 '부분 출산 낙태 금지법'은 12주 이후의 낙태 수술에 가장 많이 사용되는 수

술법을 전면 금지함으로써 12주 이후의 낙태 시술을 사실상 포기하게 하는 법안이었다.

보수 진영의 낙태 반대 움직임은 행정부 차원에서도 이루어졌다. 그 대표적인 경우가 '멕시코시티 정책Mexico City Policy'이다. 멕시코시티 정책은 미국 내 비정부기구 단체가 해외에서 낙태 지원 활동을 펼칠 경우 연방정부 기금의 수여 자격을 박탈하는 것을 내용으로 한다. 1984년 멕시코시티에서 개최된 유엔 인구 문제 회의에서 레이건 대통령이 이 정책을 선언했다는 이유로 '멕시코시티 정책'이라 불리게 된 이 정책은 해외에서 산아 제한 활동을 하던 진보적 비정부기구 단체들에게 재정상의 타격을 주기 위한 것이었다. 대통령령으로 행해지는 이 정책은 행정부가 바뀔 때마다 존폐의 운명이 뒤바뀌고 있다. 클린턴 행정부가 들어서면서 바로 폐기되었다가 부시 행정부 기간에는 되살아났고 뒤이어 오바마 행정부에 들어와서는 재폐기되었다. 이 정책은 2017년 트럼프 행정부의 의해 복구되었지만, 바이든 행정부의 등장과 더불어 2021년 다시 폐기되는 순환 과정을 반복하고 있다.

한국의 낙태 합법화

한국은 1953년 낙태죄를 규정한 형법이 제정된 이래 낙태를 불법화했으나 1973년 출산 억제 정책의 일환으로 모자보건법을 만들어 특정 조건에 한해 낙태를 허용하였다. 모자보건법은 유전성 정신장애와 신체질환 혹은 전염성 질환, 강간에 의한 임신, 그리고 산모의 건강에 심대한 악영향을 미칠 경우에만 임신 28주 내에 낙태를 허용했다. 하지만 이는 법률상의 명목적 규제일 뿐이었고, 현실에서는 낙태 시술이 법적 제재 없이 음성적으로는 폭넓게 이루어졌다.[5]

서구 자유주의 사회의 낙태 합법화 조치에 영향을 받아 우리 사회에서도 일부 시민단체를 중심으로 합법화 논의가 간헐적으로 제기되었으나 최근까지 낙태라는 이슈 자체가 사회적으로 현저하게 부각되지는 않았다. 과도한 남아 선호 사상으로 여자아이를 낙태하던 과거의 잘못된 관행이나, 저출산 고령화 시대에 접어들면서 국가가 앞장서서 출산 장려책을 강구하는 현실 등은 낙태 합법화 논의를 가로막는 요인으로 작용해 왔다.

2019년 헌법재판소는 낙태를 금지하는 형법이 여성의 자기결정권을 과도하게 침해하기 때문에 위헌이라는 판결을 내렸다. 헌법재판소가 내린 낙태죄의 헌법불합치 판정이 실제 효력을 발휘하기 시작한 2021년 이후 낙태 시술은 특별한 제한 없이 허용되고 있다. 하지만 종교계의 반대로 인해 입법부가 5년 넘게 관련법안들의 정비를 지연시키면서 2024년 현재까지도 구체적 법률이 부재한 낙태 합법화의 상황이 진행되고 있다. 입법 공백의 상황에서 주무 부서인 복지부의 정책 또한 소극적이어서 낙태권을 지지하는 여성 단체들의 비판을 초래하고 있다.

낙태가 합법화되었고 실제로 시술이 광범위하게 이루어지는 현실에도 불구하고, 낙태에 대한 국내 여론 조사는 낙태가 허용되는 서구 국가들과는 현저한 수치상의 차이를 보이고 있다. 2018년에 조사된 세계 가치 서베이에 따르면, 한국인의 12.0%만이 낙태 자유화에 대한 "적극적" 지지를 표방하고 있다. 이는 스웨덴(79.4%), 네덜란드(65.4%), 프랑스(57.1%) 등에 비교하면 매우 낮은 수치이다. 낙태와 관련한 사회 이념적 논란이 격심한 미국(30.9%)과 비교해도 상당한 차이를 나타낸다. 우리나라의 경우 실제로 광범위한 낙태 시술이 이루어지는 현실과는 무관하게 사람들이 의견을 표명할 때는 보수적인 태도를 노정하는 독특한 이원화 현상이 나타나고 있다.

낙태의 역사

낙태의 역사는 기원전 5000년이라는 먼 고대로 거슬러 올라갈 만큼 장구하다. 의술이 발전하기 전 낙태는 약초나 약물의 사용, 격한 운동, 복부 압박 등의 방식에 의존했다. 대부분의 고대 사회에서 낙태는 은밀하게 이루어지는 사적인 문제였으며 공적인 문제로 기의 취급되지 않았다. 아시리아와 같은 가부장적인 사회에서 아내가 남편 몰래 유산을 시도했을 때 처벌되는 경우가 있었던 것으로 기록이 남아 있다. 하지만 이때 문제가 된 것은 낙태 자체가 아니라 남편 몰래 남편의 아이에게 해를 가했다는 사실이었다.

고대 그리스나 로마의 경우에도 태아는 태어날 때까지 인간으로 인정되지 않았으므로 낙태에 대한 사회적 금지나 처벌은 없었다. 낙태는 전적으로 사적인 결정으로 이해되었으며, 아내가 남편의 권위에 도전한 경우라고 판단될 때만 사회적으로 처벌되었다. 중세에 접어들어서도 낙태에 대한 시각은 크게 바뀌지 않았다. 성 아우구스티누스^{Saint Augustine} 같은 사람들이 태아의 생명에 대해 짧게 언급한 사례들이 있긴 하지만, 사회적 의식이나 관행 자체에 변화를 줄 정도는 아니었다. 19세기에 접어들 때까지 대부분의 사회는 낙태에 무관심했고 낙태 문제는 사적인 판단과 결정에 속한 것이었다.

　유아 살해와 낙태는 역사적으로 깊은 연관성을 갖는다. 임신에 대한 의료 지식이 매우 제한적이었던 고대나 중세 사회에서 임신한 여성들 대부분은 출산을 불가피하게 받아들여야 했다. 원치 않은 출산은 유아를 유기하거나 살해하는 상황으로 이어지기도 했으나 이런 행위는 근대에 이르기까지 대부분의 사회에서 처벌의 대상이 아니었다. 오늘날에도 가난하고 인구가 많은 사회에서는 공공연히 유아 살해가 일어나고 있다. 서구 사회에서 유아 살해가 금기시된 것은 농업 생산성이 증대되고 자유주의와 인권 의식이 성장한 근대 이후였다. 유아 살해에 대한 사회적 처벌이 강화되면서 원치 않은 임신을 한 여성들은 낙태에 더욱 의존하게 되었다.

　인류 역사에서 낙태를 사회적으로 규제하게 된 기간은 생각만큼 길지 않다. 일부 영미권 국가들이 낙태를 규제한 기간은 19세기 초중반에서 20세기 후반에 이르는 약 150년 정도다. 유럽 대륙 대다수 국가의 경우는 그보다 훨씬 짧다. 19세기 이전까지 대부분의 사회에서 낙태 시술은 법적으로 규제받지 않았으며, 교회 또한 낙태를 특별히 반대하지 않았다. 서구 사회에서 낙태금지법을 처음 제정한 나라는 영국으로 최초 입법은 1803년에 이루어졌다. 80여 년이 지난 뒤인 1880년대에 미국이 영국을 뒤따라서 낙태를 불법화했지만 처벌은 예외적으로 적용되는 수준이었다.

낙태는 법으로 금지한다고 해서 사라지는 것이 결코 아니다. 낙태를 불법화한 이후에도 낙태 빈도는 전혀 줄지 않았으며, 오히려 음성적인 낙태 시술만 증가해 임산부들의 건강이 위협받았다. 원치 않은 임신을 한 여성들은 불법 시술소를 찾거나 위험천만한 자구적 낙태 방식에 매달렸다. 한동안 미국에서는 옷걸이가 임신한 여성들이 죽음을 무릅쓰고 스스로 낙태를 시도하는 것을 상징하는 도구였다. 낙태가 불법이던 1950년대 미국에서는 매년 100만 건 이상의 낙태 시술이 불법적으로 행해졌고, 이 과정에서 수천 명의 여성이 사망한 것으로 알려져 있다.

∥ 성과 사랑을 둘러싼 전통의 해체 ∥

육체적 성행위 자체를 긍정적으로 바라보지 않았던 기독교적 전통에서 서구 사회는 성행위가 도덕적 정당성을 확보할 수 있는 일련의 조건들을 만들어 왔다. 즉, 제도적 조건인 결혼이 성립되어야 하며, 생물학적 결과인 출산이 이루어져야 하고, 정신적 교감인 사랑이 수반되어야 한다는 것이다. 성행위-결혼-출산-사랑의 연계 구도는 근대 서구 사회의 성 도덕을 규정하는 핵심이었다.

하지만 이 구도는 성 자유화, 여권 신장, 피임법과 낙태술의 발달 등 사회 변화와 맞물리면서 점차 해체 과정을 밟아왔다. 성 자유화란 성행위로부터 얻을 수 있는 쾌락이 정당한 것이라는 인식이 사회적으로 자리 잡는 현상이라고 할 수 있다. 이는 성행위가 유흥이나 육체적 쾌락을 가져다주는 다른 행위들과 본질적으로 다르지 않다는 인식을 토대로 한다. 즉, 즐거움을 얻기 위해 컴퓨터 게임을 하거나 카드놀이, 축구 경기에 참여하는 것처럼 성행위도 즐거움을 얻기 위한 인간 행위라는 것이다.

여성의 권리가 신장되고 사회 진출이 늘면서 결혼과 출산의 부담으로부터 벗어나고자 하는 여성들의 욕구가 증가했다는 점도 중요하다. 가부장적 위계 사회에서 가정 내 역할에 충실할 것을 강요받았던 전통적 여성관이 붕괴되는 순간, 결혼과 출산은 여성에게 의무에서 선택으로 전환된다. 물론 여전히 많은 여성들이 결혼과 출산의 부담에서 완전히 벗어났다고 말할 수는 없지만, 꾸준한 여권 신장과 여성의 사회 진출은 성행위와 긴밀하게 연결되어 있던 결혼과 출산의 전통적 가치를 해체하는 데 기여했다. 무엇보다도 피임법과 낙태술의 발전이 성행위-결혼-출산-사랑의 연계 구도를 허무는 데 결정적인 역할을 했다는 점은 분명하다.

일부일처 결혼 제도는 부부 간의 성적 정절을 요구하는 사회통제 시스템으로, 육아를 부부가 책임지도록 하는 사회적 기능을 수행했다. 하지만 결혼의 필요성에 의문을 갖는 세대가 출현하고, 결혼 제도의 안정성이 계속 약화되고 있는 현실에서 육아의 책임을 부부에게 지우는 기존의 관행은 한계에 부딪칠 수밖에 없다.

▍ 태아의 생명권 vs. 산모의 자기결정권 ▍

낙태 이슈의 중심에는 태아의 생명권과 임산부의 자기 결정권을 둘러싼 논쟁이 존재한다. 낙태 합법화를 반대하는 사람들은 낙태가 무고한 인간의 생명을 빼앗는 행위이며, 따라서 도덕적으로 용납할 수 없는 범죄라고 주장한다. 반면 낙태 합법화를 지지하는 사람들은 낙태를 불허하는 것은 곧 출산과 양육의 책임을 임산부에게 일방적으로 전가하는 것이며, 따라서 여성이 자신의 삶을 설계하고 선택할 기회를 포기하도록 강요하는 사회적 테러라고 본다.

낙태를 기쁜 마음으로 결정하는 여성은 없을 것이다. 낙태 수술은 여성에게 많은 정신적·신체적 위험과 부담을 안긴다. 낙태에는 외상 후 스트레스 장애 같은 낙태 증후군뿐만 아니라 영구불임의 가능성 등 다양한 부작용이 따를 수 있다. 그럼에도 불구하고 임산부들은 각자의 불가피한 사정 때문에 낙태를 결정한다. 그중 가장 큰 것이 바로 출산과 양육의 부담이다.

긴 인류 역사 속에서 여성들은 출산과 양육의 부담을 떠맡아 왔다. 페미니스트들은 여성이 이른바 '출산의 폭정'과 양육의 책무로부터 탈출하는 것이야말로 여성의 권리를 복원하기 위한 시급하고도 필수적인 과제라고 주장한다. 사실 여성 해방 운동이 본격화된 1960년대 이후 낙태 합법화가 여성의 자기실현과 행복 추구권을 상징하는 기치가 된 것은 우연이 아니다. 낙태의 권리는 임산부의 자기방어 권리, 자기 신체를 소유할 권리, 궁극적으로 자기 삶을 스스로 결정할 권리에 토대를 두고 있다.

문제는 임산부의 자기 결정권이 태아의 생명권과 불가피하게 상충한다는 사실이다. 임산부가 자신의 신체를 통제할 권리는 태아를 축출할 권리로 이어지지만, 태아가 생존할 권리는 임산부의 신체를 차지하고 있을 권리로 연결된다. 낙태 합법화를 반대하는 사람들은 태아가 설령 임산부의 동의 없이 그의 신체를 차지한다고 할지라도 이는 일시적인 점유를 의미할 뿐이며, 죄 없는 태아를 임산부의 신체에서 내쫓는 행위는 도덕적으로 비난받아야 한다고 말한다.

그러나 여기서 중요한 점은 여성의 실질적인 책임이 자신의 신체를 일시적으로 빌려주는 것으로 끝나지 않는다는 것이다. 출산 후 아이가 성인이 될 때까지 육아와 교육을 우선적으로 책임지는 사람은 결국 산모인 것이 현실이다. 즉 낙태 문제를 둘러싼 논쟁의 핵심은 임신에서 출산까지의 문제보다 오히려 출산 이후 산모가 감당해야 할 부담에 있다. 사회가 이를 대신 감당해 줄 수 없는 상황에서 낙태를 불법화하는 것은 임신한 여성에게 절대적 희생을 강압적으로 요구하는 것일 수 있다.

아이가 성인이 될 때까지 키우는 일은 미혼모는 말할 나위도 없고 기혼 부부에게도 결코 적은 부담이 아니다. 일부일처의 결혼제도는 육아를 부모가 책임지도록 한다. 사회가 그 책임을 일정 부분 분담하는 복지국가에서도 양육의 주된 책임은 부모에게 있다. 제한적 사회 복지와 과중한 사교육비 부담 등으로 양육의 책임과 비용이 전적으로 부모에게 전가되는 우리 사회는 말할 것도 없다. 부부들이 피임을 시도하고 피임이 실패할 경우 낙태를 고려하는 것은 이러한 높은 양육 비용과 깊은 연관성을 갖는다.

낙태를 반대하는 사람들은 그럼에도 불구하고 낙태가 여성에게는 행복의 문제이지만, 태아에게는 생명이 걸린 문제임을 강조한다. 생명권이 행복 추구권보다 우선하며, 생명권을 위협하면서 행복 추구권을 주장하는 것은 이기적이라는 것이다. 그러나 낙태 지지론자들은 이런 주장이 인간 삶의 진정한 의미에 대해서는 고민해 보지 않은 채 생명의 존엄성이라는 당위만을 내세우는 어설픈 휴머니즘이라고 비판한다. 임산부의 삶과 행복을 외면하는 낙태 반대론은 생명의 존엄성 원칙과도 결코 상응할 수 없다는 것이다.

물론 모든 낙태 반대론자들이 여성의 이해관계에 무관심한 것은 아니다. 이들 중 일부는 자신들이 낙태를 반대하는 이유 중에는 낙태 시술의 위험성과 부작용으로부터 임산부를 보호하려는 동기도 있음을 강조한다. 20세기 중반까지만 해도 낙태 시술이 임산부의 생명을 위협하는 위험한 수술이었던 것이 사실이다. 하지만 낙태 기술의 발달로 인해 현재는 출산이 낙태보다 도리어 더 위험한 일이다. 낙태 합법화 지지자들은 낙태 반대론자들이 이러한 사실을 철저히 호도한다고 주장한다.

▍ 몸속 태아의 도덕적 지위 ▍

임산부 뱃속의 수정란이나 태아가 인간과 동등한 도덕적 자격을 갖는지 여부는 낙태 이슈에서 가장 치열한 논쟁을 불러일으키는 주제다. 인간이 다른 동물들과 구분되는 도덕적 지위를 갖는다는 주장은 인간이 자의식과 지성을 가진다는 사실에 근거한다. 물론 자의식과 지성이 과연 인간만의 속성이냐고 물을 수 있다. 영장류를 비롯한 많은 포유동물의 사례에서 자의식과 지능의 증거가 발견되곤 한다. 반면 인간으로 태어났다고 하더라도 우리 가운데 얼마나 많은 사람이 자의식과 지성을 제대로 갖추고 사는지 의심할 수도 있다. 그럼에도 불구하고 자의식과 지성의 수준이 인간과 다른 종을 구분하는 가장 결정적인 기준임은 부인할 수 없다.

그렇다면 뱃속의 태아는 인간으로서 자의식과 지성을 갖추었다고 할 수 있을까? 자의식과 지성을 기준으로 한다면 뱃속의 태아에게 인간의 자격을 부여하기는 쉽지 않을 것이다. 이 경우 갓난아이 역시 이 기준을 만족하기는 어려우며, 이 점에서 갓난아이와 뱃속의 태아를 구분하는 것도 의미가 없을 것이다. 또한 지적 장애인이나 장시간 의식불명 상태에 있는 식물인간도 인간의 자격을 갖지 못한다는 해석으로 이어질 수 있다.

이와 같은 논란을 피하기 위한 논리가 '성장 잠재력'이다. 성장 잠재력 논리는 아리스토텔레스로부터 시작한다. 아리스토텔레스는 만물은 각기 나름의 목적이 있으며 그 목적을 지향한다는 텔로스telos라는 개념을 소개한다. 도토리가 소나무나 잣나무로 자라지 않고 참나무로 성장하는 것은 도토리 속에 있는 고유의 성장 잠재력 때문이다. 마찬가지로 인간의 태아는 자의식과 지성이라는 기준을 만족하지 못하지만 그러한 능력을 갖춘 인간으로 성장할 본원적 잠재력을 갖고 있다. 이런 성장 잠재력에서 인간과 동물은 분명히 구분된다. 올챙이가 개구리가 아닌 다른 동물이 될 수 없듯이 태아 역시 인간이 아닌 다른 동물로 성장하지 않을 것이기 때문이다.

그러나 현대 의학의 발전과 더불어 성장 잠재력 논리는 설득력을 잃어가고 있다. 현대 의학은 수정란이 자체 분열의 과정을 거칠 때 각각의 분열된 세포가 인간 생명으로 성장할 자체적인 잠재력을 지니고 있음을 밝혀냈다. 성장 잠재력을 지닌 이 세포들은 재결합 과정에서 소멸하거나 도태된다. 이러한 의학 지식은 성장 잠재력 논리로 인간의 위상을 설명하기 어렵게 만들며, 생명 탄생의 시점이 정확히 언제인지에 대한 논란의 단초를 제공한다. 성장 잠재력이라는 개념을 이렇게 확장적으로 적용한다면 우리는 수정된 난자뿐만 아니라 수정되지 않은 난자나 정자에도 인간의 위상을 부여해야 하기 때문이다. 수정되지 않은 난자의 세포 분열과 성장을 인위적으로 일으키는 이른바 처녀 생식 기술은 이미 실현 가능한 의학 기술이 되었다. 생명 복제 기술이 보여주듯이 난자의 핵을 제거한 상태에서 유전자를 보유한 세포를 외부에서 주입해 전기적으로 성장을 자극할 경우 새로운 생명이 탄생할 수 있으며, 이 방식을 활용한 것이 1997년 세상을 떠들썩하게 만든 복제양 돌리다.

생명 복제 기술은 정상적인 인간 신체의 어떤 세포라도 복제 인간을 만들어낼 수 있는 성장 잠재력이 있음을 확인해 준다. 따라서 성장 잠재력 논리를 통해 낙태가 부도덕한 행위라고 주장한다면, 태아뿐만 아니라 우리 인체의 모든 세포가 보호받아야 하는 것인가라는 반박이 뒤따를 수 있다. 나아가 성장 잠재력 논리에 따르면 피임 행위 또한 도덕적으로 정당화되기 힘들다. 피임으로 인해 수정 기회를 박탈당한 정자나 난자 역시도 성장 잠재력을 갖기 때문이다. 심지어 임신 가능한 부부가 성생활을 절제하는 것도 몸속에서 지속적으로 생산되는 정자와 난자의 성장 잠재력을 가로막기 때문에 도덕적으로 비난받아야 한다는 황당한 결론도 가능해진다.

‖ 언제부터 인간인가 ‖

임신에 대한 과학적 지식이 부족했던 시기에는 불확실한 정보를 근거로 태아의 위상을 결정했다. 가령, 중세 이래 가톨릭교회는 태아가 영혼을 갖기 시작하는 시점을 생명의 시작으로 규정했다. 인간이 영혼을 갖게 되는 시점은 언제일까? 이에 대해서 교회는 아리스토텔레스의 관점을 따랐다. 아리스토텔레스는 태아가 영혼을 갖는 시점을 남아일 경우 임신 40일째, 여아의 경우에는 임신 90일째라고 보았다. 중세 초의 성 아우구스티누스 역시 아리스토텔레스의 주장을 그대로 수용했다.

사실 현미경의 발명과 난자의 발견이 있기 전까지 임신과 태아에 대한 지식은 대부분 부정확하고 그릇된 것이었다. 난자가 발견되기 전까지는 남성의 정자가 태아를 생성하고 여성은 태아의 성장을 돕는 역할을 할 뿐이라는 생각이 지배적이었다.

의학 지식이 발달함에 따라 인간 생명이 시작되는 시점은 정자와 난자가 결합하는 순간으로 규정되었다. 그러나 이 역시 한 개의 수정된 난자가 초기 2주의 세포 분열과 재결합 기간 동안 쌍둥이로 전이하거나 인간 생명이 아닌 암세포나 음성 종양 등으로 전이할 수 있다는 사실이 알려지면서 생명 탄생 시점을 둘러싼 논쟁은 혼란에 직면했다.

현재까지 의학적 통설은 수정란의 세포 분열과 재결합이 끝나면서 수정란이 자궁 내막에 착상하고, 태아와 모체의 상호 관계가 정립되기 시작하는 14일 후 정도를 생명이 시작되는 시점으로 간주한다. 그러나 의학적 차원의 생명 기준점은 태아의 도덕적 지위에 관한 사회적 논란을 해결하는 데 큰 역할을 하지 못하고 있다. 1973년 미국 연방대법원이 '로 대 웨이드' 판결에서 적용한 28주라는 시점은 당시 미숙아가 태어날 경우 의료진이 살려낼 수 있는 최소 임신 기간이었다. 이것은 사실상 생명 탄생에 관한 전통적 기준, 즉 출생 시점으로 돌아간 것이었다. 의학 기술이 발달하면서 과거의 기준이었던 28주라는 시점은 꾸준히 앞당겨졌다. 오늘날의 의학 기술은 임신 22주째의 미숙아를 살려낼 수 있는 수준이며, 기술의 발전에 따라 생명 탄생 시점에 대한 논란은 지속될 전망이다.

생명 탄생 시점을 둘러싼 논쟁

생명이 시작하는 시점은?

예외적인 경우에 한하여 낙태를 허용할 수 있는가

낙태를 불법화한 국가 중 다수는 강간, 근친상간, 비정상아, 산모 건강이 위협받는 경우 등 특수한 상황에서 낙태를 예외적으로 허용한다. 하지만 이러한 예외적 허용이 적절한지에 관해서는 논란이 있다. 태아의 생명권을 강조하면서 질병을 가진 아이를 낙태할 수 있도록 허용하는 것은 분명 논리적으로 모순이 있다. 건강한 아이만을 선호하는 것은 질병을 가진 아이를 차별하는 것이며, 이런 차별 행위는 특히 모든 생명의 존엄성을 강조하는 낙태 반대론자들이 받아들이기는 힘들 것이다.

과거 낙태를 불법으로 규정했던 우리나라의 경우 경제적 동기에서 낙태를 선택하려 할 경우 태아의 생명권을 강조하며 낙태를 불허하였다. 하지만 태아가 기형아로 판명되거나 유전적 결함을 가진 경우에는 낙태를 허용하였다. 신체 장애를 갖거나 유전적 결함을 가진 태아를 낙태할 수 있도록 허용하는 근거는 무엇일까? 이들의 생명은 건강한 태아의 생명에 비해 덜 존엄하다는 것일까? 태아의 생명권을 보장하기 위해 낙태를 불법화한 국가에서, 신체적 결함을 가진 태아라고 해서 낙태를 허용하는 것은 과연 일관된 것일까?

이 문제를 다른 방식으로 접근해 보자. 자식을 원하는 난임 부부가 시험관 아기 시술을 할 때, 보통은 유전자 검색을 통해 건강한 수정란을 선별하는 것이 관례이다. 유전자 검색을 통해 건강한 수정란만 고르는 것이 적절한 일일까? 어떤 사람들은 아이(수정란)가 아픈 상태로 태어나 평생 장애를 안고 살아야 하는 일을 피할 수 있으므로 이것이 적절하다고 생각한다. 하지만 반대편에서는, 장애 유무를 기준으로 태어날 아이를 선별하는 것은 도덕적으로 올바른 일이 아니며 현실적으로도 유용한 사회적 결과를 가져오지 못한다고 주장한다. 이들은 '베토벤 낙태의 오류'를 지적하며 다음과 같이 질문한다. 만약 장래에 귀머거리가 될 유전자를 지닌 한 아이를 낙태시켰다면, 그리고 그 아이가 베토벤이었다면 우리는 베토벤의 멋진 교향곡이 없는 세상에서 살아야 하는 것 아닌가?

신체 장애아의 낙태를 허용하는 주도적 이유는 신체 장애를 가진 아이의 삶이 비장애아의 삶보다 불행할 가능성이 높다는 판단 때문이다. 그렇다면 여성에 대한 차별이 심한 사회에서 여자아이에 대한 선별적 낙태를 금지할 이유 역시 불분명해진다. 여성에 비해 남성에게 현저하게 유리한 삶이 보장되는 사회에서는 신체 장애만큼이나 사회적 성 차별이 여자아이의 삶을 불행하게 만들 수 있기 때문이다.

이런 논리를 조금 더 연장해 보자. 고질적이고 구조적인 빈곤에 지친 임산부가 자신의 아이가 태어날 경우 제대로 된 양육과 교육이 어려울 것을 걱정한다. 아이의 삶이 불행할 것을 예상한 산모가 낙태를 결심한다면 이를 허용해서는 안 되는 것일까? 선천적 장애와 마찬가지로 후천적 불평등의 환경(성 차별, 가난) 역시 아이의 인생을 불행하게 만들 수 있다. 선천적 장애가 예상되는 경우에 낙태를 허용한다면, 후천적 불평등의 환경이 예상되는 경우에는 왜 불허해야 하는가?

낙태를 불법화하던 시절 우리 사회는 강간 피해 여성에게도 예외적으로 낙태를 허용하였다. 강간 피해자에게 출산은 분명 원치 않는 결과일 것이다. 우리가 이 경우에 낙태를 허용하는 것은, 강간이라는 범죄 행위가 초래한 결과를 범죄 이전의 상태로 돌려놓고자 하는 교정적 정의의 일환으로 낙태를 간주하기 때문이다. 그렇다면 강간 피해자의 상황을 회복하기 위해 태아를 희생시키는 것은 정당화될 수 있는 것일까? 절대적 생명권을 주장한다면, 강간으로 잉태된 태아 역시 무고한 생명이므로 산모의 행복을 위해 태아의 생명을 빼앗는 것을 정당화하기는 힘들 것이다. 태아는 부모를 선택하지 못한다. 강간이라는 범죄 행위의 결과로 태어난 아이가 사회적으로 축복받지 못할 수 있지만, 그렇다고 해서 낙태 반대론자들이 주장하는 생명의 소중함과 존엄함의 조건을 충족하지 못한 것은 결코 아니다. 낙태 반대론자들이 이 아이들의 낙태를 허용한다면 이는 인간 생명의 소중함과 존엄성이란 기준과는 별도의 정당한 이유를 인정하기 때문이다. 그것은 여성을 강제로 임신시킨 범죄라는 특수한 상황을 고려한 것이고, 이는 강간에 따른 임신 같은 특수한 상황이 인간 생명의 존엄성보다 앞선다는 것을 확인시킬 뿐이다.

근친상간의 경우도 같은 질문을 할 수 있다. 근친상간으로 생긴 태아는 다른 태아보다 덜 존엄한 것일까? 이 아이들의 낙태를 허용하는 것은 이들이 태어날 경우 가족 제도에 혼란을 초래하고, 나아가 사회 질서의 근간을 허물 수 있다는 우려 때문이다. 그러나 인간 생명의 존엄성을 지키기 위해 낙태를 불법화한다고 외치는 국가가 가족 제도나 사회 질서의 유지라는 공적 이익을 위해 예외적으로 낙태를 허용한다는 것은 논리적

일관성을 갖기 어렵다.

'절대적 생명권이 보장되는 사회에서 인간 존엄성이 최대한으로 보장된다'고 믿는다면 모든 낙태에 반대하는 것이 논리적이다. 반면 삶을 산다는 사실보다 어떻게 살아야 하는지가 더 중요하다고 믿는다면, 인간 존엄성의 논리는 절대적 생명권만을 주장하는 것과는 거리가 있을 수밖에 없다. 사람들마다 자신의 생각에 따라 장애아, 강간, 근친상간의 경우 낙태를 지지할 수도 있다. 하지만 엄밀한 의미에서 절대적 생명권 논리는 예외적으로 낙태를 허용하는 것과 공존할 수 없다. 논리적으로 일관되지 못한 정책은 사회가 낙태 문제를 진중히 고민하지 않았음을 보여주는 결과물이다. 이런 정책은 사회 구성원들에게 원칙이 결여된 혼란스러운 메시지만 던질 뿐이다.

낙태 불법화의 그림자

낙태를 불법화할 경우 현실적으로 나타날 수 있는 부작용으로 가장 많이 지적되는 것은 의료 전문가가 아닌 사람에 의한 낙태 시술의 위험성과 음성적 낙태 시술비의 과도한 부담이다. 낙태를 불법화해도 이성 간 성행위 문화가 크게 달라지지 않는 대부분의 사회에서 낙태 시술 수요는 꾸준히 발생할 것이다. 낙태를 법적으로 규제하면 불법 시술이 가능한 곳을 찾는 이른바 풍선 효과가 나타날 것이다. 어떤 사람들은 불법 낙태가 성행하기 때문에 법 집행을 더욱 강화해야 한다고 주장하는데, 이는 결국 낙태 시술을 더 음성화시킨다. 결과적으로 비의료인에 의한 위험천만한 낙태 시술이 만연하고 여성들은 더 큰 위험에 처할 것이다.

낙태는 어느 누구에게도 결코 유쾌한 선택이 아니다. 임산부는 자신이 처한 상황과 미래의 삶에 대한 고민 속에서 어렵게 낙태를 결정할 것이다. 그리고 이 결정에 따르는 죄책감과 고통은 대부분 여성의 몫이다. 출산과 양육의 비용을 책임지지 않는 사회가 여성에게 도덕성이라는 이름으로 출산을 강요하는 것은 과연 정당한 것일까? 낙태 합법화 조치는 낙태를 사회적으로 조장하려는 것이 아니다. 그것은 낙태에 대해서 사회의 일부 구성원이 임의적으로 내린 도덕 판단이 사회 전체에 강제되는 것을 막기 위한 것이다.

▌ 대리모 제도란 무엇안가 ▌

낙태와 더불어 생명 윤리에서 중요하게 다루는 또 다른 주제가 바로 대리모 제도다. 낙태가 자녀를 원치 않을 때 선택하는 것이라면, 대리모 제도는 자녀를 원하는 부부가 다른 여성의 도움을 받아 아이를 낳고자 하는 것이다. 대리모는 아이를 원하는 부부의 의뢰에 따라 보수를 받고 대리 출산을 해주는 여성을 말한다. 대리모는 통상 불임 여성을 대신해 자신의 자궁으로 타인의 태아를 양육하는 '자궁 제공 대리모gestational surrogacy'를 의미하지만, 경우에 따라서는 자신의 난자를 이용한 임신까지 담당하는 '유전적 대리모traditional surrogacy'를 포함하기도 한다.

대리모 거래가 대부분 암묵적으로 이루어지는 특성으로 인해 이와 관련한 신뢰성 있는 데이터 수치의 확보는 결코 쉽지 않다. 미국 질병통제국(CDC)의 자료에 의하면 1999년부터 2013년까지 약 15년 동안 자궁 제공 대리모를 통한 임신 수치는 총 1만 8,400건이었으며, 최종년도인 2013년의 경우 3,400건을 상회한 것으로 나타난다.[6] 하지만 이는 질병통제국에 자발적으로 보고된 수치이며, 따라서 실제 수치는 이보다 훨씬 클 것으로 추정되고 있다.

현재 대리모 출산은 전 세계적으로 꾸준한 증가세를 보이고 있으며, 세계 대리모 시장 규모는 2022년 기준 140억 달러(한화 약 19조 원)에 달하는 것으로 파악되고 있다.[7] 대리모 출산이 증가함에 따라 미국, 영국, 이스라엘 등 일부 국가들은 제도적으로 합법화 조치를 취하고 있다. 우리나라는 '생명윤리 및 안전에 관한 법률' 제23조 3항을 통해 난자와 정자의 매매 행위를 금하고는 있으나 대리모를 직접 규제하지는 않고 있다.

아이를 임신하고 출산하는 것은 여성에게 건강상의 위험, 출산의 고통, 출산에 따른 체형 변화, 임신 기간 및 출산 후의 정신적 스트레스, 임신으로 인한 사회 활동의 제약 및 단절 등 여러 어려움을 안긴다. 이런 어려움을 보상하는 차원에서 대리모에게는 통상적으로 돈이 지불된다. 현재 인공 수정 시술 비용이 상당히 높기 때문에 대부분의 대리모 수요는 선진국에서 발생하고 있다. 또한 대리모 비용에 대한 부담과 친권 문제 등 법적 논란의 여지를 피하기 위해 우크라이나, 조지아, 인도, 멕시코 등 중·저소득 국가의 여성들이 대리모 대상으로 선호되고 있다.

서구 사회에서 우크라이나 등 타국 대리모 여성들에게 지불되는 보상액은 통상 수만 달러 수준이다. 수만 달러의 금액은 10개월에 걸친 임신과 출산의 힘든 과정을 생각할 때 선진국 여성에게는 많다고 볼 수 없지만, 이들 대리모 국가의 경제 상황이나 여성의 저임금 등을 감안했을 때 결코 적은 돈은 아니다. 평균 월급이 수십만 원 수준인 국가에서 여성이 수개월에 수천만 원의 재산을 모으기는 쉽지 않으며, 이 정도의 금액은 해당 여성과 그 가족의 삶을 현저히 바꿀 수 있다. 이러한 이유로 이들 중·저소득 국가에서 대리모 공급이 꾸준히 이루어지고 있다.

우리나라의 경우 강한 혈연 의식으로 인해 친자식에 대한 집착이 강한 편이며, 따라서 아이를 입양하는 일은 흔하지 않았다. 대리모에 대한 수요가 비교적 제한적이었고 거래도 음성적으로 이루어졌다. 하지만, 앞으로는 수요가 늘고 거래가 양성화될 여지가 없지 않다. 우리나라의 대리모 수요자들은 보상 비용이 저렴하고 친권 문제가 일어날 가능성이 적은 중국, 동남아시아, 조선족 여성을 선호하는 것으로 알려져 있다.

‖ 대리모 제도의 찬반 논란 ‖

대리모 계약은 통상 대리모 서비스의 공급자와 수요자가 자발적으로 동의함으로써 이루어진다. 이 계약으로 제삼자가 손해를 보는 이른바 부정적 외부 효과negative externalities는 크지 않은 것으로 평가되고 있다. 하지만 대리모 계약을 비판하는 사람들은 계약의 성격상 경제적으로 열악한 지위에 있는 여성이 착취될 수밖에 없는 구조임을 지적한다. 경제적으로 어렵지 않은 이상 대리모가 되기를 원하는 여성은 분명 많지 않을 것이기 때문이다. 그러나 착취라는 시각에 비판적인 이들은 우리 삶 속에서 계약 당사자 간에 완전히 공정한 거래가 과연 얼마나 존재할지에 의구심을 표한다. 선진 사회라고 할지라도 불공정한 계약은 도처에 존재하며, 공정함이란 단지 정도의 차이일 뿐이라는 것이다. 냉정하게 보면 맞는 말일 수 있다. 문제는 우리가 계약의 불공정함을 어느 정도까지 허용할 수 있는가이며, 대리모 계약은 과연 적절한 범위 안에 있는가이다.

대리모 논쟁은 아이를 원하는 대리모의 수요자와 임신 및 출산을 담당하는 대리모 공급자에 대한 도덕적 평가와 관련된다. 대리모를 원하는 부부의 주된 동기는 친자식을 갖는 것이다. 이들은 입양을 거부하고 자신의 유전적 후손을 갖고자 한다. 인간의 종족 보존 의지를 자연적인 본성으로 인정하고 개인의 행복 추구권을 존중한다면 난임 부부가 대리모를 찾는 것을 비난할 이유는 없다. 대리모 제도를 지지하는 사람들은 혈통의 계승과 친자 양육은 인간에게 주어진 숭고한 본능이며 천부적 권리라고까지 주장한다. 종족 보존은 자연 생태계의 동물 세계에서도 보편적으로 발견되는 현상이라는 것이다.

하지만 종족 보존이 인간의 본능이라 해서 이를 천부적 권리라고까지 말할 수 있을까? 대리모 제도를 반대하는 사람들은 친자식을 갖고 싶은 인간 본성을 인정한다 해도 타인의 자궁까지 매수해 친자식을 갖겠다는 것은 과도한 욕심이라고 비판한다. 종족 보존의 본능이 있다고 해서 친자식을 가질 절대적 권리가 저절로 주어지는 것은 아니라는 것이다.

가족적 연대감을 형성하는 데 자녀가 자신을 닮았다는 사실은 중요하다. 그러나 이 점이 꼭 자신의 유전자를 가진 아이만을 가족으로 받아들여야 할 이유가 될 수는 없다. 대리모 제도의 비판자들이 지적하듯이, 대리모까지 동원해 친자식만을 고집하는 것에 대해 긍정적 사회 평가가 이루어질 수 있을지는 의문이다. 비판론자들은 친자식에 대한 집착이 자식을 소유물처럼 여겼던 전통적 인식에서 비롯된 것이라고 말한다. 또 어떤 사람들은 현대사회의 획득적 소유주의의 결과라고 말한다. 자식을 재화처럼 여기는 전근대적 사고와 이 재화를 확보하려는 현대사회의 과도한 소유욕이 결합하면서 입도선매식으로 아이를 거래하는 대리모 제도가 만들어졌다는 것이다.

대리모 제도는 아이를 가질 수 없는 여성에게 현대 과학이 주는 축복이자 선물일 수 있다. 하지만 아이를 손쉽게 갖게 됨으로써 탄생의 소중함이 줄어들 수 있다는 우려도 존재한다. 아이를 갖기 위해서 부모(특히 어머니)는 10개월의 임신 기간과 출산 과정에서 많은 희생과 비용을 감수해야 한다. 대리모 제도는 이 같은 희생과 비용 없이 자신의 아이를 가질 수 있도록 해준다. 모성애가 부성애보다 훨씬 강한 이유를 설명할 때 종종 '스톡홀름 신드롬Stockholm syndrome'이 언급되곤 한다. 스톡홀름 신드롬은 인간이 자신에게 고통을 주는 상대에게 적대감을 갖기보다는 도리어 보호 본능과 애정을 느끼는 예외적 심리를 대변하는 용어로, 이 말은 스웨덴 스톡홀름에서 테러리스트들에게 납치되어 장기간 함께 생활했던 피해자들이 나중에 테러리스트들에게 불리한 법정 진술을 거부한 사례에서 유래했다. 이런 역설적인 인간 심리는 여성의 경우에 특히 강하게 작용하는 것으로 알려져 있다. 스톡홀름 신드롬에 따르면 모성애가 부성애보다 강한 것은 몸속 태아가 출산의 고통을 포함해 지속적으로 산모에게 부과하는 수많은 고통이 자녀에 대한 산모의 특별한 보호 본능과 애정을 자극하기 때문이라는 것이다.

이런 논리에 따라 대리모 제도의 비판자들은 대리모로 얻은 자녀에 대한 모성애는 직접 출산으로 얻은 자녀에 대한 모성애와 견주기 힘들다고 말한다. 그들은 대리모에게 임신을 의뢰한 사람들이 뒤늦게 계획을 변경해 아이를 포기하거나, 태아에게서 기형이나 유전적 장애가 발견될 때(혹은 원치 않은 성별일 때) 대리모가 유산하도록 쉽사리 의뢰하는 것은 모성애가 취약하다는 사실을 보여주는 전형적인 사례라고 말한다. 이들은 대리모 제도를 출산 서비스 정도로 생각하는 사람들에게 생명 경시 현상은 불가피한 것이라고 주장한다. 나아가 아직은 예외적인 사례이지만, 임신과 출산으로 인한 신체 변화나 경력 단절 등을 우려한 부유층 여성들이 자신의 유전적 자식을 갖기 위해 대리모를 활용하는 것은, 산업화되고 있는 대리모 제도의 미래상이라고 예견하기도 한다.

행복 추구권과 정의의 논쟁

낙태 이슈는 태아의 생명권과 산모의 자기 결정권이라는 두 개의 권리가 상충하는 상황에서 어느 편이 우선적 지위를 갖는 것이 정의의 원칙에 근접하는가가 주된 쟁점이다. 이 이슈는 자유주의적 권리가 종교적 명령과 대치하는 가치 논쟁 형태를 띠지만, 갈등하는 두 가치를 조율하는 실질적인 정책은 대개 공리주의적 원칙에 따르는 경우가 많다.

마이클 샌들Michael Sandel과 같은 공동체주의자들은 자유주의자들이 종교적 입장과는 논의와 타협을 거부한다고 비판하지만 이는 사실과 다르다. 자유주의자들은 개인의 자유와 자율성이라는 담론을 짊어지고 종교적 담론과 논쟁한다. 그리고 자신들의 담론이 종교적 담론보다 덜 편협하고 덜 배타적이라는 점을 입증하고자 노력한다. 자유주의자는 신에 대한 애정과 충실성이 개인의 사적 영역에서 표출될 경우 그것이 잘못되었다고 생각하지 않는다. 하지만 신에 대한 애정과 충실성이 시민으로서의 판단력과 공적 행위에 과도한 영향을 미치는 것을 우려한다. 종교가 합리적 대화를 이끌어내는 한에서 자유주의자들은 종교와 대화하는 것을 거부하지 않는다. 누군가가 "정치와 법은 종교적 논쟁의 대상이 아니다"라고 말한다면, 이는 종교인이 정치와 법을 논할 수 없다는 의미가 아니라, 편협한 종교적 판단이 사회의 옳고 그름을 나누는 정치와 법의 기준이 되어서는 안 된다는 것을 의미한다. 낙태 이슈를 둘러싼 자유주의자들의 입장 역시 독단적인 종교적 판단이 정의의 기준이 되고 그 결과 국가 후견주의가 강화되어서는 안 된다는 것이다.

대리모 제도의 핵심 논란은 임신 및 출산이 시장에서 서비스로 거래되는 것이 과연 도덕적으로 옳은가이다. 자궁을 빌려주는 것이 문제가 아니라 돈으로 거래한다는 사실이 비판의 초점이었다. 그렇다면 돈으로 거래되지 않는 대리모는 자비로운 장기 기증처럼 숭고한 것이고 사회적으로 권장할 만한 것일까? 이에 대해서 현대사회는 아직 명확한 답을 내리지 못하고 있다. 그 본질적 이유는 숭고함의 기준이 단지 새 생명의 탄생에 그치는 것이 아니라 출산 이후 아이의 삶이 행복할 것인가도 포함하기 때문이다.

낙태가 생명의 잉태를 거부하는 것이라면 대리모 제도는 생명의 잉태를 실현하기 위한 것이다. 낙태는 여성의 행복 추구권을 위해 아이의 출생을 막는 것이지만, 대리모는 여성 혹은 부부의 행복권을 위해 아이를 의도적으로 낳는 것이다. 이 같은 차이에도 불구하고 두 이슈를 관통하는 도덕적 질문은 동일하다. 여성 혹은 부부의 행복 추구권은 존중될 필요가 있지만, 이들의 행복 추구권이 지나치게 중시될 경우 태어날 아이의 생명과 행복이 상대적으로 간과될 수 있다는 점이다.

이에 더해 태어날 아이의 생명에만 집착하는 것도 논쟁의 본질을 왜곡할 수 있다. 낙태 논쟁은 태아가 출생해 인간적 삶과 행복을 유지하도록 지원하는 어머니의 막중한 부담 문제를 함께 고려해야 한다. 출산 이후 양육의 책임을 임신한 여성에게 전가하는 사회가 출산을 강요할 자격이 있는지는 의문이다. 태어난 아이가 어떻게 가치 있는 삶을 영위할 것인지를 고민하는, 이른바 아이의 행복 추구권에 대해서도 우리 사회는 보다 진중한 성찰을 필요로 한다. 이런 고민이 충분히 이루어지지 않은 상태에서 국가가 임의적인 도덕 규칙을 설정하며 낙태를 규제하는 일은 회피되어야 할 것이다.

3장

마리화나의 규제는 정당한가?

marijuana

marijuana

▌ 마약의 강물 ▌

엘비 주이그는 덴버 소재 주 법원 지청에서 마약 관련사건을 주로 맡는 관선 변호사로 근무한다. 그는 1980년대 고등학교 재학 시절, 당시 많은 학생들이 그랬던 것처럼 친구들과 모여 간혹 마리화나를 즐기곤 했다. 마이클 조던을 비롯한 유명 스타들이 텔레비전 등을 통해 "마약에는 '아니오'라고 말하세요 Say No to Drug"라는 유행어를 만들며 마약 반대 캠페인을 이끌었지만 엘비 같은 고등학생들은 특별히 신경 쓰지 않았다. 그는 고교 시절 가끔 마리화나를 피웠던 것이 학업이나 생활에 크게 지장을 주지는 않았다고 생각한다.

엘비가 마약에 깊이 빠지기 시작한 것은 20대에 헤로인을 사용하면서부터였다. 헤로인의 강력한 중독성으로 그의 삶은 빠르게 허물어지기 시작했다. 그는 헤로인에서 벗어나기 위해 헤로인을 구하기 힘든 지역을 일부러 찾아다니며 미국 내 주요 도시를 전전했다. 하지만 이런 어설픈 노력은 실패로 끝났다. 그는 도리어 코카인 중독에까지 이르게 되었다. 마약 중독 치료소를 수없이 들락거렸지만 마약으로부터 탈출하기란 쉽지 않았다. 결국 그는 자포자기 상태에서 길거리 부랑자로 전락했고, 머물 곳 없는 떠돌이 밑바닥 생활까지 경험했다. 엘비의 어머니는 그가 사랑스럽고 온화하고 정직한 아들이었지만 다른 한편으로 내면을 도무지 알 수 없으며 분노로 가득 찬, 지킬과 하이드 같은 두 얼굴을 가지고 있었다고 회고했다. 엘비는 마약 중독에서 벗어나는 것이 불가능하다고 판단했고, 그래서 29세 되던 해에 자살을 결심했다.

자살을 실행하기 전 마지막 시도라는 생각으로 엘비는 어머니의 도움을 받아 마약 중독 치료소를 다시 찾았다. 그리고 4년 반 동안 각고의 노력 끝에 마약 중독에서 벗어날 수 있었다. 이후 그는 성실함을 바탕으로 정원사, 사회 복지사, 마약 중독 치료소 직원 등을 거쳐 로스쿨 진학에 성공했다. 로스쿨을 졸업한 후 콜로라도주에서 변호사 자격을 얻은 엘비는 덴버 법원의 마약 재판 수석 관선 변호사가 되었다.

엘비는 마약 중독자가 되는 상황을 흐르는 강물에 비유한다. "일단 강물의 흐름에 편승하게 되면 너무도 순탄하게 중독의 길로 빠지게 됩니다. 하지만 중독에서 벗어나려면 강물을 거슬러 끝없이 헤엄쳐야 하는, 마치 불가능한 일을 하는 것처럼 느껴집니다." 엘비는 자신의 업무에 대해 자부심과 소명감을 갖고 있지만, 다른 한편 끊임없는 좌절감에 힘겨워한다. 의지가 약한 중독자를 변호해 사회로 내보내더라도 그들이 마약 거래상 주변을 다시금 맴돌 것임을 누구보다 잘 알기 때문이다.

‖ 미국의 마리화나 합법화 ‖

엘비가 거주하는 콜로라도주는 지난 2012년 11월 실시된 주민 투표를 통해 미국에서 최초로 개인이 마리화나marijuana를 비의료 목적으로 사용하는 것을 허가했다. 당시 주민 투표에 참여한 콜로라도 유권자의 54퍼센트가 유흥 목적으로 마리화나를 사용하는 것을 허용하는 법안에 찬성표를 던졌다. 같은 날 워싱턴 주에서도 56퍼센트의 찬성으로 마리화나 사용을 허가하는 입법안이 통과되었다.

콜로라도주에서 21세 이상의 성인은 1온스(28.5그램) 내의 마리화나(농축물은 8그램)를 갖고 다닐 수 있으며, 공공장소가 아닌 사적 장소에서 유흥 목적으로 사용할 수 있다. 통증 완화와 근육 경련 제어 등 의료 목적일 경우에는 2온스까지 소지가 허용된다. 마리화나 판매는 주류 판매처럼 주 정부로부터 허가받은 판매소에서 이루어진다. 현재 마리화나는 연방법상 1종 마약으로 규정되어 있기 때문에 연방법의 관리를 받는 약국에서는 판매가 불가능하다. 콜로라도주의 경우 비상업적 목적이라면 개인은 1인당 6그루, 식구 전체는 최대 12그루까지 집 안에서 마리화나를 재배할 수 있다. 주에서 관리하는 판매소는 품질과 복용 방식 등에 따라 다양한 종류의 마리화나를 판매한다. 마리화나를 사용할 때는 술과 유사한 내용으로 사용자에게 규제가 가해진다. 예를 들어 마리화나 사용자는 약효가 유지되는 동안 운전을 할 수 없다.

미국 내 마리화나 사용을 용인하는 주의 수는 지속적인 증가 추세로,

2024년 현재 유흥^{recreational} 목적의 사용을 합법화한 주는 23개에 달하고 있다. 이들 주는 마리화나를 불법 마약으로 금지하는 연방법과 갈등을 빚어왔다. 오바마 행정부나 바이든 행정부와 같이 민주당 출신 대통령이 재임하는 기간에는 연방법의 규제가 약화되었지만, 트럼프 행정부 시절에는 규제를 강화하려는 움직임이 이루어졌다. 지난 2022년 바이든 대통령은 과거 마리화나 단순 소지죄로 연방법을 위반한 모든 이들에 대한 사면 조치를 취한 바 있다.[1]

물론, 마리화나에 대한 미국 사회의 관용이 점차 확대됨에 따라 트럼프 행정부 시절에도 적극적인 규제 조치는 시행되지 않았다. 마리화나의 합법화를 요구하는 여론이 점차 대세가 되어감에 따라 연방 차원에서 마리화나 합법화를 위한 입법 시도들이 꾸준히 개진되고 있다. 연방 차원의 법제화는 아직 이루어지지 않고 있지만, 합법화 조치를 취하는 주의 수는 계속 늘어나는 추세이다. 현재 의료 목적의 마리화나 사용을 허가한 미국 내 주는 38개에 달하고 있다.

아직 합법화를 취하지 않은 대다수의 주들도 소량의 마리화나 소유는 형법으로 처리하기보다는 자동차 불법주차의 경우처럼 위법 고지서를 발행하는 수준의 약식 처리를 하고 있다. 엄격한 불법 조치를 시행하는 주는 아이다호와 사우스캐롤라이나 등 소수의 주들에 한정되고 있다.

마리화나는 마약인가

일반적으로 코카인, 헤로인, LSD, 엑스터시 등과 같은 강력 마약은 각성, 억제, 환각 효과 등을 일으키며, 지속적으로 사용할 경우 중독의 위험이 있다. 마약에 중독되면 인체는 계속 마약 투여를 필요로 하게 되며, 투여가 중단될 경우 격렬한 금단현상이 나타난다. 심하면 일상생활이 어려워지며 결국에는 정신적, 육체적 폐인으로 전락할 수 있다. 마약의 종류는 대체로 코카인, 크랙, 앰페터민 등 심리적 흥분을 고조시키는 각성형stimulant 마약, 아편, 헤로인 등 중추신경계 활동을 완화시키는 억제형depressant 마약, 그리고 LSD, 페요테, 엑스터시 등 중독성은 떨어지지만 강력한 환각 작용을 일으키는 환각성 마약haullucinegen 등으로 구분된다. 마리화나, 시너, 가솔린, 부탄가스, 산업용 접착제 등도 강도는 약하지만 마약과 유사한 효과를 일으키는 물질로 알려져 있다.

1900년대 초반까지 유럽이나 미국에서 이들 마약의 사용은 자유로웠다. 지그문트 프로이드Sigmund Freud와 같은 유명 인사들도 공개적으로 코카인을 복용했다고 알려지고 있다.[2] 현재 세계에서 가장 유명한 음료 중 하나인 코카콜라의 명칭도 코카인의 원료가 추출되는 코카나무에서 비롯된 것이었다. 1914년 미국에서 코카인과 헤로인의 사용이 금지될 때까지 코카콜라는 '각성음료brain tonic'로 간주되고 있었고, 실제로 코카인 성분을 포함하고 있었다. 당시 코카인은 치통제 등 의약용으로도 폭넓게 사용되었다.

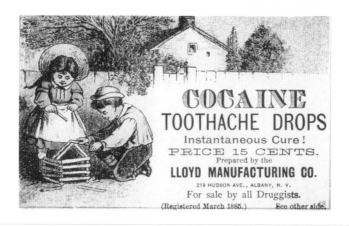

마리화나는 해쉬쉬hashishi와 함께 대마류cannabis로 분류되며, 통상 마약과 비마약의 경계에 위치한 물질로 간주된다. 술이나 담배는 비마약으로 분류되지만 중독성과 사회적 해악은 마리화나에 못지않다고 알려져 있다. 관련 연구 보고서에 따르면 마약의 중요한 평가 기준 중 하나인 중독성의 측면에서 담배와 술은 각기 32퍼센트와 15퍼센트로, 9퍼센트인 마리화나보다 현저히 높다.[3] 이처럼 중독성이 매우 낮은 것을 마약의 범주에 넣어서 규제해야 하는가는 많은 나라에서 논란이 되고 있다.

세계 각국의 마리화나 정책

마리화나는 상대적으로 중독성이 낮기 때문에 세계 각국에서는 개인의 건강에 끼치는 해악보다 마리화나 거래에서 발생하는 범죄 등 사회적 차원의 문제에 초점을 맞추고 있다. 구체적으로 보면 중국처럼 강력한 처벌을 시행하는 국가, 네덜란드와 독일과 같이 사용을 합법화하는 국가, 그리고 법적으로는 금지하지만 처벌이 형식적이거나 유보되는 다수의 국가로 나뉜다.

네덜란드는 1976년 이래 18세 이상의 성인은 정부가 허가한 커피숍에서 마리화나를 소량 판매하고 피울 수 있도록 허용했다. 40년이 넘도록 이 정책이 지속되어 왔지만 다른 나라와 비교해서 마리화나 사용이 급격히 증가하지는 않았다. 미국과 비교해 보면 연령대별 마리화나 사용자의 비율은 대체적으로 비슷한 수준이지만, 청소년의 경우는 미국보다 도리어 낮다. 네덜란드는 마리화나 이외의 여타 마약에 대해서는 강력한 규제 및 처벌을 시행하고 있다. 마약으로 인한 사망자 비율은 네덜란드가 유럽연합에서 가장 낮은 것으로 알려져 있다.

독일은 2024년 마리화나 소유 및 가내 재배를 허용하는 법을 통과시킴으로써 유흥 목적의 마리화나 사용을 합법화하는 움직임을 취하고 있다. 마리화나의 공공 판매는 아직 금지하고 있지만, 성인의 경우 25그램의 마리화나 소유와 세 그루의 가내 재배를 허용한다. 의료 목적의 사용인 경우 2017년에 합법화 조치를 취한 바 있다.

스페인, 이탈리아, 벨기에 등은 유흥 목적의 마리화나 소지가 현행법 상으로는 처벌 대상이나 비범죄화decriminalization 조치를 취함에 따라 처벌 수위는 제한적이다. 그러나 이 나라들 역시 다른 마약류는 강력하게 규제함으로써 사실상 마리화나와 여타 마약을 구분하는 정책을 채택하고 있다. 반면, 영국과 프랑스는 마리화나와 관련하여 비교적 강력한 규제를 시행하는 국가들이다. 두 국가 모두 유흥 목적의 사용은 현재 불법이며, 의료 목적의 사용만 제한적으로 허용하고 있다.

유럽연합에서 가장 강력하게 마약 정책을 집행하는 나라는 스웨덴이다. 스웨덴에서 마리화나는 불법이다. 스웨덴은 1960년대까지 느슨한 마약 정책으로 마리화나에 관용적이었다. 하지만 청소년의 마약 사용 비율이 높아지면서 스웨덴은 1980년대 말 강력한 통제 정책으로 전환했다. 현재 스웨덴은 마약 사용률이 유럽연합에서 가장 낮은 나라다. 어떤 사람들은 이것이 정부의 강력한 마약 단속 정책 덕택이라고 평가하지만 이에 대한 반론도 만만치 않다. 1980년대 말 강력한 단속 정책이 실시된 이후 마약 사용률이 일시적으로 하락했지만, 1990년대 후반 이래로 꾸준히 상승하고 있어서 정책의 효과에 의문을 갖게 만들고 있다. 하지만 마리화나 흡연자 비율은 유럽의 주요 국가들 중 가장 낮은 3.6퍼센트를 기록하고 있다.[4]

한편 중남미 국가들은 마리화나에 비교적 관용적이다. 우루과이, 멕시코, 자메이카, 에콰도르, 아르헨티나, 브라질은 마리화나 사용을 법적으로 허용하거나, 제한한다고 할지라도 그리 적극적이지 않다. 캐나다는

2018년 마리화나를 합법화하였고, 오스트레일리아의 경우 일부 주를 중심으로 마리화나 합법화를 모색하고 있다. 반면 한국, 일본, 중국, 태국 등 동아시아 국가들과 이란, 이라크 등 중동 국가들의 경우 마리화나 사용을 강력하게 처벌하고 있다.

　한국에서는 연예인이 마리화나를 피우다가 구속되는 사례가 가끔 언론에 보도되면서 사회적으로 주목을 받곤 하지만, 마리화나 허용 여부에 대한 사회적 논의는 매우 제한적이다. 한국은 마약의 유통, 사용, 소지 등과 관련될 경우 10년 이상의 징역을 부과해 왔으나, 최근 들어 마리화나의 소지나 사용의 경우 5년 이하의 징역 혹은 5,000만 원 이하의 벌금으로 형벌을 낮추는 조치가 취해지고 있다. 한국은 아직 마약 암시장 공급 루트의 폭이 넓지 않아서 다른 나라들과 비교해도 마약 문제가 상대적으로 덜 심각하다. 하지만 국내에서 마약류 투약으로 처벌받은 사람의 수가 2023년 한 해 동안 2만 7,000여 명에 달했으며, 처벌 후 마약을 재사용하는 비율이 70퍼센트를 웃도는 것으로 나타나 마약 문제에 대한 사회적 관심이 필요한 상황이다.[5] 그동안 마약에 대한 정부의 강력한 단속 의지와 조치에도 불구하고 국내로 들어오는 마약의 양과 투약 건수는 꾸준한 증가세를 보이고 있다. 과거 한 연예인이 마리화나 사용을 규제한 마약단속법에 대해 위헌법률심판을 제청했지만 헌법재판소는 판사 전원일치로 마약단속법을 합헌으로 판결한 바 있다.

마리화나의 폐해는 과장되었는가

마리화나 합법화를 반대하는 사람들은 마리화나가 환각 증세를 초래하며, 흔치는 않지만 사람들을 중독에 빠뜨림으로써 정상적인 삶을 유지하기 어렵게 만든다고 주장한다. 마리화나는 결코 건강에 유익한 기호품이 아니라는 것이다. 이들은 합법화 조치가 마리화나 흡연 인구를 늘리고, 궁극적으로 국민 건강을 위협하는 요소가 될 수 있다고 말한다. 담배가 폐암을 비롯해서 다양한 건강상의 문제를 일으키는 점을 고려할 때, 마리화나 역시 상습적으로 사용하는 경우 건강에 부담을 줄 가능성이 있다. 무엇보다도 마리화나 자체의 해악을 넘어, 중독성과 사회적 폐해가 훨씬 큰 헤로인이나 코카인 같은 다른 강력 마약을 사용하는 것으로 이어질 수도 있다. 마약에 입문하는 계기라 할 수 있는 마리화나가 합법화될 경우 다른 마약류의 사용 또한 봇물 터지듯 확산될 것이고, 마약에 대한 사회적 경각심이 급속히 해체될 수 있다는 것이다.

게다가 성인에게만 마리화나 사용을 허용한다고 할지라도, 결국 청소년이 마리화나에 쉽게 접근할 수 있게 되리라는 점도 우려 사안이다. 마약에 대한 호기심과 충동을 가장 강하게 느끼는 세대는 청소년을 비롯한 젊은 층이며, 대부분 젊은 시절에 마약에 중독된다는 점을 감안할 때 마약이 사회적으로 확산되는 것을 저지하기 위해서는 젊은 층이 마약에 접근하지 못하도록 하는 것이 중요하다.

부모가 마리화나를 사용할 경우 자식들 또한 부모를 따라서 마리화나를 사용할 가능성은 높아진다. 상대적으로 자제력이 약한 청소년의 경우 마리화나에 일단 노출되면 상습화될 가능성이 성인보다 훨씬 높다. 마리화나를 상습적으로 사용하면 마리화나 구입 비용이 늘어날 것이고, 비용을 감당할 여유가 없는 청소년들은 마리화나 구입비를 마련하기 위해 범죄에 가담할 가능성이 커질 것이다. 이러한 이유로 마리화나 합법화를 반대하는 사람들은 국가가 마리화나를 철저히 규제해야 한다고 주장한다.

반면 마리화나 합법화를 지지하는 사람들은 마리화나가 심각한 정신적, 육체적 문제를 일으킨다는 것을 입증하는 경험적 자료가 부족하다는 점을 지적한다. 물론 임산부의 경우 담배가 그렇듯이 마리화나가 태아에게 악영향을 미친다는 연구 사례가 있다. 마리화나가 일으키는 불안정한 정신 상태가 폭력 사건으로 이어졌다는 일부 사례들도 있다. 하지만 마리화나가 폭력을 조장하는 물질이라는 경험적 증거는 아직 불충분하다.

마리화나와 다른 강력 마약의 연계를 효과적으로 차단할 수 있는지 여부는 마리화나 합법화의 주된 쟁점이다. 합법화를 지지하는 사람들은 마리화나를 허용하더라도 다른 마약류를 강력히 규제하고 처벌한다면 둘 사이의 연계를 효과적으로 차단할 수 있다고 주장한다. 마리화나가 마약 관리 정책의 기준점이 되어야 할 이유는 없다는 것이다. 마리화나를 합법화할 경우 청소년의 마리화나 사용이 증가할 것이라는 우려에 대해서도, 실제 유럽과 북미의 사례를 보면 합법화한 나라의 사용률이 불법화한 국가에 비해 그리 높지 않다는 점을 지적한다.

왜 마리화나를 합법화하라고 주장하는가

미국을 비롯한 서구 사회에서 마리화나 합법화를 주장하는 목소리가 높아지는 주된 이유 중 하나는 지금까지 정부가 주도한 마약 규제 방안이 사실상 철저히 실패하고 있다는 점이다. 강력한 처벌 정책이 시행되던 2010년에도 미국 내 성인의 40퍼센트 이상이 마리화나를 포함한 마약류의 사용 경험이 있었던 것으로 조사되었다. 동일 해 마리화나 소유 및 사용 때문에 구속된 사람은 미국 내에서 85만 명을 초과했다. 오랜 기간 동안 미국은 마리화나의 사용을 처벌했지만, 마리화나는 법으로 규제하기 어려울 만큼 광범위하게 사용되었으며 꾸준히 증가하였다. 마리화나는 청소년들의 파티 현장에서도 손쉽게 눈에 띄었다. 처벌 만능주의로 마리화나 문제를 개선할 가능성은 희박해 보였다. 따라서 마리화나에 대한 현실적이고 실효성 있는 정책을 마련하는 것이 국가 차원에서 중요한 숙제로 떠올랐다.

마리화나 합법화를 지지하는 사람들은 합법화 정책이 다른 강력 마약의 금지와 처벌을 더욱 실효성 있게 만들 것이라고 주장한다. 미국에서 지난 과반세기 동안 연방 정부와 주 정부가 마약과의 전쟁을 위해 지출한 비용은 1조 달러를 넘는 것으로 추정되고 있다. 합법화 지지자들은 마리화나 규제와 처벌을 위해 더 이상의 비용을 지출하는 것은 낭비일 뿐이라고 말한다. 마약과의 전쟁에서 패배하고 있다는 사실은 정책 결정자들로 하여금 더욱 더 처벌 위주의 정책에 몰두하게 했지만 이는 결코 궁극적인 해법이 되지 못하고 있다. 정책은 의지만으로는 효과를 확보할 수 없다. 합법화 지지자들은 마약 정책이 실효성을 갖기 위해서는 현실을 직시하고 어느 정도 현실과 타협하는 것이 불가피하다고 주장한다.[6]

마리화나의 중독성이 다른 마약에 비해 현저히 낮고 이미 마리화나가 널리 사용되고 있는 현실을 감안한다면, 차라리 마리화나를 합법화하고 대신 다른 마약을 규제하고 처벌하는 데 주력하는 것이 현실적인 해법이 될 수 있다. 다시 말해 마리화나 규제에 들어가는 막대한 법 집행 비용을 다른 마약류를 규제하는 데 쓴다면 훨씬 더 효과적으로 마약 문제에 대처할 수 있다. 경찰 보고서들은 마리화나 문제에 대규모 경찰 인력이 투입된다고 할지라도 실제 효과는 크지 않다고 고백한다. 이 보고서들은 마리화나를 합법화할 경우 절약된 경찰 인력으로 다른 마약 및 범죄 업무에 훨씬 더 효과적으로 대처할 수 있다고 말한다. 마리화나 합법화 지지자들은 합법화 조치로 인해 마리화나 사용자 비율이 일정 수준 늘어날 수는 있지만, 네덜란드의 사례에서 보듯이 급격하게 늘어나지는 않을 것이라고 전망한다. 오늘날 유럽의 대다수 국가는 약한 마약을 합법화하고 강한 마약을 더욱 더 규제하는 방식을 지향하고 있다.

마리화나 합법화의 또 다른 동기는 세수 증대다. 마약 정책은 기본적으로 수요와 공급 양쪽을 제한하고 통제한다. 수요 제한 정책으로는 법적으로 마약 사용에 벌금을 부과하거나 감금 등의 징벌을 가하는 방식, 자발적으로(또는 강제적으로) 마약 중단 치료를 유도하는 방식, 그리고 캠페인을 통해 수요를 줄이는 방식 등이 있다. 공급 제한 정책에는 마약 판매 행위에 대한 처벌, 마약 유통 경로의 차단, 마약 재배 경작지의 폐쇄 등이 포함된다. 미국의 여러 주가 마리화나 합법화를 추진한 것은 주 정부가 공급을 직접 관리함으로써 불법 유통 경로를 통제하고 음성적 거래를 최소화하는 데 주력하는 전략의 일환이다. 주 정부가 마리화나 공급 시장을 장악하면 상당한 규모의 조세 수입이 창출된다.

사실 세수 확대는 과거 콜로라도주와 워싱턴주 등의 주민들이 마리화나 합법화 조치에 찬성하게 된 주된 동기 중 하나였다. 카토연구소Cato Institute가 작성한 보고서에 따르면 당시 워싱턴주가 마리화나를 합법화할 경우 향후 5년간 주 정부에 2조 원 이상의 재정 수입이 생기는 것으로 전망되었다. 2023년 캘리포니아주가 마리화나 합법화로 거둬드리는 세수

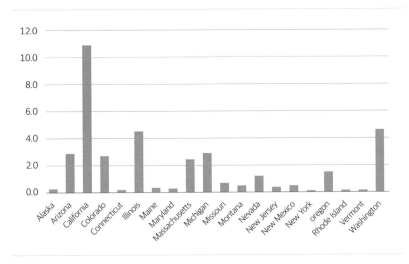

2023년 마리화나 허용 주의 관련 세수 (단위: 억 달러)

는 10억 달러(한화 약 1조 3,000억 원)를 상회한다. 같은 해 미국 내 마리화나를 합법화한 주들이 거둬들이는 세수의 합은 190억 달러(한화 약 25조 6,000억 원)에 달하는 것으로 추정되고 있다.[7] 이는 주 재정에 상당한 기여를 할 수 있는 금액이다. 합법화 지지자들은 마리화나 합법화로 인한 대규모 세수가 미국 사회의 마약 문제를 해결하는 데 큰 도움이 될 수 있다고 강조한다. 이들은 과도한 법 집행 비용을 감수하면서 불법화를 유지할 것인가, 아니면 합법화를 통해 대규모 세수를 확보하여 이 돈으로 더 강력한 마약 문제를 해결하는 데 쓸 것인가 사이에서 선택해야 한다면 후자를 선택하는 것이 당연하다고 말한다.

마리화나 금지가 더 큰 범죄를 불러들인다?

대다수의 서구 국가에서 경찰을 비롯한 마약 관련 법 집행 기구의 주된 관심사는 일반 마약 사용자를 처벌하는 것보다 마약 유통 루트나 카르텔을 차단하고 붕괴시키는 것이다. 미국 내 연구 결과에 따르면 마약 중독자들이 마약 구입 비용을 마련하기 위해 절도나 강도 등 범죄를 저지르거나, 마약을 복용한 후 불안정한 정신 상태에서 타인에게 가해 행위를 가하는 사례들이 있긴 하지만 그 수가 생각만큼 많지 않다. 반면 범죄 조직 간의 충돌과 같은 마약 불법 유통 과정에서 벌어지는 폭력 행위의 빈도는 심각한 수준이다.

미국에서 금주법이 시행되던 20세기 초에 밀주 유통 암시장을 갱 집단이 장악했던 것처럼, 마약이 불법화된 상황에서는 마약 암시장에 갱 집단들이 폭넓게 개입한다. 마약이 불법화되면 암시장에서 거래되는 마약의 가격은 거래의 위험 부담 때문에 상승할 수밖에 없다. 그 결과 음성적으로 마약을 거래하는 이들은 더 큰 수익을 얻게 된다. 이는 범죄 조직에게 커다란 유혹이 아닐 수 없다. 마약 판매 수익을 통해 재정적으로 풍요로워진 갱 집단들은 경쟁적으로 세를 불리는 데 주력하며, 이 과정에서 벌어지는 조직 간 무력 충돌은 사회 치안과 일반인의 안전까지 위협하는 상황을 초래하기도 한다. 금주법 시절에 마피아 등 범죄 조직이 기승을 부리며 무자비한 폭력을 행사했던 것은 익히 알려진 바이다.

마리화나가 합법화되면 범죄 조직에 높은 이윤을 제공하는 마리화나 암시장이 붕괴될 것이다. 높은 이윤을 창출할 기회가 사라진 시장에서 범죄 조직 간의 무력 충돌은 줄어들 것이고, 결국 마리화나 합법화는 범죄율 저하로 이어질 수 있다. 물론 반론도 있다. 갱들은 마리화나 같은 약한 마약보다는 코카인 같은 강한 마약의 거래를 선호한다. 이는 강한 마약을 공급할 때 시장에서 더 높은 이윤을 취할 수 있기 때문이다. 따라서 마리화나가 합법화된다 하더라도 범죄 조직은 여전히 강력 마약의 불법 공급을 주도할 것이며, 마리화나 암시장이 소멸하면서 이윤이 줄어든 갱 조직들 간의 경쟁이 오히려 더욱 심화될 수도 있다.

왜 마리화나만 금지하는가

마리화나 합법화를 둘러싼 쟁점 중 하나는 술이나 담배와의 형평성 문제다. 특히 마리화나 합법화 지지자들은 마리화나가 술보다 사회적으로 더 큰 해악을 끼치는지 묻는다. 경찰 및 관련 법 집행 인력을 상대로 한 조사에 따르면, 이들 가운데 다수는 술이 마리화나보다 파괴적이라는 데 동의한다. 중독성의 차원에서도 술은 마리화나에 결코 뒤지지 않는 것으로 알려져 있다. 음주는 폭력 등 우발적인 사고와 범죄를 초래할 뿐 아니라, 과도할 경우 건강을 해치고 알코올 중독으로 이어져 개인의 삶과 가정을 파탄내기도 한다. 그럼에도 술은 엄연히 합법적으로 허용되고 있다. 음주 운전에 대한 사회적 경각심이 제고됨에 따라 우리나라의 음주 운전 교통사고는 근년에 들어 상당히 줄고 있다. 그럼에도 불구하고 2020년에 과도한 음주로 인해 발생한 국내 교통사고는 경찰에 보고된 것만 해도 1만 5,000건에 달하며, 이로 인한 사망자 및 부상자 수는 2만 5,000명에 이른다. 보고되지 않은 사고까지 포함하면 그 수는 훨씬 많을 것이다.

폭력성이나 중독성 혹은 사회적 폐해의 측면에서 술이 마리화나를 능가하고 있다면 술은 법적으로 허용하면서 마리화나는 불허하는 이유가 무엇일까? 이 물음에 대한 대답 중 하나는 술의 부작용은 익히 잘 알려져 있기 때문에 음주 자격과 음주 후 행위를 법적으로 규제하고 있다는 것이다. 대다수 국가에서 음주는 법적 연령을 초과한 성인에게만 허용되고, 음주 후 운전은 법적으로 처벌받는다. 마리화나 합법화를 지지하는 사람들은 마리화나 흡연의 경우에도 음주와 유사한 법적 조건이 부과되어야 한다는 데 이의를 달지 않는다. 이들은 마리화나를 합법화할 경우 결국 청소년의 마리화나 흡연을 부추길 것이라는 논리를 왜 음주에는 적용하지 않는지를 질문한다. 술을 합법화함으로써 청소년의 음주가 늘어나는 것이 걱정스럽다면, 음주 역시 금지해야 한다는 것이다.

한편 합법화 반대자들은 술과 마리화나의 사회적 해악을 현재 나타나는 경험적 지표만을 기준으로 단순 비교하는 것은 옳지 않다는 입장을 취한다. 지금까지 마리화나를 몰래 사용해 왔던 이들은 발각될 경우의 법적 처벌이 두려워서 마리화나 흡연 이후에도 상대적으로 주의 깊고 절제된 행동을 보였을 수 있다. 하지만 마리화나가 합법화된다면 이들의 주의나 절제 의지는 약화될 것이며, 따라서 마리화나 사용의 사회적 폐해는 현재의 예상보다 훨씬 클 수 있다는 것이다.[8] 합법화 반대자들은 마

마리화나와 술: 무엇이 더 위험한가?

리화나의 사회적 폐해를 나타내는 지금까지의 경험적 수치가 과소평가되었을 수 있다고 지적한다.

아리스토텔레스적 해석

　지금까지는 주로 공리주의적 시각, 즉 사회적 혜택과 비용으로 마리화나 합법화 문제를 논의했다. 공리성은 사회 정책을 결정하는 중요한 기준 가운데 하나이다. 그런데 공리성이 국가가 개인의 자유를 제약하고 처벌하는 데 충분한 근거가 될 수 있는 걸까? 합법화를 지지하는 사람들은 마리화나를 장기적으로 사용하는 것이 설령 인체에 해롭다고 할지라도 해를 입는 사람은 흡연자 본인뿐이라는 사실에 주목한다. 개인의 자기 신체에 대한 권리와 행복 추구를 존중하는 자유주의 사회에서, 건강에 해롭다는 이유만으로 국가가 마리화나 사용을 불법화하는 것은 정당하냐는 것이다.

　왜 국가는 굳이 마리화나 사용자를 처벌하는 것일까? 공익 광고를 통해 과도한 음주나 흡연이 건강을 해칠 수 있음을 고지하듯이, 마리화나도 부작용에 관한 정보를 개인들에게 전달함으로써 개인 스스로 절제하도록 할 수 있다. 술이나 담배같이 특별세를 부과해서 판매 가격을 높여 소비를 억제할 수도 있다. 불가피하게 정부가 직접 규제할 필요가 있다면 건강에 특별한 이상이 없는 수요자에게만 의사 처방을 통해 판매하거나 소비 구역을 지정해 판매하는 등의 방안을 강구할 수도 있다. 이런 대안을 외면하고 국가가 마리화나 사용자를 무차별적으로 형사 처벌하는 것이 과연 옳은 일일까?

마리화나에 우호적이지 않은 대다수 사회의 기본적인 전제는 마리화나가 인간 삶에 특별히 유용하거나 바람직하지 않다는 것이다. 잠깐의 유흥을 위해 마리화나를 피우는 것은 바람직한 삶의 방식과 거리가 멀다는 전제가 깔려 있다. 즉, 마리화나가 주는 기쁨은 환각 속의 거짓 기쁨일 뿐이며 삶의 진실된 기쁨이 아니라는 것이다. 그렇다면 우리 삶에 진정한 기쁨을 줄 수 있는 것은 무엇이고, 우리는 삶 속에서 이런 기쁨만을 추구해야 하는 것일까?

아리스토텔레스는 『니코마코스 윤리학*Nicomachean Ethics*』에서 이성에 순응하며 덕의 추구에 집중하는 삶이 행복이라고 규정한다. 아리스토텔레스에게 최고의 행복eudaimonia을 보장하는 덕은 다름 아닌 철학적 지혜다. 따라서 인간이 진정으로 행복해지려면 철학적 지혜를 확보할 수 있어야 한다. 하지만 철학적 지혜는 인간이 쉽게 도달할 수 있는 영역이 아니다. 아리스토텔레스는 인간의 행복이 신의 행복과 동일할 수는 없으며, 따라서 인간적인 행복에 쾌락의 요소가 들어가 있는 것은 불가피하다고 인정한다.

아리스토텔레스는 다양한 종류의 쾌락을 이야기하면서 이것들 중에는 기본적으로 피해야 할 성질의 쾌락도 있다고 말한다. 모든 쾌락이 바람직한 결과로 이어지지는 않는다는 것이다. 쾌락 중에는 본질적으로 쾌적하며 건강한 인간 활동에 도움이 되는 이른바 고상한 쾌락이 존재한다. 지적 덕이 가져다주는 쾌락이 아마도 이런 쾌락에 속할 것이다. 반면에 육체적 쾌락은 인간 삶에서 생성되는 일시적이고 유동적인 감정의 결과로, 저급하지만 보통 사람들이 집중적으로 추구하는 대상이다. 아리스토텔레스는 육체적 쾌락과 같은 저급한 쾌락은 장기간 지속되기 어렵다는 속성을 사람들이 쉽게 간과한다고 말한다. 그는 쾌락에 집착하지 않기 위해서는 지혜와 절제라는 덕목이 필요하다고 주장한다. 지혜로운 이는 쾌락을 위한 쾌락을 추구하지 않는다. 또 절제할 줄 아는 이는 쾌락을 필요 이상 갈구하지 않으며 쾌락이 없어도 그리 고통스러워하지 않는다.

인간 삶의 진정한 기쁨이 아리스토텔레스가 주장하듯이 철학적 지혜를 지닌 관조적 삶 속에서만 구현될 수 있는지는 우리가 여기에서 검토하지 않을 것이다. 마리화나 흡연이 저급한 쾌락을 가져다준다는 주장에 대해서도 평가를 보류해 두자. 우리가 여기서 확인하고자 하는 사실은 마리화나를 금지하는 도덕적 기준을 동일하게 적용한다면, 술이나 담배 또한 금지해야 한다는 점이다. 결코 고급스러운 쾌락을 가져다준다고 할 수 없는 카드놀이나 컴퓨터 게임도 마찬가지일지 모른다. 국가가 술이나 담배를 불법화하지 않는 이유는 무엇일까? 술과 담배는 오래전부터 다수가 이미 사용하고 있고 사회적으로 보편화되었기 때문일까? 나아가서 음주 상태에서 일어난 범죄는 종종 술이 이성과 판단력을 흐리게 했다는 이유로 약하게 처벌받곤 한다. 마리화나 사용은 그 자체가 엄격한 처벌 대상인 반면 음주 범죄가 감형되는 근거는 무엇인가?

계산하기 힘든 공리성

정당하고 일관된 원칙 없이 실행되는 규제와 처벌은 국가의 임의적 폭력일 뿐이다. 막스 베버는 국가를 '폭력을 독점화함으로써 명령과 지배를 행사하는 조직'으로 규정한다. 국가는 흔히 '공공선'을 내세우며 개인의 자유와 권리를 법적으로 제한하고, 시민이 이를 지키지 않을 경우는 처벌까지 감행한다. 하지만 공공선의 실체는 종종 모호하고 원칙 또한 불분명한 경우가 빈번하다. 누가 공공선을 규정하는지에 따라 자의적으로 그 원칙과 내용이 바뀌기도 한다. 그렇다면 누구나 인정할 수 있는 객관적인 공공선의 기준에는 어떤 것이 있을까?

공공선을 규정하는 데 쓰이는 논리 중의 하나가 공리주의다. 공리주의는 모든 것을 효용과 비효용으로 구분하여 계산한다. 기쁨을 산출하는 것을 효용이라 한다면 고통을 산출하는 것은 비효용이다. 모든 가치를 효용이라는 단위로 환원하는 것이 과연 현실적으로 가능한지는 논란의 여지가 있다. 특히 추상적이고 비물질적인 가치까지 효용으로 전환하는 것은 공리주의의 고질적인 문제점이다.

노벨 경제학상을 수상한 바 있는 게리 베커Gary Becker 교수는 임신과 출산이라는 주제를 다루면서, 인간은 살아가는 동안 끊임없이 효용을 계산하고 그에 따라 무언가를 선택한다고 가정했다. 베커는 아이를 갖고자 하는 부부는 의도적이건 비의도적이건 아이의 출산과 관련해서 여러 가지를 계산한다고 보았다. 아이를 출산해 성인이 될 때까지 양육하면서 얻는 모든 혜택과 비용을 산정해 혜택이 비용보다 클 때 부부는 아이를 갖기로 선택한다는 것이다. 태어난 아이가 방긋 웃는 모습에서부터, 학교에서 좋은 성적을 받았을 때, 장성해 부모의 든든한 경제적 후원자가 되었을 때 등 부모가 자식으로부터 얻는 모든 기쁨은 효용의 재무제표에 기재된다. 반면 출산과 보육에 드는 일체의 비용과 자식이 잘못되었을 때 부모가 겪는 고통 등은 모두 비효용의 재무제표에 기록된다. 효용의 합이 비효용의 합을 초과하면 부부는 아이를 갖고자 할 것이며 그 반대의 경우에는 아이를 포기할 것이다. 베커의 논리는 아이를 절실히 원하는 부부는 더 많은 효용을 기대하고 그렇지 않은 부부는 그보다 작은 효용을 기대한다는 지극히 상식적인 이야기를 학문적으로 재구성한 것이라고 할 수 있다. 그렇다면 현실에서 부부는 베커가 주장하듯이 아이와 관련된 모든 혜택과 비용을 산정하고 임신과 출산을 결정하는 것일까? 아이를 낳아 본 적이 없는 부부가 향후 수십 년 동안 자식과 관련해 발생할 모든 효용과 비효용을 추정하고 계산하는 일이 과연 가능한 것일까?

⫼ 효용이라는 개념 ⫼

공리주의에 근거한 공공선의 개념이 혼선을 빚는 이유 중 하나는 그것이 종종 결과론적 사실을 단순히 대변하기 때문이다. 공공의 효용을 가장 크게 하는 것이 공공선이 되기보다는 공공선이라고 누군가가 규정하고 명시했기 때문에 아마도 그것이 공공의 효용을 최대한 만족했을 것이라는 추정적 결론이 이끌려진다는 것이다. 동어반복인 이런 논리는 공리성 논의를 겉돌게 만든다. 마약 정책을 둘러싼 공리성 계산 또한 예외는 아니다. 마리화나 합법화의 찬성 측과 반대 측은 종종 공리성의 원칙이 자신들의 입장을 지지한다고 주장한다. 합법화를 찬성하는 측은 실효성 없는 규제와 처벌 위주의 마리화나 정책이 공리성의 원칙과 대립한다고 주장한다. 반면, 합법화의 반대자들은 마리화나 합법화가 마약 사용을 사회적으로 확대하는 폐해를 불러일으킬 것이므로 공리성에 역행한다고 주장한다. 양측 모두 자신들의 주장을 내세우는 데 공리주의의 수사를 활용하는 셈이다.

공리성을 둘러싼 논란은 현실적으로 공리를 규정하는 게 매우 어렵다는 사실에서만 기인하는 것이 아니다. 공리성 논란은 그 계산 단위인 '효용'이 개념적으로 완전하지 않다는 점과도 관련이 있다. 공리주의의 창시자인 제러미 벤담Jeremy Bentham에 따르면, 효용이란 인간이 느끼는 즐거움 혹은 쾌락으로 계산된다. 반대로 비효용은 인간이 느끼는 슬픔 혹은 불쾌함이다. 공리주의는 '즐거움'과 '좋음'을 구분하지 않고 둘을 같은 것으로 본다. "즐거움의 양이 동일하다면 푸시핀 놀이(당시 영국에서 유행한 아이들 놀이)는 시만큼 좋은 것이다"라는 벤담의 유명한 문구는 공리주의의 핵심 원칙이자 비판자들의 첫 번째 공격 대상이기도 하다. 벤담식 공리주의에서 즐거움의 극대화는 바로 좋음의 극대화이고, 따라서 정의의 원칙은 다수의 즐거움을 극대화하는 것이다. 다시 말해, 공리주의에서 정의로운 정책은 "최대 다수의 최대 행복"을 추구하는 정책이다.

그렇다면 효용이란 개념은 믿을 만한 기준이 될 수 있을까? 공리주의의 효용은 인간의 뇌세포가 창출하는 기쁨의 함수다. 사람들이 기쁨을 더 많이 느낄 때 사회적 효용은 증가한다. 어떤 사람이 기쁨을 다량으로 창출하는 독특한 뇌세포를 가졌다고 가정해 보자. 예를 들어 같은 빵을 사람들에게 나눠주는데 유독 한 사람만이 다른 이들과는 달리 특별히 기쁨을 많이 느낀다고 가정해 보자. 만약 단 한 개의 빵을 가진 공리주의 사회가 있다면 이 빵은 그에게 주어져야 한다.

다른 예를 들어보자. 다른 모든 면에서는 동일하지만, 쾌락을 생산하는 능력은 크게 다른 사람들이 사는 세상이 있다고 상상해 보자. 이때 쾌락을 생산하는 능력은 뇌의 크기에 반비례한다고 가정해 보자. 이런 세상에서 공리주의의 원칙이 만족되려면 모든 사회 자원은 뇌가 작고 사고가 단순한 사람들에게 우선적으로 배분되어야 한다. 그들은 자신이 받은 사회 자원에 대해 누구보다도 쾌락을 많이 생산하는 특별한 재주를 가졌기 때문이다. 어쩌면 이 상상 속의 사회는 공리주의 원칙을 더욱 충실하게 실현하기 위해 과학과 종교의 도움을 필요로 할지도 모른다. 의학과 유전 공학은 뇌가 작은 사람이 많이 태어날 수 있도록 도와야 하고, 종교는 뇌가 작은 사람들은 신의 축복을 받았다고 설파해야 할 것이다.

위 이야기는 헨리 사이먼스 Henry Simons 교수의 이야기인데, 공리성이나 공리주의가 정의의 기준으로 설정되기에는 한계가 있음을 냉소적으로 지적한 것이다.[9] 마약 문제는 정의의 문제이자 사회 도덕성과 연관된 문제다. 따라서 마약 문제를 공리성의 기준 위에서만 논의하는 것은 부적절하다. 모든 종류의 즐거움이 동일하다는 벤담의 양적 공리주의는 즐거움에 질적 차이가 존재한다는 존 스튜어트 밀John Stuart Mill의 질적 공리주의로 발전한다. 하지만 자유주의자들은 즐거움을 양적·질적 구분하는 공리주의의 수준에서 결코 만족하지 않는다. 자유주의자들은 아무리 큰 효용이 존재한다고 할지라도 공리성만이 정의의 원칙을 주도할 수는 없다고 생각한다. 공리성이 침범할 수 없는 개인의 절대적 권리의 영역이 존재하기 때문이다.

‖ 자유주의자가 본 마리화나 문제 ‖

자유주의는 가령 100명의 목숨을 살린다고 할지라도 이를 위해 한 명의 무고한 목숨을 강제로 희생시킬 수는 없다는 입장을 취한다. 우리가 사회적 공리성만을 따진다면 히틀러가 장애인을 수용소에 가두고 나중에는 제거할 생각까지 가졌던 것을 저지할 수 없을지도 모른다. 하지만 이런 계획은 국가가 소수에게 부당하게 폭력을 행사하는 것이며, 자유주의 사회는 결코 이를 용납하지 않는다. 개인의 절대적 권리 영역을 침해하기 때문이다. 개인의 권리 영역을 어떻게 설정하는지는 자유주의자들 사이에서도 끊임없는 논쟁을 불러일으킨다. 특히 개인의 경제적 권리와 관련해 자유주의자들 사이에는 폭넓은 견해 차이가 존재한다. 개인의 경제적 자유를 절대적으로 강조하는 자유지상주의자^{libertarian}가 있는가 하면, 기회 균등의 원칙과 부의 재분배 그리고 적극적 복지 정책 등 적정한 수준의 경제적 평등을 요구하는 진보적인 자유주의자^{reform liberal}도 있다. 자유주의의 주류인 진보적 자유주의자들은 정의의 원칙에 따라 필요하다면 재산권 등 개인의 자유와 권리의 일부도 제한할 수 있다고 주장한다. 그럼에도 불구하고 포괄적인 의미에서 '자유주의자'들은 그 어떤 논리로도 침해할 수 없는 인간의 기본적 권리의 영역이 존재한다는 데 의견을 같이한다. 이들은 생명, 신념, 표현, 집회 결사, 정치 참여 등과 관련해 자유와 기본권이 폭넓게 보장되어야 한다는 데 대체로 생각을 공유한다.

자유주의의 정의 원칙에 따르면, 마리화나를 불법화하는 정책이 개인의 자유와 행복 추구의 권리를 지나치게 침해하는 것은 아닌지 물을 수 있다. 즉, 마리화나 문제를 판단할 때 공리성으로만 결정할 것이 아니라 개인의 권리와 자유의 이슈를 적절히 고려해야 한다는 것이다. 국가는 왜 마리화나 사용 여부를 개인의 선택에 맡기지 않고 처벌하고 규제하려 드는가? 개인은 자율적이고 합리적으로 판단할 수 없다는 것인가? 국가는 왜 개인의 이성적 판단 능력을 부정하고 개인 삶에 간섭하려 드는가? 국가가 개인보다 더 현명하기 때문일까?

║ 국가 후견주의 ║

물론 모든 사람들이 합리적으로 사고하고 신중하게 행동하는 것은 아니다. 충동적이고 비이성적으로 행동하는 사람들도 분명히 존재한다. 그렇다고 국가가 사회 전체의 행위를 규제하려 드는 것이 옳은 일일까? 이 질문에 "예"라고 대답하는 사람들은 대체로 국가가 개인의 삶에 적극적으로 개입하여 사람들을 더 나은 방향으로 이끌어야 한다고 믿을 것이다. 이러한 신념을 국가 후견주의state paternalism라고 한다.

개인의 사고 및 선택 능력에 회의적인 시각을 가진 사람들은 자유주의 사회가 개인의 권리와 자유를 확장하는 데 크게 기여했지만 개인의 지혜를 성장시키는 데는 그다지 효율적이지 못했다고 주장한다. 즉, 자유주의 사회는 개인들에게 선택의 자유는 줄 수 있을지 몰라도 바람직한 삶을 보장하지는 않는다는 것이다. 자유주의 사회의 딜레마는 개인들이 올바른 선택을 하도록 국가가 개입하는 순간 개인의 권리와 자유가 불가피하게 위협받을 수 있다는 점이다. 개인의 자율성을 최대한 존중하려고 하면 개인이 적절한 지혜를 가지고 있는지가 문제로 대두되며, 개인의 지혜를 국가가 후견주의적 정책으로 보완하려고 하면 개인의 자율성을 침해할지도 모른다는 우려가 생기는 셈이다.

안전벨트를 사례로 들어보자. 국가는 운전자가 안전벨트를 착용하지 않을 때 벌칙과 벌금을 부과한다. 안전벨트 착용 문제는 음주 운전이나 운전 중 휴대전화 사용과는 성격이 다르다. 앞의 두 가지는 사고가 발생하면 운전자의 안전뿐만 아니라 다른 무고한 사람들의 안전까지 위협한다. 반면 안전벨트 미착용은 당사자의 안전에만 직결되는 사안이며, 안전벨트가 사고를 방지하는 것도 아니다.

음주 운전이나 운전 중 휴대전화 사용을 국가가 처벌하는 것은 운전자가 타인의 생명을 위협할 가능성을 전제로 한 공리성의 원칙을 따르는 것이다. 하지만 안전벨트 착용을 강제하는 데는 이와 같은 공리성의 논리를 적용하기가 어려워 보인다. 혹자는 안전벨트를 착용하지 않아 발생할 수 있는 사망이나 부상이 결국은 가족을 비롯해 사회 전체에 비용이 될 수 있음을 지적한다. 운전자의 과실이 초래하는 이른바 부정적 외부효과의 비용을 결국은 사회가 떠맡기 때문에 공리성의 논리가 여기에도 적용된다는 것이다.

이는 분명 맞는 말이다. 하지만 이 논리를 연장하면 스카이다이빙, 고산 등정, 격투기, 투우 등 위험성이 높은 것으로 알려진 모든 스포츠 및 레저 활동 또한 금지되어야 한다. 많은 항공사는 승무원이 해서는 안 될 운동 목록에 스키를 포함시킨다. 스키는 골절 등 심각한 부상을 입을 수 있는 매우 위험한 운동이기 때문이다. 그렇다면 국가 역시 항공사처럼 스키를 금지해야 할까?

안전벨트는 사고가 났을 때는 운전자의 목숨을 구하고 부상을 방지하는 등 유용한 도구이지만, 평소에는 불편함을 준다. 차를 탈 때마다 안전벨트를 착용해야 하는 번거로움에서부터 가슴이 조이고 옷에 주름이 생기는 등 여러 비용이 발생한다. 안전벨트 착용을 법적으로 강제한다고 해서 개인의 자유가 심대하게 제한받는다고 생각하기는 어렵다. 하지만 자동차 사고를 실제로 겪는 사람은 소수이며, 따라서 안전벨트로부터 혜택을 받는 사람 또한 수적으로 적다. 반면 사고를 경험하지 않는 다수는 안전벨트를 맬 때 생기는 불편함이라는 비용을 지불해야 한다. 안전벨트 착용을 강제하는 후견주의적 법안의 핵심 근거는, 안전벨트 착용으로 소수의 생명과 안전을 지킴으로써 얻는 혜택이 다수가 감당하는 사소한 불편보다 크다는 것이다. 이런 논리가 마리화나의 경우에도 적용될 수 있을까? 마리화나 합법화를 지지하는 사람들은 이런 논리를 적용하는 것이 무리라고 말한다.

자유주의 사회에서 국가는 위험해 보이는 모든 인간 행위를 규제하려 들지 않는다. 그 이유는 규제 기준에 대한 논란이 불가피하게 발생하며, 국가가 규제하고자 한들 성공하기가 쉽지 않기 때문이다. 또한 다른 목적을 위해 유용하게 사용될 수 있는 국가의 소중한 자원이 이런 규제 업무에 쓰이는 것도 부담이 된다. 그러나 국가가 규제를 절제하는 좀 더 근본적인 이유는 따로 있다. 대부분의 개인이 스스로 위험성을 인식하고 책임 있게 행동한다는 자유주의 사회의 믿음 때문이다.

자유주의 사회는 개인이 자신이 원하는 가치와 목표에 따라 삶을 구현하는 사회를 지향한다. 국가의 과도한 간섭은 이런 자유주의 사회의 목표와 갈등할 수 있다. 국가가 아무리 숭고한 의도를 갖고 있다고 할지라도 국가의 후견주의 정책은 개인의 사생활권 등 기본권과 자유를 침해할 여지를 갖는다. 아울러 국가의 후견주의 정책을 이끄는 사람들은 결

개인 자유 vs. 국가 후견주의의 긴장

국 소수의 정책 결정자이다. 이들이 다른 시민들보다 지혜로운 판단을
내린다고 단언하기는 힘들다.

║ 처벌의 형평성 ║

설령 안전벨트에 대한 국가 후견주의를 받아들인다 해도 그 처벌 수
위가 지나치게 높다면 논란이 될 것이다. 만약 우리 중 누군가가 안전벨
트를 착용하지 않았다고 해서 경미한 벌금형을 받는 것이 아니라 감옥에
가야 한다면 이를 받아들이기는 쉽지 않을 것이다. 마리화나를 둘러싼
논쟁도 이와 유사함을 지닌다. 마리화나 합법화를 주장하는 사람들은,

마리화나 사용이 제삼자에 대한 피해 등 이른바 부정적 외부효과가 미미함에도 국가가 이를 불법화하고 나아가 무겁게 처벌하는 것은 부적절할 뿐만 아니라 부당하다고까지 주장한다. 서유럽 및 남미 국가들이 마리화나 사용과 소지를 법적으로는 금하면서도 사실상 처벌을 유보하는 것도 이 때문이다.

한국을 포함한 몇몇 나라들은 마리화나 사용과 소지를 중범죄로 간주해 혹독하게 처벌한다. 이는 마약이 사회에 끼치는 해악이 심각하다는 것을 전제로 하는데, 마리화나는 다른 마약과 달리 그 해악이 명확하지 않다. 마리화나에 대한 처벌의 과도함이 음주 등과의 형평성 문제를 초래한다는 점은 앞에서 이미 살펴보았다. 사실 음주의 경우, 법이 처벌하는 대상은 과도한 음주 자체가 아니라 음주 후 이루어진 행동의 결과다. 반면 마리화나는 단순히 소지했다는 사실만으로도 중형의 처벌을 받는다.

컴퓨터 게임에 몰두하는 자녀에게 부모는 게임 시간을 제한하고 이를 어겼을 경우 적절한 수준의 징계를 내릴 수 있을 것이다. 그러나 징계가 과도하다면 부모가 진정으로 자식을 위해 올바른 후견주의적 대응을 하고 있는지의 비판이 제기될 수 있다. 마찬가지로 마리화나 사용과 소지에 대한 과도한 처벌은 이것이 과연 국민을 위한 적절한 후견주의 정책인지 논란을 초래할 수 있다.

만약 국가의 강력한 징벌이 개인의 위법 행위 자체에 대해 책임을 묻는 수준을 넘어, 법이 엄중하다는 경각심을 사회에 주기 위함이나 추가적인 위법 행위를 막기 위해 시범적으로 처벌하는 등 사회적 공리성을 근거로 삼는 것이라면 후견주의의 의미는 퇴색된다. 이 경우 국가가 공리성을 근거로 개인을 목적이 아니라 수단으로 대함으로써 칸트의 정언명령을 외면했다는 비판을 초래할 수 있다.

‖ 국가의 역할은 어디까지인가 ‖

국가의 개입은 불가피하게 판단의 임의성을 수반한다. 사회적 논란이 야기되는 상황에서 국가가 개입하지 않는 경우에는, 논란이 되는 양측의 권리와 자유가 직접 침해되는 일은 발생하지 않는다. 그러나 일단 국가가 규제에 참여하고 처벌의 조치를 취하게 되면 규제의 반대편에 있는 쪽의 권리와 자유는 제한된다. 예를 들어 낙태 문제에서 국가가 취할 수 있는 선택은 개인의 낙태권을 법적으로 전면 인정하는 정책과 낙태를 불법화하는 정책의 두 가지만 있는 것이 아니다. 국가는 사회가 스스로 자율적 타협점을 찾을 때까지 관망할 수도 있다. 자유주의 사회는 대체로 도덕적 쟁점에 대해 국가가 개입하는 범위가 넓지 않아야 한다는 입장을 갖고 있다. 도덕적 쟁점은 다수가 지지한다고 해서 정답인 것이 결코 아니며, 따라서 국가가 도덕적 쟁점에 개입할 때는 신중해야 한다는 것이다.

그렇다면 국가는 사회적으로 민감한 도덕적 쟁점으로부터 멀찌감치

떨어져 있어야만 하는가? 자유주의는 국가의 중립성을 강조한다. 물론 국가가 개입하지 않는다고 해서 국가의 중립성이 지켜지는 것은 아니다. 사회의 다수가 소수에게 압박과 차별을 가할 때 국가가 이를 방치한다면 오히려 중립적이지 못하다.

국가의 개입과 방치에는 각각 나름의 혜택과 비용이 따른다. 마이클 샌들과 같은 공동체주의자들은 개입을 선호한다. 샌들은 국가 후견주의 정책을 전적으로 지지하지는 않지만, 자유와 권리를 확장하기 위해 노력하는 것만으로는 공동선과 미덕을 제고해 좋은 삶을 구현하기는 어렵다고 생각한다. 그렇다면 국가는 개인들을 계몽하여 이들이 좋은 삶을 살수 있도록 이끌어야 하는가? 자유주의자들은 국가에게 이런 역할을 기대하는 것이 무리라고 생각한다. 반면 샌들이나 매킨타이어 같은 공동체주의자들은, 개인이 좋은 삶을 추구하도록 국가가 가르치고 이끄는 역할을 기대하지는 않더라도 최소한 개인들이 좋은 삶의 목적과 방식을 상호 논의하는 합리적 소통의 장을 마련하는 것이 정치이며, 국가가 이를 위해 일정한 역할을 수행해야 한다고 주장한다.

공동체주의자들이 바라듯이 국가가 마련한 합리적 소통의 장이 과연 적절히 기능할 수 있을지는 논란의 여지가 있다. 자유주의자들은 소통의 장을 주도하는 과정에서 국가가 이를 한쪽으로 왜곡할 가능성에 주목하며, 소통의 장에서 얻어지는 공동체적 결정이 사회 비주류나 정치적 소수의 권리와 자유를 침해할 수 있음을 우려한다. 특정 가치를 강하게 표방하는 정치 세력이 정권을 장악했을 때 자신들이 지지하는 가치를 사회에 강요할 수도 있다. 보수적인 정부가 자신들의 윤리와 도덕만으로 정책을 추구한다면 국가가 마련한 소통의 장은 보수의 입장을 공동체의 이름으로 강요하는 도구가 될 것이다. 공동체가 공유할 수 있는 가치를 찾는 것은 정치의 중요한 과제 중 하나이지만 그 과정에서 다양한 개인 삶과 가치를 위협할 가능성은 늘 존재한다.

‖ 마리화나 논쟁과 시민 지성 ‖

마리화나 규제를 둘러싼 논쟁은 자유주의적 개인주의와 도덕적 국가 후견주의의 대립으로 볼 수 있다. 자유주의적 개인주의는 국가가 마리화나를 규제하는 것을 반대하고, 도덕적 국가 후견주의는 국가 규제를 지지한다. 공리주의는 이 두 입장 사이에서 지렛대 역할을 수행한다. 공리주의는 초기에는 마리화나 사용이 마약 중독과 범죄 등 사회적 비용을 발생시킨다는 논리로 마리화나 불법화에 힘을 실었지만, 마리화나 규제 정책이 경험적으로 실효성이 없는 데다 제도를 실행하는 데 따르는 비용이 급격히 늘어나면서 점차 합법화를 지원하는 논리로 기능하고 있다. 미국을 비롯한 일부 국가들이 마리화나 합법화로 방향을 선회한 주된 이유 중 하나는 마리화나 규제가 철저히 실패하고 있다는 경험적 사실 때문이다. 마리화나를 금지하는 것이 현실적으로 불가능하다면 차라리 이를 합법화해서 불필요한 제도적 비용을 줄이고, 마리화나 가격을 낮춤으로써 각종 연관 범죄도 줄일 수 있다는 것이다. 결국 공리주의라는 동일 논리 아래 마리화나 불법화와 합법화 주장이 서로 경쟁하고 있다.

마리화나를 합법화할 경우 마약에 대한 사회적 경각심이 흐려질 수 있다는 점은 분명 합법화 지지자들에게 부담이 아닐 수 없다. 특히 한국과 같이 마리화나가 비교적 잘 규제되어 온 사회에서는 더욱 그렇다. 한국에서는 아직 마리화나가 널리 사용되고 있지 않으며, 법적 규제도 다른 나라들에 비해 잘 이루어지고 있다. 어떤 사람들은 술이 마리화나의 완벽한 대체재는 아닐지라도 부분적인 대체재로 역할하고 있다고 지적한다. 법적으로 허용되는 술이나 담배 같은 대체재가 존재하는 상황에서 굳이 서구 국가들의 뒤를 좇아 마리화나 합법화를 추진할 필요는 없다는 것이다.

그럼에도 불구하고 마리화나에 대한 기존의 도덕적 판단은 분명 재검토할 필요가 있다. 적절한 수준의 음주가 긴장과 스트레스를 완화하면서 삶에 활력소를 불어넣는다고 한다면, 적절한 수준의 마리화나 사용 또한 이와 유사한 기능을 수행하지 못할 이유는 없다. 과도한 음주나 흡연이 육체와 정신에 해악을 끼치며 사회적 비용을 발생시킨다고 비난할 수는 있을 것이다. 하지만 음주나 흡연 자체를 죄악시하고 금지할 이유가 없다면, 마리화나에도 동일한 논리가 적용되어야 하지 않을까?

마약의 높은 중독성을 감안할 때 마약을 금지하는 국가 후견주의는 분명 합리적 측면을 보유한다. 문제는 상대적으로 약한 중독성을 지닌 마리화나에도 국가 후견주의가 적용되어야 하는가이다. 마리화나의 경우, 국가가 굳이 개입할 필요가 없는 사안에 과도하게 대응하는 것은 아닌지의 질문을 초래한다. 마리화나 합법화 지지자들은 일관성이 없는 국가 후견주의는 기껏해야 도덕적 위선의 산물이거나 아니면 편견의 산물이라고 주장한다. 국가가 술은 허용하면서 마리화나는 강력히 처벌하는 것은 분명 기준의 일관성을 의심스럽게 만든다.

합법화를 지지하는 자유주의자들은 기분 전환이나 유흥의 목적으로 마리화나를 사용하는 것이 인생을 허비하는 것이라는 후견주의의 주장에 반발한다. 자유주의자들은 제한된 지혜를 가진 개인들 사이에서 삶을 운용하는 방식은 다양하게 나타날 수밖에 없으며, 이들 개인의 선택을 속단하는 것은 금물이라고 말한다. 이들은 국가가 마리화나 사용을 금지하려 들기보다는 그것이 초래한 행위가 사회적인 문제로 확대될 때 이를 규제하고 처벌하면 된다고 주장한다.

공동체의 이익과 가치에 절대적으로 순응하는 도덕률과 삶의 방식을 강요하는 것은 자유주의 사회의 가치를 위반한다. 자유주의 사회의 시민 지성은 몰개인적 순응을 모범 시민의 조건으로 규정하는 사회 분위기를 거부한다. 국가가 마리화나를 금지해야 할 합리적인 이유가 있다면 이를 존중해야 한다. 그러나 마리화나 사용을 즉흥적이고 단정적으로 악이라고 규정하는 사회적 분위기에 편승하는 것은 지양할 필요가 있다. '왜'라는 질문을 소홀히 하는 사회는 시민 지성의 상실로 이어질 수 있으며, 궁극적으로는 '왜'라고 물을 수 있는 시민의 권리와 자유마저 상실시키기 때문이다.

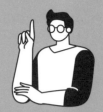

동성 결혼은 잘못된 것인가?

same-sex marriage

same-sex marriage

‖ 방황 끝의 성 정체성 ‖

리처드는 이웃 부부들과 단란한 저녁 파티를 갖기 위해 바비큐를 준비하고 있다. 집 뒤뜰에 맞붙은 호수 건너편으로 유난히 붉은 석양이 비친다. 멍하니 쳐다보던 리처드의 눈에 눈물이 가득 고인다. 굴곡의 삶 속에서 한때는 자살까지 생각했던 힘든 시절이 주마등처럼 그의 머리를 스쳐간다.

리처드는 완고하지만 따뜻한 성품의 아버지와 매력적인 외모의 어머니 사이에서 부족할 것 없는 유년 시절을 보냈다. 아버지로부터 뛰어난 운동 신경을, 어머니로부터는 수려한 외모를 물려받은 그는 항상 동년배들의 중심에 있던 인기 많은 학생이었다. 대학 시절까지는 교내 미식축구팀의 재능 있는 쿼터백으로 여학생들의 시선을 한몸에 몰고 다니는 행운아였다. 어떤 여학생도 그의 눈빛에 쉽게 녹아내렸고, 따라서 그의 주변에는 항상 학교에서 가장 예쁜 여학생들이 머물렀다.

그는 거친 축구팀의 일원으로서 팀원들과의 우정을 중시하고 팀을 위해 주저 없이 희생하는, 자타가 공인하는 남자다운 사나이였다. 그러던 그가 여성과의 만남에 알 수 없는 공허함을 느끼기 시작한 것은 대학

때였다. 주변에는 여학생들이 넘쳐났지만 이들에 대한 흥미는 사라져갔다. 그는 주변에 여학생들이 과도하게 많아서 생긴 일시적인 싫증이라고 생각했다. 오랜 기간 축구부 팀원들과의 우정과 협력을 최고의 가치로 여겼던 자신의 삶이 여성보다는 남성과 시간을 보내는 데 편안함을 느끼게 만들었다고 생각했다.

하지만 그는 이성과의 관계에서 계속 방황했다. 여학생과 데이트를 마치고 기숙사로 돌아올 때면 예외 없이 허탈감이 뒤따랐다. 그의 삶에 돌이킬 수 없는 충격을 준 것은 한 살 아래 여동생의 고백이었다. 어머니의 미모를 그대로 물려받아 주변 남학생들로부터 인기를 독차지했던 여동생이 자신은 레즈비언이라고 성 정체성을 밝힌 것이었다. 여동생이 던진 말은 그 뒤로 그의 머릿속에서 고장난 레코드 기계처럼 반복되었다.

"거울 앞에 서서 거울을 들여다보면 꽤나 매력적인 여성으로 치장된 내가 서 있어. 하지만 눈을 감는 순간 또 다른 거울에는 전혀 다른 내 모습이 보여. 어느 모습이 나의 참모습인지를 오랜 시간 고민해 왔어. 오랜 방황 끝에 찾아낸 나의 참모습은 눈 감은 거울 속에 있어."

여동생과의 대화 이후 리처드는 1년이 넘는 기간 동안 번뇌와 방황을 거듭했다. 여동생의 충격적인 고백은 바로 그 자신의 고백이라고도 할 수 있었기 때문이었다. 그는 자신이 게이라는 사실을 인정하고 싶지 않았지만 그럴수록 진실은 점점 더 명확하게 뇌리를 파고들었다.

그는 자신과 여동생이 왜 모두 동성애자가 되었는지 의문이 들었다. 지극히 남성스러운 아버지와 여성스러운 어머니 사이에서 동성애 성향을 가진 남매가 나왔다는 것이 의아할 뿐이었다. 부계와 모계를 통틀어 동성애자는 어머니 쪽의 먼 외삼촌뿐이었다. 그는 왜 자신이 게이여야 하는지를 거듭 질문했지만 만족할 만한 답은 찾지 못했다. 유전적으로나 환경적으로나 의심이 갈 만한 요인은 보이지 않았다. 그는 고등학교 시절 자신이 동성애적 성향을 지닌 친구들을 어느 누구보다도 비하하고 그들에게 공격적인 언행을 했음을 기억했다. 그의 학창 시절은 항상 '강한 남성'으로서의 자부심으로 충만해 있었다. 그러던 그에게 게이라는 성정체성은 도저히 받아들일 수 없는 것이었다. 그는 자신이 게이인 것은 신이 내린 저주라며 한때 자살을 생각했다.

오랜 방황 끝에 자신의 성 정체성을 받아들이기 시작한 것은 30대에 접어들면서부터였다. 인간 삶의 설명할 수 없는 미스터리에 오랜 시간 고뇌했던 그는 아직도 완전한 해답을 찾지는 못했다. 하지만 지금은 게이라는 것이 결코 저주가 아니라고 확신한다. 40대가 된 지금 그는 미국에서 동성혼을 최초로 입법화한 매사추세츠주의 작은 마을로 이주해 또 다른 동성애자와 결혼해서 살고 있다. 고뇌에 찬 삶의 궤적은 그를 힘들게 만들었지만 그로부터 그는 작은 행복도 놓치지 않는 지혜를 배웠다. 그는 가족과 친구들이 함께하는 석양 속 바비큐 그릴의 작은 행복에 감사한다.

미국의 동성 결혼 합법화

2013년 6월 미국 연방대법원은 동성 결혼을 금지한 '결혼보호법Defense of Marriage Act'이 헌법에 위배된다는 판결을 내렸다. 문제가 된 결혼보호법은 1990년대 중반 공화당 의원들이 주도해 만든 법으로, 결혼을 남성과 여성 사이의 결합으로 규정함으로써 동성 커플에게 불이익을 주고자 한 것이었다. 이 법은 연방 세금, 상속, 사회보장, 건강보험 가입 및 학자금 융자 등과 관련해 연방 정부가 일반 기혼자 가족에게 제공하는 다양한 혜택으로부터 동성 커플을 배제했다.

2013년 연방대법원의 판결은 에디 윈저Edie Windsor라는 84세 할머니의 소송에서 시작되었다. 에디는 젊은 시절 한 남성과 결혼한 적이 있었다. 결혼에 실패한 후 자신의 성 정체성을 새롭게 찾은 에디는 테아 스파이어Thea Spyer라는 여성을 만나 사랑에 빠졌고 2년 후에 그녀와 결혼 생활을 시작했다. 2009년 테아가 사망할 때까지 에디와 테아는 42년간 레즈비언 부부로 살았다. 테아가 사망한 후 그녀의 유산이 에디에게 상속되자 연방정부는 이성애자 부부라면 청구되지 않았을 36만 달러의 연방 상속세를 에디에게 부과했다. 이에 위헌 소송을 제기한 에디는 3년에 걸친 소송 끝에 연방대법원에서 승소했다.

연방대법원의 2013년 판결은 동성 결혼을 둘러싸고 미국 내에서 진행되어 온 격렬한 논쟁의 일대 전환점이 되었다. 이 판결은 2년 뒤인 2015년에 동성 결혼을 수정헌법 14조가 보장하는 헌법상의 권리로 인정하는 역사적인 오버지펠 대 호지스Obergefell vs. Hodges 판결로 이어졌다. 연방대법원의 2015년 판결은 동성 결혼을 가로막았던 기존의 모든 주법 및 연방법들을 일시에 무력화시켰다.

2015년 연방대법원의 판결이 있기까지 매사추세츠주, 워싱턴 D.C., 뉴욕주 등 미국에서 비교적 진보적인 성향을 띠는 지역들은 주 법안 개정, 주민 투표 혹은 사법 심사 등의 절차를 통해 동성 간의 결혼을 법적으로 허용하는 움직임을 취했다. 또한 버몬트주, 일리노이주, 하와이주와 같이 '시민 결합'이라는 형태로 동성 커플에게 결혼과 유사한 권리 및 책임을 부여하는 주들도 있었다. 시민 결합은 동성애자들을 염두에 두고 만들어진 법 조항이지만, 일리노이와 하와이 등 일부 주는 이성애자 사이의 시민 결합도 허용함으로써 결혼과 다른 형태의 가족 구성의 길을 열었다.[1]

미국에서 동성 결혼 합법화를 지지하는 비율은 2000년대 초까지만 하더라도 30퍼센트에 미달하는 수준이었다. 그러나 2015년 연방대법원의 판결이 있던 시기에 이르면 지지율은 60퍼센트를 넘고 있었다. 2023년 갤럽이 실행한 여론조사에 의하면 미국 내 동성 결혼을 지지하는 비율은 71퍼센트에 달했다.[2] 동성 결혼 지지 여론이 20여 년이라는 비교적 짧은 기간 동안 무려 40퍼센트 이상의 증가율 변화를 보였다는 점은 획기적이다. 물론 지지하는 정당에 따라 이 비율은 현재 꽤 큰 차이를 보이고 있다. 민주당 지지 유권자들의 경우 80퍼센트 이상이 찬성을 보이는 반면, 공화당 지지 유권자들은 40~50퍼센트의 찬성 지지율을 보이고 있다. 트럼프 행정부 시기처럼 공화당이 집권할 경우 합법화를 되돌리고자 하는 일부 시도들이 진행되지만 유효한 결과를 얻는 데는 실패하고 있다. 사회 통계학적으로는 고학력자와 젊은 층에서 동성 결혼에 대한 지지율이 특히 높은 것으로 나타난다. 미국 인구조사국^{U.S. Census Bureau}이 제공하는 자료에 의하면, 동성 결혼의 주체 또한 고학력자와 젊은 층의 비율이 높게 나타난다.[3]

║ 세계 각국의 동성 결혼 정책 ║

동성 결혼은 유럽과 북남미 지역에서 먼저 뜨거운 사회적 이슈를 구성하였다. 동성 결혼의 합법화는 이들 지역에서 2000년대 이후에 진행되기 시작하였다. 합법화 조치는 진보적 성향의 북유럽 국가들이 주도하였다. 네덜란드는 1998년 동성 커플과 이성 커플 모두에게 시민 결합의 권리를 허용했으며, 3년 후인 2001년에는 세계 최초로 동성 결혼을 합법화하는 법안을 제정했다. 덴마크는 1989년에 동성 간의 시민 결합을 세계 최초로 허용한 나라로 기록되며, 2012년에 동성결혼법을 제정해 동성애자의 권리 보호를 한층 강화하였다. 스웨덴과 노르웨이 역시 2009년 이래로 동성 결혼을 허용하고 있다.

북유럽 지역 이외에서는 벨기에와 캐나다가 일찍이 2000년대 초반부터 동성 결혼의 합법화 조치를 취하였다. 그리고 2010년대에 접어들면서 스페인, 프랑스, 영국, 독일 등 유럽 국가와 브라질, 아르헨티나, 콜롬비아, 우루과이 등 중남미 국가, 그리고 오스트레일리아, 뉴질랜드 등이 동성결혼법을 제정해 동성애자의 권리를 보장하고 있다. 이들 합법화 국가에서는 동성 결혼으로 등록하면 이성 간의 법률혼과 동일한 법적 효과가 생기며, 자녀 입양과 양친 등록 등의 권리도 평등하게 부여된다.

프랑스의 경우 1999년 이래 시민 결합을 허용해 왔지만 보수적인 가톨릭 인구의 반대에 부딪혀 동성 결혼의 법제화가 지연되었다. 그러다가 2012년 총선에서 동성 결혼을 지지한 사회당이 승리함에 따라 동성 결혼의 합법화 조치가 빠르게 진행되어 2013년에 법안이 의회를 통과했다. 보수적 종교 단체 등 동성 결혼을 여전히 반대하는 세력이 존재하지만 합법화 여론은 사회적 대세를 형성해 왔다. 유럽 연합의 유로버라미터^{Eurobarameter} 조사 결과에 따르면 동성 결혼 지지율은 2006년 44퍼센트였지만, 법안이 통과한 2013년에는 61퍼센트에 이르렀다. 그리고 최근 2023년에는 지지율이 79퍼센트를 기록하였다.[4]

2004년 '시민동반자법^{Civil Partnership Act}'을 통과시킨 영국은 동성 커플에게 세금, 상속, 유산, 연금 등과 관련해 일반 기혼자와 동일한 권리를 부여하였다. 영국은 2002년 이래로 동성 커플 및 미혼 커플도 아이를 입양할 수 있도록 허용함으로써, 입양 문제를 우회적으로 해결하는 통로를 열어놓았다. 그러나 시민동반자법과 결혼법은 여전히 차이를 가지며, 따라서 영국은 타 유럽 국가들의 추세에 맞추어 2014년에 동성 결혼을 법제화하였다(북아일랜드는 2020년).

동성 결혼을 사회적으로 인정하는 구미 지역 국가들의 전이 추세와는 다르게 타 지역의 국가들은 동성 결혼을 여전히 부정적으로 인식하고 있다. 이란이나 사우디아라비아 등 이슬람 국가들은 동성 결혼은 고사하고 동성애자 간의 동거조차 엄격하게 규제하고 처벌한다. 심지어 몇몇 이슬람 국가는 동성애를 사형으로 처벌한다. 이슬람 국가만큼은 아니더라도 러시아 및 대다수 동구권 국가와 같이 보수적인 기독교 정교회가 영향력을 발휘하는 문화권에서는 동성애에 대한 인식이 매우 부정적이다. 2021년 러시아에서 실시된 한 여론조사에 따르면 응답자의 69퍼센트가 동성 결혼에 대해 부정적 입장을 보이고 있다. 동성애자에 대한 공세적인 혐오를 표출하는 응답자의 비율도 38퍼센트에 이르고 있다.[5]

2023년 현재 전 세계 국가 중 약 35개국이 동성 결혼을 합법화하고 있다. 동성 결혼은 정치적·사회적 논쟁뿐만 아니라 문화와 전통, 종교에 관한 논쟁으로까지 이어지는 민감한 주제다. 그럼에도 불구하고 동성 결혼을 지지하는 비율은 세계적으로 꾸준히 증가하고 있다. 이러한 추세에 부응해 대다수 선진국에서는 종교적 이유로 동성애를 완고히 반대하던 기독교, 이슬람교, 불교, 유대교 내 진보적 종파들이 동성애를 수용하는 입장으로 변화를 시도하고 있다.

한국의 동성 결혼 논쟁

동성 결혼 합법화가 범세계적으로 진행됨에 따라 우리 사회에서도 동성애자의 권리에 대한 관심이 높아지고 있다. 그러나 동성 결혼 합법화가 진지하게 논의된 적은 없으며, 동성애 및 동성 결혼과 관련한 체계적인 여론조사도 흔치 않았다. 2014년에 한국갤럽이 실시한 여론조사에서 응답자의 35퍼센트가 동성 결혼을 인정한다고 응답했다.[6] 10년이 지난 2023년의 한국리서치 여론조사는 동성애에 대한 한국 사회의 인식 변화가 크지 않다는 것을 보여주었다. 동성 결혼을 인정하는 응답자 비율은 31퍼센트에 머물렀으며, 반대하는 비율이 53퍼센트를 기록하였다.[7] 2023년 퓨 리서치센터Pew Research Center가 진행한 세계 주요국의 동성 결혼 지지율 비교연구에서도 한국은 41퍼센트를 기록하여 스웨덴(92퍼센트)이나 네덜란드(89퍼센트) 등과는 현저한 차이를 보였다.[8]

동성애자 차별 문제는 2000년대 이후에 우리 사회에서도 꾸준히 제기되어 왔고, 이를 해결하기 위해 법제화 노력도 시도되었다. 2007년 법무부가 동성애 차별금지법 제정을 시도했으나 보수적 기독교계의 반발에 부딪혀 무산되었고, 2010년에는 법무부가 '차별금지법 특별분과위원회'까지 출범시키며 입법화를 시도했지만 다시금 좌절되었다. 이후 국회 내 일부 의원들에 의해 차별금지법안이 꾸준히 발의되고 있으나, 다수 정치인들이 법 제정의 취지에는 동의하지만 사회적 합의가 더 필요하다는 이유로 유보적 자세를 취하면서 입법화는 늦어지고 있다. 동성애자의 인권이 존중되어야 하고 차별을 반대하지만, 명문화된 법 제정에는 반대한다는 기묘한 논리가 20년 넘게 지속되는 셈이다.

∥ 역사 속 동성애 ∥

　동성애를 금지하고 탄압한 역사는 오래전으로 거슬러 올라간다. 중세 기독교 사회뿐만 아니라 고대 유대교 및 이슬람교 사회에서도 동성애자를 가혹하게 탄압했다. 예루살렘을 본거지로 하는 기독교, 유대교 및 이슬람교 모두가 유독 동성애에 대해 극도로 비판적이었다는 것은 흥미로운 사실이다. 세 종교가 동성애를 부정적으로 보는 시각은 아마도 이성 간의 성관계를 욕망을 충족하려는 건전하지 못한 인간 행위로 보았지만 다른 한편으로는 출산을 위한 불가피한 수단으로 인식했던 종교 내 교리와 깊은 관계가 있을 것이다. 출산을 기대할 수 없는 동성 간의 성행위와 결혼을 부정적으로 보는 것은 당연한 귀결인 셈이다.

　반면 이 종교들과 무관한 사회 중에는 동성애에 관용적인 경우가 적잖다. 아테네를 비롯한 고대 그리스 도시국가들은 동성애를 사회적으로 금기시하지 않았다. 플라톤의 『국가*The Republic*』에는 어린 소년들을 '연인*love boy*'으로 삼는 남성 귀족들을 소크라테스가 비판하는 내용이 기록되어 있다. 소크라테스는 성인 남성과 소년들과의 관계가 정신적 유대를 넘어 성적 유대로까지 이어지는 당시의 사회적 관행이 부적절하다고 지적했다. 고대 그리스 사회는 우정과 동료애를 토대로 한 동성 간의 관계를 긍정적으로 보았고, 이런 문화적 배경은 동성애를 관용하는 바탕이 되었다. 테베라는 도시국가는 동성애자만으로 구성된 특수부대를 보유하고 있었고, 이들의 탁월한 결속력과 용맹함은 고대 그리스사의 흥미로운 한 페이지를 구성한다.

하지만 서구 역사에서 고대 그리스의 사례는 예외적이었다. 기독교가 로마 제국에 정착하면서 동성애를 비판적으로 보는 시각은 서구 사회에서 주류가 되었다. 기독교 문화에서 동성애를 혐오하는 경향은 동성애가 신의 의지에 반한다는 시각을 바탕으로 한다. 동성애는 신의 창조물인 아담과 이브로 대변되는 이성 간의 결합을 거부할 뿐만 아니라, 출산을 위해 신이 인간에게 허용한 성행위를 변태적 쾌락의 행위로 변질시켰다는 것이다.

이와 같은 서구의 전통은 근대로 이어지면서 성 자체를 억압하는 결과로 나타났다. 출산을 위한 성행위만을 도덕적으로 허용했던 기독교적 시각은 출산 후 양육의 책임을 한 쌍의 남녀에게 전담시키는 일부일처의 가족 제도와 결합하면서 결혼한 부부만이 성행위를 할 수 있도록 허용하는 도덕 규칙을 정착시켰다. 이런 사회에서는 동성애는 물론이고 육아의 책임이 명확하지 않은 결혼제도 바깥의 모든 성행위가 도덕적으로 비난의 대상이 된다.

동성 결혼은 무엇이 문제안가

　　동성 결혼을 부정적으로 보는 시각의 첫 번째 근거는 동성 간의 성행위로는 아이를 낳을 수 없다는 점이다. 즉 동성애는 사회의 생물학적 재생산에 기여하지 못한다. 자연 생태계에서 성행위는 종족 번식을 위한 본능적 행위다. 자손을 낳기 위해서는 암컷과 수컷이 성행위를 해야 한다. 이런 논리로 동성애 반대자들은 동성애가 종족 번식과 무관한 성행위이며 따라서 도덕적으로 부적절하다고 규정한다. 그러나 이것은 사실 명제에서 당위 명제를 도출하는 전형적인 자연주의의 오류다. 자연 생태계에서 부자연스러운 것이라고 해서 곧바로 인간 사회에서 부도덕한 것이 되지는 않는다. 자연 생태계의 약육강식이 자연스러운 현상이라고 해서 인간 사회의 약육강식 또한 도덕적으로 정당화되는 것이 아니듯 말이다.

　　동성애가 생식 기능이 결여된 성행위이기 때문에 도덕적으로 그르다는 주장은 다른 논리적 약점들도 보유한다. 피임술이 발달하지 않았던 시대에는 출산 가능성이 없는 성행위를 생각하기 어려웠다. 그러나 피임술이 발달하면서 성행위와 출산의 연결 관계가 해체되었다. 텔레비전에서 피임 도구를 버젓이 광고하는 것에서도 볼 수 있듯이, 현대사회는 출산을 목적으로 하지 않는 성행위를 도덕적으로 비난하지 않는다. 일부 동성 결혼 반대자들이 주장하듯이 동성애가 출산과 무관한 쾌락 추구 행위이기 때문에 비도덕적인 것이라면, 동성애뿐만 아니라 임신 가능 기간을 벗어난 이성 간 성행위, 피임한 상태의 성행위 등 출산을 목적으로 하지 않는 모든 성행위가 도덕적으로 비난받아야 할 것이다.

서구 사회에서 성행위의 도덕적 판단을 할 때 고려된 사항은 출산의 의무만큼이나 결혼의 여부였다. 결혼제도는 태어난 자식의 육아를 책임질 주체를 명확히 설정하기 위한 사회 제도로서의 기능을 수행했다. 즉 결혼제도는 사회적으로 공인된 부부에게 자신의 생물학적 자녀를 성장시킬 책무를 부과한 것이고, 이렇게 제도적으로 승인된 관계 내의 성행위에 대해서만 사회는 도덕적 정당성을 부여한 것이다.

타인을 항상 목적으로 대하고 수단으로 대하지 말라고 말했던 임마누엘 칸트Immanuel Kant는 성행위의 도덕적 조건으로 결혼을 강조한다. 그는 『윤리학 강의Lectures on Ethics』에서 성행위의 가치는 결혼을 통해서만 구현될 수 있다고 보았다. 육체적 사랑이란 욕망이 사라지는 순간 그 존재 근거를 상실할 수밖에 없다. 칸트는 육체적 욕망을 토대로 하는 만남은 결국 상대를 자신의 육체적 쾌락을 위한 수단으로 전락시킬 것이며, 상대를 목적이 아닌 수단으로 삼는 인간관계는 궁극적으로 인간성의 몰락으로 이어질 수밖에 없다고 주장한다. 칸트는 상대방을 단순한 성적 파트너로 전락시키지 않는 유일한 방법은 결혼이라고 강조한다. 결혼은 두 당사자가 서로를 상대의 소유물로 교차 인정하는 동등한 상호 관계를 맺는 것이며, 이런 관계를 통해서만 두 사람 사이에 진정한 상호 존중의 삶이 구현될 수 있다는 것이다. 칸트에 따르면 결혼제도를 벗어난 모든 성행위는 도덕적으로 비난받아야 한다.

칸트의 논리에서 논란이 되는 부분은, 두 사람 간의 사랑과 상대에 대한 존중이 올바른 남녀 관계의 정수라고 한다면, 그것이 왜 결혼제도를 통해서만 유지될 수 있는지에 대한 설명이 충분하지 않다는 것이다. 진정한 사랑이 군이 결혼이라는 제도를 필요로 하는지도 불확실하지만, 결혼제도만이 진정한 사랑을 지속하게 한다는 주장은 현대사회의 현실을 들여다볼 때 쉽게 인정하기 힘들다. 결혼이야말로 타인을 수단이 아닌 목적으로 대하는 인간관계라고 주장한 칸트가 평생을 독신으로 살았다는 것 또한 아이러니가 아닐 수 없다. 어떤 비평가는 칸트가 결혼에 과도한 환상을 갖고 있었으며, 이 환상에 집착한 탓에 결혼을 거부하고 독신으로 살 수밖에 없었다고 평가한다.

칸트의 결혼 딜레마

▌결혼, 출산, 양육▐

출산에는 양육의 책임이 따르기 때문에 아이를 안정적으로 기를 수 있는 결혼제도 안에서 출산하도록 사회가 유도하는 것은 당연한 현상일 수 있다. 그러나 결혼과 출산, 양육을 지나치게 밀접하게 연결지을 경우 우리는 다른 문제에 맞부딪치게 된다. 20세기 후반 피임술이 발전하고 결혼제도의 뒷받침 없이도 자식을 양육할 수 있는 사회문화적 환경이 조성되면서, 성행위와 출산과 결혼의 도덕적 관계가 빠르게 해체되기 시작했다. 비결혼 상태의 출산율 변화 추이를 살펴보면, 과거의 도덕 규범은 확실히 설 땅을 잃고 있다. 미국의 경우 비결혼 출산 비율은 2008년 이래 꾸준히 40퍼센트를 넘고 있다. 2022년 유로통계국Eurostat의 자료에 의하면 유럽 지역 국가들의 평균 비결혼 출산 비율은 42.2퍼센트에 달하며, 가장 높은 수치를 기록하는 아이슬란드는 70퍼센트(2020년 통계)를 상회한다. 그 뒤를 이어 프랑스, 노르웨이, 포르투갈 등이 60퍼센트대의 수치를 보이고 있다.[9] 이제는 결혼이 아이의 출산과 양육을 위한 절대적 조건이 아니게 된 것이다.

2012년 한국 보건사회연구원이 실시한 설문 조사에 따르면 기혼 여성의 과반수인 54퍼센트가 자녀를 반드시 가질 필요는 없다고 답했다. 자녀를 반드시 가져야 한다는 응답은 46퍼센트였는데, 1997년의 74퍼센트와 비교할 때 현저히 감소하였음을 알 수 있다.[10] 2024년 한국리서치의 여론조사에서는 20대 여성의 38퍼센트, 30대 여성의 49퍼센트만이 자녀가 있어야 한다고 응답하고 있다.[11] 이들 여론조사 결과는 우리 사회에서도 결혼이 더 이상 출산과 관계가 없는 선택지가 되고 있음을 반영한다.

오늘날의 일부일처 결혼제도가 커플의 안정적인 관계를 존속시키는 데 일정 부분 기여하는 것은 분명하다. 서유럽에서는 미혼 상태의 동거인이 결별하는 비율이 기혼자의 결별 비율보다 3~5배 정도 높은 것으로 나타나고 있다. 자녀 양육의 차원에서 보자면, 커플이 안정적인 관계를 유지할수록 육아에 더 좋은 환경을 제공한다. 물론 결혼이 안정적인 관계를 강제할 수 있는 것은 아니며, 강제로 유지되는 결혼 생활은 오히려 자식의 출산 및 육아에 부정적일 수 있다. 1970년대 캘리포니아주에서 이혼법을 둘러싸고 있었던 논쟁이 대표적인 사례다. 이혼을 어렵게 만드는 이혼법이 자녀의 복리福利에 역행할 수 있다는 문제가 제기된 것이다.

┃ 이혼법의 역설 ┃

1969년 무과실 이혼법No-fault divorce law이 통과한 이후 캘리포니아주는 늘어난 이혼으로 가정이 해체되어 방황하는 청소년들의 일탈 행위와 범죄를 막기 위해 고심하고 있었다. 청소년 문제의 근본적인 원인은 가정이 해체된 것이었으므로 이에 대한 대응 방안이 시급했다. 가정 해체를 방지하기 위해 우리가 생각할 수 있는 일반적인 해결책은 이혼법을 강화해 부부가 이혼하기 어렵게 만드는 것이다. 그런데 이것이 과연 효과적일까? 놀랍게도 캘리포니아에서는 청소년 문제에 대한 해법으로 이혼법을 도리어 약화해야 한다는 주장이 높은 지지를 얻었다. 이혼을 쉽게 할 수 있도록 법을 만들면 이혼이 늘어서 가정 해체로 고통받는 청소년의 수가 늘어나지 않을까?

이혼법 약화를 주장하는 이들의 근거는 다음과 같다. 이혼을 어렵게 만드는 것은 언젠가는 헤어질 부부에게 결혼 생활을 계속하도록 강요함으로써 출산을 조장할 뿐, 궁극적으로 가정 해체의 본질적인 요인은 해결하지 못한다. 다시 말해 이혼법을 강화하는 것은 언젠가 있을 이혼을 늦출 뿐이며 이혼이 지연되는 상태에서 자녀들이 출생하게 되고 그 결과 문제는 더욱 악화될 뿐이라는 것이다. 따라서 쉽게 이혼할 수 있도록 법을 개정하는 것이 가정 해체로 인한 청소년 문제의 해결책이라는 주장이다.

이혼법을 더 약화해야 한다는 주장은 헤어지게 될 부부를 빨리 이혼시킴으로써 출산 가능성을 줄여야 한다는 논리를 토대로 한다. 이 논리는 두 남녀가 결혼하기로 결정하는 것과 자식을 낳을 것인지 결정하는 것은 별개라는 전제를 바탕으로 한다. 다시 말해, 두 남녀가 사랑에 빠져서 결혼을 할 때 결혼 후에 자식을 갖는 것까지 함께 결정하지는 않는다는 것이다. 자식을 갖는 것은 부부가 새롭게 결정해야 하는 문제다. 시어머니가 새로 시집 온 며느리에게 빨리 아이를 낳으라고 재촉하는 과거 한국 문화에서는 좀처럼 이해하기 힘든 부분이다.

여성이 결혼할 경우 출산의 의무까지 자연스럽게 갖는 것으로 여기는 한국의 문화적 전통에서는 결혼과 출산의 결정을 구분하는 것이 무의미할지도 모른다. 하지만 결혼을 한다고 해서 모든 부부가 아이를 반드시 가져야 하는 것은 아니다. 자식을 갖기 위해 결혼을 해야 하는 것은 더더욱 아니다. 결혼을 결심하는 데 출산의 비중이 큰 것은 사실이지만, 그렇다고 해서 결혼과 출산의 결정을 동일시하는 것은 분명 문제가 있다. 캘리포니아주 시민들이 이혼법을 약화해야 한다고 주장한 것은 결혼과 출산이 별개의 결정이라는 점을 전제하며, 이 주장이 캘리포니아주에서 높은 지지를 받은 것은 이처럼 출산과 결혼 사이의 연결 관계가 해체되고 있는 사회 현실을 반영했기 때문일 것이다.

성행위, 출산, 결혼 사이의 연결 관계가 점차 해체되면서 동성애와 동성 결혼에 대한 기존의 사회 관념도 변화하고 있다. 출산과 육아가 성행위와 결혼의 도덕 규칙에서 이탈한다면, 동성애와 동성 결혼에 대한 비판적 입장도 근거가 취약해진다.

성행위의 도덕적 조건에서 출산과 결혼이 완전히 제외될 경우 남은 것은 사랑이다. 만약 사랑이 성행위에 정당성을 부여하는 요건이라면 동성애와 이성애를 구분하고 차별할 이유가 있을까? 성행위의 진정한 도덕적 조건이 사랑으로 표현되는 심리적 일체감 혹은 상호 유대감이라면 동성애 역시 이성애 못지않게 그 조건을 만족할 것이다. 이성 부부가 아이를 출산해서 얻는 일체감이나 유대감을 동성 부부가 경험할 수는 없다. 동성 결혼을 비판하는 사람들은 이런 한계 탓에 동성 결혼은 근본적으로 안정적일 수 없다고 말한다. 하지만 이 주장은 아이를 갖지 못하는 이성 부부에게도 동일하게 적용할 수 있다. 우리 중 감히 누가 아이를 갖지 못하는 이성 부부에게 '당신들은 일체감과 유대감이 약하다'고 말할 수 있을까? 이 주장을 거꾸로 해석하면, 동성 결혼은 출산이 불가능하다는 한계에도 불구하고 사랑을 토대로 가족을 구성하려고 노력하는 것이다. 만약 결혼제도가 이성 커플 간의 사랑과 유대감을 결속하는 데 기여한다면, 동성 간의 결혼에서도 마찬가지다.

왼손잡이와 동성애자의 차이는 무엇인가

미셸 푸코는 『성의 역사*The History of Sexuality*』에서 동성애자와 이성애자를 공식적으로 구분하기 시작한 것은 19세기부터였다고 말한다. 서구의 긴 역사 속에서 동성애자는 변태적 행위를 하는 정신병자 내지는 비도덕적 인간으로 낙인찍혀 왔고, 인격적 모독과 부당한 사회적 처벌을 받아야 했다. 동성애자들은 오랫동안 '다른 사람'이 아니라 '잘못된 사람'이었다. 미국 정신의학회가 동성애를 정신 질환 목록에서 제외한 것은 1987년에 이르러서였다.

동성애를 도덕적으로 평가하는 게 쉽지 않은 이유 중 하나는 동성애라는 성적 취향이 개인의 선택이라기보다는 유전적 요인 또는 사회문화적 요인과 밀접하게 관계가 있다는 점이다. 개인의 선택이라 할지라도 차별이 정당한지는 논란의 여지가 많은데, 하물며 그것이 스스로 통제할 수 없는 선천적 및 후천적 요인 때문이라면 동성애를 사회적으로 차별하는 것은 더욱 정당화되기 어렵다. 동성애자는 동성애라는 성적 취향을 자신의 의지와 관계없이 수용하는 것일 뿐이기 때문이다.

우리는 이 세상에 태어날 때 스스로 선택할 수 없는 많은 특성을 가지고 태어난다. 만약 선택할 수 있었다면 우리는 뛰어난 지능과 재능, 수려한 외모, 건강한 신체, 부유한 부모 등을 선택했을 것이다. 우리 중 누구도 사회적으로 차별받는 특성을 가지고 태어나기를 원하지 않는다. 선천적으로 동성애의 취향을 가지고 태어났다는 이유로 차별을 받는다면, 유전적 이유로 얼굴에 주근깨가 있거나 비만인 사람을 차별하는 것 또한 용인되어야 할지 모른다. 어떤 사람이 왼손잡이인 것은 그가 선택한 것이 아니며, 왼손잡이가 오른손잡이에 비해 수적으로 소수이기 때문에 잘못된 것은 더욱 아니다. 왼손잡이여서 왼손을 사용하는 것이 도덕적으로 비난받을 이유는 없다. 자신이 선택하지 않은 특성으로 인해 사회적 소수에 속한 사람들을 다수가 차별하는 것은 어떤 방식으로도 정당화되지 않는다.

미국의 철학자 존 롤즈John Rawls는 공정하고 조화로운 사회에 관한 합의에 이를 수 있는 조건으로 '무지의 장막veil of ignorance'이라는 개념을 제안한다. 이 세상에 어떤 모습으로 태어날지 전혀 알 수 없는 무지의 장막 저편에 우리가 있다고 생각해 보자. 무지의 장막 저편에서 우리는 자신이 왼손잡이로 태어날지 오른손잡이로 태어날지 알지 못한다. 그 같은 상황에서 우리는 두 사회 중 하나를 선택해야 한다. 왼손잡이의 권리가 보호되는 사회와 왼손잡이가 차별받는 사회. 우리는 어떤 사회를 택할 것인가? 자신이 왼손잡이로 태어날지도 모르는 상황을 염두에 둔다면 왼손잡이의 권리가 보호되는 사회를 선택할 것이다. 행여 왼손잡이로 태어났을 경우 차별받는 상황에 처하고 싶지 않기 때문이다. 무지의 장막 뒤에서 왼손잡이 대신 동성애를 논의해도 같은 결론이 나올 것이다.

람보와 바비, 섹스어필 시대의 역설

개인의 성적 취향을 결정하는 데는 유전적 특성 같은 선천적 요인만큼이나 사회적 환경과 같은 후천적 요인도 영향을 미치는 것으로 알려져 있다. 푸코는 성 정체성은 생물학적 요소뿐 아니라 사회문화적 요인 등 후천적 요소에 의해서도 결정되며, 최소한 두 요소 간의 복잡한 합성물이라고 주장한다. 그는 성을 둘러싼 사회 인식과 도덕 규칙은 특정 사회가 특정 시점에 갖고 있는 문화와 관습의 산물이라고 강조한다.

미국에서 동성애는 1980년대를 거치면서 사회적 이슈로 떠올랐다. 이는 1960년대 이래로 미국 사회에서 인권 의식이 사회적으로 정착하고 다원적 자유주의의 가치가 꾸준히 확산되어 온 것과 관계가 있다. 이런 사회적 분위기에서 오랫동안 차별받고 억압당했던 동성애자들이 자신의 권리를 찾는 목소리를 높이면서 동성애 이슈가 사회적으로 부상할 수 있었다. 하지만 이 시기에 동성애 논쟁이 시작된 데는 당시 미국의 독특한 사회문화적 요인이 영향을 미쳤다는 점을 지적할 필요가 있다.

1980년대 미국에서는 강한 남성 이미지의 영화 주인공 '람보'와 여성적 섹스어필의 전형인 '바비' 인형이 유행했다. 람보와 바비는 보통 사람들이 갈망하는 외모를 가진 일종의 롤모델이었다. 람보와 바비를 좇아 많은 이들이 매일같이 헬스클럽을 찾았고, 특히 남성들은 근육 강화 스테로이드도 서슴없이 복용했다. 물론 개인이 노력한다고 해서 람보의 근육과 바비의 각선미를 흉내 낼 수는 없었다. 다수의 보통 사람들에게 남겨진 것은 좌절이었다. 이 롤모델들이 미국 사회에 전하는 메시지는 단순했다. 이성에 대한 섹스어필 능력을 극대화하라는 것이다. 섹스어필은 1980년대 미국 사회의 핵심 가치였고 나중에는 사회적 성공의 척도가 되기에 이른다. 성공한 사람으로 인정받으려면 섹스어필 능력이 있어야 한다는 분위기가 1980년대 미국 사회를 주도했다.

하지만 과도한 외모 지상주의의 섹스어필 문화는 부작용을 낳았다. 강한 람보와 아름다운 바비의 이미지로 상대 이성 앞에 존재해야 한다는 것은 보통 사람들에게는 너무나 큰 부담이었다. 섹스어필 능력을 과도하게 중시하는 이성 관계는 이에 반발하는 문화를 만들어냈다. 즉, 람보와 바비가 상징하는 뚜렷한 성 구별 문화가 이에 대한 혐오와 반발을 조성하면서 동성애 이슈를 급부상시킨 것이다. 이는 성 정체성이 문화적 요인 등 후천적 요소에 의해 영향받는다는 푸코의 통찰을 확인시켜 준다.

▌ 사적 권리로서의 성적 취향 ▐

동성애는 인류 역사에서 오랜 기간 동안 멸시와 탄압의 대상이었다. 어떤 사람들은 동성애가 그처럼 오랫동안 차별당했던 데는 분명 합당한 이유가 있을 것이라고 생각한다. 그러나 그런 결과론적 해석을 따른다면 오랜 세월 동안 여성이 차별당해 온 것 역시 역사의 검증을 받은 것이며 정당한 것이 된다. 인류 역사에서 볼 수 있는 수많은 차별은 강자와 다수가 약자와 소수를 차별한 것일 뿐이었다.

동성애가 왜 도덕적으로 비난받아야 하는지는 생각만큼 분명하지 않다. '종족 번식'의 기능을 담당할 수 없다는 사실을 빼면 동성애는 이성애와 본질적으로 다르지 않다. 아이를 낳지 않는 부부나 독신자들을 비난할 수 없듯이, 출산이 불가능하다는 이유로 동성애자들을 비난할 수는 없다. 그렇다고 동성애 부부의 사랑이 이성애 부부에 비해 약하거나 질적으로 낮다고 볼 근거도 없다.

성행위를 도덕적 차원에서 평가하려는 이들은 일반적으로 자신들이 비난하는 성행위가 개인과 사회에 근본적인 해악을 불러왔다고 생각한다. 이런 견해는 상당 부분 종교적 신념이나 문화적 전통을 바탕으로 한다. 성 기능을 사용하는 것이 오로지 혼인 관계 안에서 출산을 목적으로 할 때만 도덕적이라는 주장은 특정 종교의 교리에 부응할 수는 있겠지만, 설득력 있는 논리가 되지는 않는다. 동성애는 정신병의 일종이며, 따라서 동성애자를 계도하고 치료해 건강한 사회 구성원으로 만들어야 한다는 주장 또한 지극히 독단적이고 단정적인 가정에서 출발한다.

우리는 보통 개인의 성적 취향을 매우 사적인 것으로 보며, 따라서 타인의 성적 취향을 묻거나 간섭하려 들지 않으며 도덕적으로 쉽게 판단하려 들지도 않는다. 그러나 한편으로는 이성애가 일반적이고 정상적인 것이라는 전제에 큰 의문을 품지 않은 채 일상을 살아간다. 동성 결혼을 지지하는 자유주의자들은 성을 규제하는 법률이 임의적이라고 비판한다. 자유주의자들은 서로 사랑하는 동성 커플의 법적 결합이 왜 공적 평가의 대상이 되어야 하는지, 또한 부정적으로 평가받고 심지어 금지되어야 하는지 의문을 제기한다.

동성애자에 대한 사회적 차별은 동성애자들이 자신의 성 정체성을 외부에 드러내는 것을 주저하게 만든다. 사실 성적 취향은 개인의 프라이버시 영역에 속하는 것이므로 굳이 밝히는 것 자체가 어색한 일이다. 그렇다면 동성애자가 자신의 성적 취향을 자발적으로 공개하는 '커밍아웃'을 우리는 어떻게 이해해야 할까? 동성애자라는 이유로 이성애자에게는 불필요한 커밍아웃의 짐을 짊어진다는 것은 개인적으로 부담스러운 일임에 틀림없다. 커밍아웃은 이성애자가 주류인 사회에서 소수자로 살아야 하는 동성애자가 오랜 기간 쌓인 피해 의식을 극복하는 행위이자, 사회적 편견에 대항해 자신을 표현하는 행위라는 점에서 중요한 사회적 의미를 지닌다. 성적 취향을 사적 권리로 인정하는 사회라면 커밍아웃할 필요조차 없는 사회가 이뤄져야 한다.

동성 부부의 자녀입양권

동성애 이슈는 동성 결혼을 법적으로 인정할 것인가의 문제로 이어진다. 동성애자들은 사랑을 토대로 한 성인 간의 결합이 왜 꼭 이성 간에만 이루어져야 하는지를 질문한다. 결혼을 할 것인지 말 것인지는 사회가 아니라 개인이 결정할 문제이고, 결혼의 목적이 사랑을 안정적으로 보존하는 것이라면 동성애자가 차별당할 이유는 없다는 것이다.

서구 선진국들은 결혼한 커플에게 세금, 복지, 교육 등과 관련된 다양한 혜택을 제공한다. 미국의 경우 연방 정부, 주 정부 및 지방 정부가 결혼한 부부에게 제공하는 혜택은 세세한 항목까지 합치면 1,000가지가 넘는다고 한다. 동성 결혼을 금지한다는 것은 동성애자들을 이러한 혜택에서 배제한다는 것을 의미한다. 동성 결혼을 지지하는 사람들은 동성 결혼을 반대하는 것이 과거 흑인과 백인의 결혼을 반대했던 것과 무엇이 다른지 되묻는다.

반면, 동성 결혼을 반대하는 사람들은 결혼이라는 사회 제도를 동성애자에게도 허용할 경우 동성애자 개인들의 삶만이 아니라 사회 전체에 영향을 미치므로 신중해야 한다고 주장한다. 동성 결혼의 부정적 효과 중 가장 자주 언급되는 것은 어린 세대의 성적 취향을 잘못된 길로 이끌 수 있다는 것이다. 이는 동성 부부의 자녀입양권에 대한 논쟁으로 이어진다.

결혼을 남녀 간의 결합으로 볼 것인가 두 명의 성인 간의 결합으로 볼 것인가를 결정하는 핵심 기준은 출산이었다. 하지만 결혼의 주요 동기에서 출산이 점차 제외됨에 따라, 결혼을 남녀 간의 결합으로만 규정할 근거도 약화되었다. 결혼을 두 명의 성인 간의 결합으로 다시 규정해야 한다는 주장에는 동성애자도 이성애자와 동등하게 가족을 구성할 권리가 있다는 이른바 사회적 평등의 원칙이 바탕에 있다. 문제는 출산이 불가능한 동성 결혼 부부가 입양할 권리를 요구하는 경우다.

동성 결혼에 비판적인 사람들은 동성 부부가 육아에 적절하지 않다고 여긴다. 동성 부부는 다른 쪽 성에 대한 지식과 경험이 부족하므로, 아이가 심리적으로 성장하고 성 정체성을 정립하는 과정에서 균형 잡힌 교육을 할 수 없다는 것이다. 심리학자들은 대다수의 아이들이 세 살 이전의 사회화 과정에서 가장 크게 영향을 받으며 이 시기 동안 부모, 특히 어머니의 역할이 매우 중요하다고 말한다. 동성 부부에 입양된 아이들이 가정 환경 때문에 자신의 선택과 상관없이 동성애의 성적 취향을 갖게 된다면 이는 논란의 여지가 있다. 동성 부부의 입양을 비판하는 사람들은 동성애자들이 자신의 행복추구권을 요구하는 것을 받아들인다 하더라도 입양할 권리를 주장하는 것은 지나치게 이기적인 것이라고 비판한다.

동성 부부 밑에서 자라나는 아이들이 동성애라는 성적 취향이 존재한다는 사실을 자연스럽게 알게 되는 것은 의심의 여지가 없다. 하지만 이것이 동성 부부 가정에서 자란 아이가 동성애자가 될 확률이 높다는 것을 의미하지는 않는다. 가정 환경이 동성애의 발현에 어떤 영향을 미치는지는 거의 연구되어 있지 않다. 동성 부부 밑에서 자란 아이가 특별히 동성애자가 되는 것은 아니라는 미국 정신분석협회의 발표가 있지만 연구 사례가 많지 않아 이를 공식화하기는 어렵다. 이성혼 가정을 대상으로 한 연구들이 부부의 역할 분담 형태가 아이의 가치관에 일부 영향을 미칠 수 있다는 점을 보여주고 있기는 하지만, 부모의 성적 취향이 보수적이라고 해서 자식이 동성애자가 될 가능성이 줄어들지는 않는다는 연구 결과들은 환경적 요인에 관한 논쟁이 쉽게 정리되지 않을 것임을 말해준다. 따라서 아이들에게 성교육을 할 때 과거의 관행처럼 이성애를 기준으로 할지, 아니면 동성애 등 다양한 성적 취향의 존재를 알리고 이들이 성장함에 따라 스스로 성 정체성을 선택하도록 할지는 아직 정리되지 않은 상태이다.

판도라 상자를 여는 동성 결혼

동성애자의 인권 문제는 오랜 기간 우리 사회의 사각지대에 숨어 있던 중요한 이슈다. 개인의 성적 취향이 공적 논의의 대상이 되어야 하는지에 대해 자유주의 사회는 부정적인 입장을 취한다. 개인이 동성애자가 되기로 스스로 선택했다면 자유주의 사회는 이를 최대한 존중할 필요가 있다. 동성애의 성적 취향이 유전적 요인이나 사회문화적 요인과 같이 개인의 의지와 무관한 것이라면 동성애를 사회적으로 차별하는 것은 더욱 부당하다.

현재 우리 헌법은 결혼을 양성 간의 평등을 기초로 성립되고 유지되는 관계로 정의함으로써 동성 결혼을 허용하지 않고 있다. 과거 한 영화 감독의 동성 결혼이 사회적 반향을 일으키면서, 결혼의 조건을 규정한 헌법 36조에 대한 논란을 확대시킨 바 있다. 우리 사회는 여전히 동성애 자에 대한 차별이 폭넓게 존재하고 있으며, 이 때문에 동성애자들은 자 신의 성 정체성을 밝히기를 주저한다. 이는 우리 사회가 동성애자의 정 확한 규모를 파악하는 것에도 어려움을 초래한다.

2013년 이래로 오스트레일리아는 개인 서류의 성별란에 남성과 여성 이외에 제3의 성을 기재할 수 있게 했다. 독일은 한 걸음 더 나아가 아이 의 출생 신고 시 성별란에 남성과 여성 중 하나를 기재하는 대신 공란으 로 비워두는 정책을 실시하고 있다. 비워둔 성별란은 아이가 성인이 되 었을 때 자신이 원하는 성별을 선택해서 기재할 수 있다. 핀란드와 캐나 다 등 다른 나라들도 유사한 정책들을 도입하였다. 이런 정책들은 동성 애 문제에 대한 관심과 배려가 미흡한 우리 사회와 뚜렷하게 대조된다.

궁극적으로 동성결혼을 둘러싼 논란은 결혼이라는 제도 자체에 대한 여러 질문들을 파생시킨다. 즉 결혼이 반드시 이성애자에게만 허용되어 야 하는가라는 질문에서 출발해, 개인 간의 자율적인 결합에 왜 국가와 사회가 결혼이라는 특별한 법적, 사회적, 도덕적 위상을 부여하며 공적으 로 승인하고 지원해야 하는가라는 질문 등으로 이어진다. 단적으로 멀지 않은 미래에 결혼을 왜 꼭 두 사람만의 결합으로 제한해야 하는가라고 묻 게 될 수도 있다. 가족이라는 사회 단위의 안정과 지속을 중시한다면 우 발적 사고 등으로 부부 가운데 한 사람만 남게 될 수 있는 일부일처제보다는 이부이처제나 다른 방식의 결합이 더 효과적일 수도 있다. 물론 우리 시대에 이런 생각은 상상조차 부담스러울 정도로 파격적인 것이다.

　플라톤은 『국가』에서 다부다처의 공동혼 제도를 수호자 계급에게 추천한다. 물론 플라톤의 다부다처 제도는 수호자 계급이 국가 전체의 공적 이익보다는 가족의 사적 이익을 우선시하는 것을 막기 위한 것이었다. 2500년이 지난 오늘날, 우리는 지금까지 신성시되었던 이성 간의 일부일처 결혼제도에 대해 조심스럽게 물음을 던지고 있다. 그리고 우리가 원하든 원하지 않든 지금의 결혼제도는 더 많은 물음을 직면하게 될 것이다. 이 점에서 동성 결혼은 결혼제도의 판도라 상자를 여는 것일지도 모른다.

일부일처 결혼제도의 덮개를 여는 판도라

부유세는 부당한 것인가?

tax on the rich

tax on the rich

레오나의 탐욕

1980년대 중반 레오나 헴슬리는 미국 사회에서 성공을 상징하는 아이콘으로 부상했다. 그녀는 남편 해리와 함께 부동산업과 호텔업으로 막대한 부를 축적했다. 헴슬리 부부는 레이건 행정부가 주도한 민영화와 감세 등 친시장 정책의 가장 큰 수혜자로 평가받았다. 그들은 뉴욕의 엠파이어스테이트빌딩까지 소유하면서 또 다른 부동산 거부인 도널드 트럼프와 더불어 당대를 풍미하는 대표적인 부자의 반열에 올랐다.

젊은 시절 레오나 헴슬리의 삶은 순탄하지 않았다. 1920년 뉴욕의 서민 집안에서 태어난 레오나는 고등학교 중퇴와 두 번에 걸친 이혼 등 지속적으로 시련을 경험했다. 하지만 그녀는 남다른 야심과 끈기 그리고 사업 수완을 가지고 결국 성공적인 부동산 업자로 변모했다. 그리고 그녀는 해리 헴슬리라는 부동산 부호를 만나 결혼하면서 성공 가도에 올랐다.

레오나는 부족할 것이 없는 부자였지만, 자신의 직원들을 포함하여 남에게는 너무도 인색하고 가혹한 여성이었다. 그녀는 부하 직원들 앞에서 폭군처럼 군림하며 경멸과 조롱을 일삼았고 직원을 해고할 때도 거침이 없었다. 타의 추종을 불허하는 오만함과 무자비함으로 그녀는 "야비의 여왕Queen of Mean"이라는 별명까지 얻었다. 그녀는 끝없이 부에 집착했다. 돈을 벌 수 있다면 착취, 횡령, 탈세 등 온갖 불법 행위를 저질렀다. 그녀는 자신의 호화 저택을 수리한 비용조차도 회사 비용으로 처리했다. 하지만 과도한 탐욕으로 결국 그녀는 좌초했다. 1988년 그녀는 무려 188건에 이르는 세금 횡령 및 사기죄로 기소되어 법정 공방 끝에 1심에서 징역 16년을 선고받았다. 하지만 막대한 자금을 재판에 쏟아부어서 항소심에서 형량을 19개월로 단축시켰다.

그녀의 발언은 안하무인의 오만과 탐욕을 대변하는 것으로 널리 알려졌고, 많은 미국인들을 분노하게 만들었다. "나는 세금 같은 건 내지 않아. 세금은 힘없는 조무래기들이나 내는 거야." 미국 최고의 부자 중 한 사람이 된 그녀였지만 국가와 사회에 대해서는 어떤 빚도 인정하려 들지 않았고, 탈세란 그저 강자가 당연히 행사하는 권리일 뿐이었다.

19개월의 감옥살이가 심경에 영향을 주었는지 그녀는 출옥 후 몇몇 자선단체에 기부를 시작했다. 하지만 남에게 자비를 베푸는 데는 워낙 인색한 그녀였기에, 순수한 선의를 가지고 그녀가 기부를 시작했는지는 여전히 논란거리로 남는다. 사별한 남편으로부터 모든 재산을 물려받은 그녀는 2007년 87세의 나이로 죽을 때까지 5조 원 이상의 자산을 관리하며 풍요롭게 살았다. 세금을 내는 데는 인색했던 그녀였지만 정작 죽을 때는 '사고뭉치Trouble'라는 이름의 자신의 반려견에게 무려 130억 원이라는 유산을 남겼다. 법원이 '사고뭉치'의 상속액을 26억 원으로 제한했지만, 여전히 돈 많은 이 개를 둘러싼 사후의 에피소드들은 세간의 이목을 집중시켰다. 어떤 사람들은 이 에피소드들을 비뚤어진 미국 자본주의의 괴이한 자화상이라고 평가한다. 성질 고약한 주인을 닮아서인지 '사고뭉치' 역시 사람을 잘 무는 버릇이 있었는데, 과거 이 작은 몰티즈에 물린 적이 있는 여성이 개를 상대로 막대한 금액의 소송을 제기하는가 하면, 2010년 '사고뭉치'가 죽을 때까지 년 1억 원의 경호 비용, 7,000만 원의 양육 비용, 1,000만 원의 털 손질 비용 등을 합쳐 해마다 2억 원이 지출되었다는 사실은 그 자화상의 단면들을 보여준다.

레오나 헴슬리와 '사고뭉치'

"나는 세금 같은 건 내지 않아.
세금은 힘없는 조무래기들이나 내는 거야."
- 레오나 헴슬리

‖ 세금의 존재감 ‖

　일반적으로 조세란 국가를 유지하는 데 필요한 비용을 국가 구성원들에게 일정 비율로 분담시킴으로써 국가 재정을 확보하는 방안이다. 개인들은 국가의 존립과 국가가 제공하는 서비스를 통해 유무형의 이익을 얻는 대신 납세의 의무를 진다. 하지만 세금을 얼마나 내야 할지를 두고 개인과 국가의 생각이 다를 수 있으며, 따라서 개인은 국가가 일방적으로 부과하는 세금 액수나 세금 징수 방식에 불만을 갖기도 한다. 그리고 이런 불만은 때로는 납세 거부나 탈세로 이어진다. 이런 상황을 방지하기 위해 국가는 개인들이 만족하고 동의할 수 있는 합리적인 조세 원칙을 제시하고 그 원칙 위에서 형평성 있는 과세율을 설정해야 한다.

　그렇다면 형평성 있는 과세율이란 어떤 것일까? 납세자들이 일반적으로 동의하는 형평성의 원칙 중 하나는 소득이 많은 사람이 적은 사람보다 세금을 많이 내야 한다는 것이다. 하지만 얼마나 더 많이 내야 하는 것일까? 소득에 따라 세금을 일정하게 부과하는 평율세proportionate tax를 적용할 경우 소득이 늘어날수록 세금은 같은 비율로 늘어난다. 한편, 소득의 크기에 따라 세율 자체를 높이는 누진세progressive tax의 경우 고소득자의 세금 부담이 더 크게 늘어난다. 부유세tax on the rich는 한 사회에서 소득이나 재산이 많은 소수를 대상으로 부과하는 세금이다. 일정 수준 이상의 소득이나 재산을 갖지 않는 대부분의 사람들에게는 이 세금이 부과되지 않기 때문에 부유세는 결과적으로 누진세의 형태를 취한다.

국가가 규정한 세율에 대해 대부분의 개인들은 한편으로는 당연하다고 여기고 다른 한편으로는 체념한 채로 받아들인다. 조세율은 전적으로 국가가 결정하는 사항이라는 생각과, 국가에 불만을 표현한들 계란으로 바위 치는 격이라는 생각 때문일 것이다. 사업하는 사람들이 세무 공무원 앞에서 유난히 주눅 드는 것은 국가의 강력한 세금 징수권 때문이다.

어떤 고소득자가 국가가 정한 높은 세율 때문에 전체 소득의 60퍼센트를 세금으로 내고 있다고 가정해 보자. 이때 나머지 사람들은 소득의 20퍼센트를 세금으로 내고 있다. 고소득자는 단지 자신이 부자라는 이유 때문에 세금을 소득의 60퍼센트나 내야 하는 것은 부당하다고 불평한다. 그는 자신이 범죄가 아니라 적법한 절차로 소득을 올렸음에도 불구하고 국가가 세금을 마음대로 정해서 가져가는 것은 강도가 약탈하는 것과 다를 바 없다고 주장한다. 설령 민주주의 체제에서 다수의 동의에 의해 세율이 정해졌다 하더라도 이는 다수를 등에 업은 국가가 수적으로 소수인 부자에게 가하는 약탈 행위일 뿐이라는 것이다.

그래서 고소득자는 절충안을 제시한다. 소득의 20퍼센트만 세금으로 내도 자신의 소득이 남들보다 높기 때문에 세금액이 월등히 많고, 따라서 자신이 국가 재정에 훨씬 더 기여하는 것이라고 주장한다. 나아가서 20퍼센트까지는 아니더라도 40퍼센트로 낮춰달라고 요구한다. 40퍼센트로 낮추더라도 여전히 다른 사람들이 부담하는 세율의 두 배나 된다고 그는 강조한다. 그렇다면 국가는 이 고소득자에게 어떤 논리로 60퍼센트의 세율이 정당하다고 주장할 수 있을까?

서구 선진국의 높은 세율

　서구 선진국들의 경우, 고소득자에게 매우 높은 세금을 매기는 것으로 악명 높던 시절이 있었다. 1970년대 스웨덴은 추가 소득에 매기는 한계 세율[1]이 102퍼센트에 달한 때도 있었다. 100원을 추가로 벌면 102원을 세금으로 내야 하는 다소 기이한 세율이었던 셈이다. 당시 전 세계적으로 인기를 누리던 팝 그룹 아바[ABBA]와 테니스 스타 비외른 보리[Björn Rune Borg]가 해외로 이주한 것도 스웨덴의 높은 세율 때문이었다. 오늘날 스웨덴 세율은 여전히 전 세계에서 가장 높은 수준의 국가군에 속한다. 한 조사 기관의 2019년 통계에 따르면, 개인소득세에 사회보장보험료와 소비세까지를 포함한 총 실효한계세율은 스웨덴이 최고 76퍼센트를 기록하며 세계 1위를 차지하고 있다. 그리고 벨기에, 포르투갈, 핀란드, 프랑스, 덴마크 등 주로 유럽 국가들이 그 뒤를 잇고 있다.[2]

　유럽 지역 내 개인 소득세가 높은 국가들의 세율은 대부분 50~55퍼센트를 나타내고 있다. 미국은 최대 연방세율이 37퍼센트, 최대 주세율이 13퍼센트(캘리포니아), 최대 지방세율이 3퍼센트로, 이를 합하면 최대 세율이 53퍼센트에 달해 명목상으로는 고세율 국가이다. 하지만 합법적으로 세금을 회피할 수 있는 조세 구멍[tax loophole]이 많아서 실질 세율은 이보다 훨씬 낮다. 미국 백악관이 공개한 한 연구 자료에 따르면, 2010년부터 2018년에 이르는 기간 동안 미국 내 400대 최고 갑부들이 부담한 연방 개인소득세의 세율 추정치는 8.2퍼센트였으며, 조세정책 변화와 조사

방법론상의 편차를 감안하더라도 세율은 6~12퍼센트의 범위 내에 존재한다는 결론이었다.[3] 주세와 지방세의 경우 명목 세율과 실질 세율의 차이가 연방세보다 더 큰 것으로 알려져 있다.

통상적으로 일반인보다는 부자를 위한 조세 구멍이 워낙 광범위하기 때문에 명목 세율만 가지고 부자의 실질 세율을 추정하는 것은 한계가 있다. 이 경우 국가가 확보한 소득세수의 국내총생산GDP 대비 비율이 부자의 실질 세율을 추정하는 데 도움을 준다. OECD 세입 통계 2023 Revenue Statistics 2023 자료에 따르면 2021년 기준 OECD 국가 중 소득세수의 국내총생산 대비 비율이 가장 높은 나라는 덴마크로 25.0퍼센트였다. 그 뒤를 잇는 나라는 12~15퍼센트대의 아이슬란드, 뉴질랜드, 스웨덴, 핀란드 등이었다. 미국은 최근년에 급격한 수치 증가를 보이면서 11.4퍼센트를 기록하였으며, 한국은 6.1퍼센트로 조사 대상 OECD국가들 중 하위 그룹에 속했다.[4]

한국의 개인 소득세율은 최대 45퍼센트(명목 세율)이다. 한국 역시 명목 세율과 실질 세율 사이에 상당한 괴리가 존재한다. 재벌가에서 자산을 이전하거나 상속할 때마다 세금을 피하기 위해 각종 편법을 동원한다는 것은 널리 알려진 사실이다. 한국의 GDP 대비 소득세 비율이 6퍼센트를 조금 상회하는 수준인 이유는 한국 조세 제도의 특성상 세원을 소득세가 아닌 다른 세금, 예를 들어 소비세 같은 것에 더 의존하기 때문이다. 소비세의 경우 부자나 가난한 사람이나 소비액에 비례하여 똑같이 세금을 내기 때문에 소득 대비 세금액은 통상 역진적인 형태를 띠게 된다. 주유소에서 5만 원어치 기름을 넣을 때 주유비에 포함되어 있는 세금은 부자에게나 가난한 사람에게나 동일하며, 세금이 각자 소득에서 차지하는 비율을 계산하면 부자가 당연히 더 낮을 것이다. 따라서 소득세 비율이 낮은 조세 제도는 부자에게 상대적으로 유리하다.

빈부격차가 중대한 사회적 문제라고 인식하는 국민들의 비율은 국가별로 상당한 차이를 나타낸다. 2021년에 발간된 한 보고서에 따르면, 유럽 지역 내에서는 벨기에가 69퍼센트로 가장 높은 수치를 보였고, 프랑스가 63퍼센트, 독일과 네덜란드가 59퍼센트를 각각 나타냈다. 흥미롭게도 한국은 이들 국가들보다 현저히 높은 80퍼센트를 기록했다.[5]

심각한 빈부격차의 해소 해법 중 가장 직접적인 방법은 부자들에 대한 증세이다. OECD가 2019년 주관한 21개국 여론 조사에서 부자에 대한 증세를 요구하는 전체 응답자 비율은 평균 68퍼센트였다. 당시 경제적 어려움을 겪던 그리스와 포르투갈이 약 80퍼센트로 선두를 이끌었으며, 그 뒤를 이어 독일과 슬로베니아 등 대다수 유럽 국가에서 부자 증세를 요구하는 목소리가 압도적 다수를 구성하였다.[6] 미국의 경우 여론조사 기관에 따라 상당한 수치 편차가 나타나지만, 대략 60퍼센트의 응답자가 부자들이 더 많은 세금을 내야 한다는 데 동의하고 있다.[7]

이들 여론조사 결과를 보면 부자에 대한 세금 부과를 높여야 한다는 요구가 서구권 국가 대다수에서 분출되고 있음을 알 수 있다. 조세는 현대 국가가 재정을 마련하는 가장 일반적인 방식이다. 국가 재정이 그대로인 상황에서 부자로부터 얻는 세수를 감축하는 것은 일반인으로부터 얻는 세수가 늘어남을 의미한다. 반대로 부자가 내는 세금을 높이면 일반인이 내는 세금은 낮아질 것이다. 중산층 붕괴로 소득 양극화 현상이 심각한 한국 사회에서 부유세 논쟁이 정치적 이슈로 부상하는 것은 불가피한 현상이 아닐 수 없다.

소유권은 어떻게 정당화되는가

부유세에 대한 주된 반론은 자유지상주의libertarianism 또는 소유권이론 entitlement theory이라고 불리는 논리에 근거한다. 자유지상주의자들은 개인이 시장에서 적법한 절차를 통해 재산을 모았다면 이 재산에 대해서 절대적 권리를 가진다고 말한다. 이들은 개인이 자신의 신체에 대해서 자연적으로 자기 소유권self-ownership을 가진다는 존 로크의 주장을 이어받는다. 신체가 자신의 것이라면 그 신체를 활용해서 얻은 경제적 산물 또한 그 사람의 것이어야 한다는 이야기다. 그리고 사람들마다 노력하는 정도가 달라 각자가 얻는 성취도 다르다면 개인에게 주어지는 물질적 혜택 또한 당연히 달라야 한다는 것이다.

로크가 제시한 신체에 대한 자기 소유권과 노동에 대한 개념은 사유재산을 정당화하는 논리의 근간이었다. 로크가 사유재산에 대한 절대적 권리를 주창한 것으로 알려져 왔지만, 주의 깊게 살펴보면 그의 주장은 절대적 소유권과는 다소 거리가 있다. 로크는 자연권적 재산권을 이야기하면서 두 가지 도덕 조항을 전제한다. 첫째, 재산이 낭비 없이 쓰여야 하고 둘째, 타인에게도 충분히 재산을 획득할 기회가 주어져야 한다. 즉, 사유재산의 절대적 권리는 권리에 따르는 도덕적 의무를 수행하지 않고는 성립될 수 없다는 것이다. 로크는 개인 재산의 보유 한계가 재산의 크기에 있는 것이 아니라 재산권에 수반되는 도덕적 의무의 수행 여부에 달려 있음을 주지시킨다.

일반적으로 우리는 노동이 소유권을 보장하는 중대한 도덕적 기능을 수행한다는 점에 의문을 제기하지 않는다. 노동은 해당 개인의 노력 유무를 묻는 응분desert을 논의하는 데 중심적인 요소다. 물론 노동만이 소유권의 유일한 도덕적 조건인 것은 아니다. 노벨 경제학상 수상자인 아마티아 센Amartya Sen은 노동 개념에 집착하는 소유권 이론은 사회 내 빈부격차로 인한 부작용을 외면하는 위험한 논리라고 주장한다. 노동 개념에 집착하는 소유권 이론은 빈부격차가 가난한 사람들을 얼마나 체계적으로 기만할 수 있는지를 전혀 문제 삼지 않는다는 것이다. 센은 노동 못지않게 인간의 기본적 필요needs라는 개념도 결코 외면해서는 안 될 중요한 도덕적 가치라고 보았다. 19세기 프랑스의 경제학자 레옹 발라Leon Walras는 한 수렵 부족에서 벌어진 논쟁을 소개한다. 이 부족의 지역에서는 사슴이 단 한 마리만 남아 있다.

부족 내의 한 혈기찬 젊은이가 "사슴은 사슴을 잡은 사람의 것이다."라고 주장할 것이다. "당신들이 너무 게으르거나 잡으려는 의지가 부족해 당신들이 손해를 본다면 어쩔 수 없는 것 아닌가?" 이에 대해 늙고 허약한 부족원은 이렇게 응답할 것이다. "터무니없는 소리다. 그 사슴은 우리 모두에게 속하는 것인 만큼 공평하게 나누어야 한다. 우리 숲속에는 단지 한 마리의 사슴만 있을 뿐인데, 그것을 어떤 사람이 우연히 처음 발견해 잡았다고 해서 나머지 부족원들이 굶주려야 하는 것은 논리적이지 않다."[8]

노동만으로 소유권과 분배 정의를 정당화할 수 없다는 것은 발라가 소개한 부족의 예시에서도 확인할 수 있다. 기본적 필요라는 개념은 개인의 소유 자격을 논하는 응분 개념과는 다소 거리가 있다. 필요는 인간이 삶을 영위하는데 요구되는 기본적인 조건을 의미하는 것으로, 심리적인 것인 욕구wants와는 다르다. 필요라는 개념을 좋아하지 않는 사람들은 필요가 사회나 역사에 따라 달라졌고, 사회 환경의 우발적인 요인에 영향을 받는다는 사실을 언급하며 이것이 객관적인 기준을 지니지 못한다는 점을 강조한다. 사실 필요와 욕구를 명확히 구분하는 데는 한계가 있다. 그럼에도 불구하고 필요는 분배 정의를 논의할 때 결코 배제할 수 없는 인간 삶의 구체적인 이슈이다.

∥ 노동과 빈부격차 ∥

만약 우리가 노동을 개인 소유권의 핵심 근거라고 가정한다면, 노동 개념으로 사람들 사이의 소득 격차를 설명하는 것이 가능할까? 생산 능력이 똑같은 두 명이 있다고 하자. 같은 강도로 한 사람은 8시간을 일하고, 다른 한 사람은 4시간을 일한다. 이때 8시간 일한 사람이 4시간 일한 사람보다 급여를 두 배 더 받는다면 많은 이들이 이 보상 체계를 공평하다고 생각할 것이다. 그렇다면 이 논리로 재벌 총수와 일반 노동자의 막대한 소득 격차를 설명하는 것이 가능할까?

어떤 설명을 추가한다고 할지라도 노동량이 이들의 소득 격차를 설명할 수 있다는 주장을 받아들이기는 어려울 것이다. 노동량으로 재벌 총수와 노동자의 소득 격차를 설명하려면 노동자가 하루 8시간을 일할 때 재벌 총수는 수천 시간을 일해야 한다. 양으로 설명하는 것이 어렵다면 노동의 질로 설명하는 것은 가능할까? 재벌 총수의 하루 일정을 살펴보면 그의 노동의 질이 일반 노동자보다 수천 배나 높을 것으로 보이지는 않는다. 뒤에 다시 논의하겠지만 능력의 차이나 응분 개념은 현대사회의 광범위한 경제적 불평등을 호소력 있게 설명하지 못한다. 그렇다면 부자가 자신의 부를 온전히 자기 것이라고 주장할 근거는 어디에 있는 것일까?

개인 역량의 임의성

우리는 흔히 개인의 노력과 능력에 차이가 있으면 이에 따라 보상이 차등적으로 이루어져야 한다고 생각하며, 그것이 상식이라고 믿는다. 열심히 공부한 학생과 지능이 뛰어난 학생이 훌륭한 성적을 낸다면 이는 칭찬받을 일이고, 이들에게 특별한 보상이 주어지기를 바란다. 이런 생각의 바탕에는 이들의 성취가 개인의 독립적인 능력과 의지, 그리고 자발적인 노력의 산물이라는 전제가 깔려 있다. 정말로 그런 것일까?

개인의 행동에 독립성이나 자발성이라는 개념을 적용할 수 있으려면 개인의 현재 모습은 개인 스스로가 만들어낸 것이어야 한다. 개인의 현재 모습이 유전과 환경의 여러 요소에서 영향을 받은 것이라면 독립성과 자발성의 의미는 퇴색한다. 탁월한 능력이나 열성적인 노력을 보이는 것이 개인의 독립적인 의지의 산물이 아니라, 단지 그렇게 태어났다거나 그렇게 행동하도록 교육받은 결과라고 한다면, 왜 사회가 탁월한 능력이나 열성적 노력의 소유자를 특별히 칭찬하고 높은 보상을 해야 하는지의 이유는 불분명해진다.

개인 스스로 결정할 수 있는 영역과 유전적·환경적 변수의 영역을 구분한다면 전자의 영역은 어느 정도일까? 순수하게 개인의 독립적인 의지에 해당하는 부분은 아마도 작을 것이다. 우리는 통상 서로 다른 개인을 독립적인 자아를 가진 주체로 대하지만, 자아의 상당 부분은 개인의 책임성 안에 있는 것이 아니라 외부적 변수에 의해 임의적이고 우발적으로 형성된다. 따라서 개인의 책임성 안에 있는 자아의 영역만을 평가한다면, 강자와 약자, 나은 자와 못한 자, 유능한 자와 무능한 자를 구분하는 실질적인 개인 격차는 작고 미미하다는 결론이 나올 수 있다.

이제 성취라는 개념을 살펴보자. 사람들은 성취를 개인의 능력과 노력의 총체적인 결과물로 이해한다. 여기서 개인의 능력이란 지능, 성격, 외모처럼 본인이 임의적으로 제어할 수 없는 유전적이거나 환경적인 요소들이 복잡하게 섞인 것이다. 개인의 능력이 성취로 연결되려면 노력이

불공평한 경쟁

두 사람 모두 비서로서 자격이 충분합니다.
부득이하게 한 명을 공평한 기준으로 뽑겠습니다. 바나나를 먼저 잡는 사람으로요.

필요하다. 흔히들 능력은 선천적 요소로 인정해도 노력은 개인의 주체적인 영역에 속한다고 생각한다. 하지만 노력을 상세히 들여다보면 이것 역시 개인의 독립적인 의지와 행위의 산물인지는 명확하게 드러나지 않는다.

노력을 계속하기 위해서는 자기 절제가 필요하다. 자기를 절제할 줄 아는 능력은 유전과 어린 시절의 교육에 의해 영향을 받는다. 부모와 주변 사람들의 기대, 근면을 중요시하는 문화 등 사회 환경도 개인이 의지를 발현시키는 데 영향을 미친다. 결국 개인의 자발성에 속하는 것처럼 보이는 많은 것들이 사실 그 영역 너머에 있는 셈이다. 이는 개인의 성취도에 따라 결과물을 차등적으로 분배하는 것이 정당하다는 우리의 상식에 혼란을 일으킨다.

‖ 롤즈의 분배론 ‖

미국의 경제학자 헨리 사이먼스Henry Simons는 차등 분배에 대해 비판적인 사람 중 한 명이었다. 사이먼스는 상속이 금지된 가상의 사회를 예로 들면서 차등 분배가 도덕적이지 않다고 주장했다. 이 사회에서 모든 구성원들은 육체적 능력을 제외하고는 모두 같은 수준의 의지력, 사고력, 외교적 수완, 화술 등을 소유한다고 가정해 보자. 이 사회에서 백만장자는 육체적 능력이 뛰어난 사람들일 가능성이 높다. 생산성을 중시하는 경제학자들은 백만장자의 육체적 능력이 사회에 크게 공헌하기 때문에 이들이 가진 막대한 부가 정당하다고 설명할 것이다.

그러나 사이먼스는 이것과 정반대의 결론을 도출한다. 만약에 창조주가 한 인간에게 호의를 베풀어 그에게 남다른 육체적 능력을 부여한다면 그는 신의 축복을 받은 것이다. 그는 신에게 축복받은 것을 감사하고 행복해해야 하지, 그 축복을 특혜로 여기고 다른 사람보다 더 많은 부를 차지하는 것은 부적절하다고 말한다. 사이먼스는 신의 축복을 받아 부를 축적하는 데 유리한 입장에 선 개인은 자신의 동료들에게 특혜를 요구하기보다 미안함을 가져야 한다고 주장한다. 그가 육체적 능력이라는 희소한 자원을 신에게서 선물받아 불공경하게도 동료들과의 경쟁에서 압도적으로 유리해졌기 때문이다.[9]

미국의 철학자 존 롤즈John Rawls도 최소 수혜자에게 가장 많은 혜택이 돌아가지 않는 한 차등 분배는 결코 정당화될 수 없다고 주장한다. 롤즈의 근거도 사이먼스의 추론과 비슷하다. 롤즈는 『정의론A Theory of Justice』에서 개인이 자신의 운명을 스스로 결정할 수 있는 독립적이고 자율적인 개체라는 것을 부인한다. 그는 개인의 지적·육체적 능력, 나아가서 의지력 및 선천적 품성에 이르기까지 개인의 정체성을 형성하는 것들은 개인이 스스로 선택하고 이룩한 것이 아니라고 말한다. 롤즈는 개인의 우연적인 정체성(능력, 의지, 품성)이 빚어낸 개인적 성취나 경제적 이득을 개인이 배타적으로 소유할 자격은 없다고 주장한다. 개인들의 다양한 능력은 그들의 의사와 무관하게 운에 의해서 결정된 것이며, 이런 능력들을 통해 형성되는 개인의 독자적인 정체성도 결국 개인 스스로 얻은 것이라고 할 수 없기 때문이다.

자유주의자인 롤즈는 개인이 자신의 의도대로 재능을 계발하고 발휘할 권리를 갖는다는 점은 인정한다. 그러나 그는 개인이 가진 재능의 결과물을 사회의 공동 자산으로 이해해야 한다고 말한다. 롤즈는 개인들이 시장경제에서 얻은 수익에 대해 절대적 소유권을 주장할 근거가 없다고 주장한다. 롤즈에게 있어서 정의란 '사회의 공동 자산을 어떻게 분배할지를 결정하는 원칙'이며, 이때 공정성은 정의의 원칙을 이끄는 가장 중요한 요소다. 이런 롤즈의 정의론에 따르면, 부유세는 개인의 배타적 재산권을 침해하는 것이 결코 아니다. 부유세는 사실 특정 개인에게 속한다고 할 수 없는 부를 국가가 조세를 통해 사회에 환원하는 것이라고 할 수 있기 때문이다.

노직의 무해원칙의 허점

롤즈를 비판하는 사람들은 롤즈가 개인의 자율적 의지를 과도하게 평가 절하한 결과 개인의 독자적인 영역을 신중하게 고려하지 않았다고 지적한다. 대표적인 자유지상주의자이자 절차적 정의론procedural justice의 주창자 중 한 사람인 로버트 노직Robert Nozick은 미국의 유명한 농구 선수였던 월트 체임벌린Wilt Chamberlain의 예를 들어 자신의 논리를 설명한다.

체임벌린은 전성기에 대적할 상대가 없었던 전설적인 농구 센터였다. 그는 큰 키와 뛰어난 운동 능력, 그리고 여성 편력으로 팬들의 찬사와 질투를 한 몸에 받았다. 그가 뛰는 경기를 보기 위해 몰려드는 관중들로부터의 인기는 가히 폭발적이었다. 그가 당대에 가장 소득이 많은 운동선수였음은 당연했다.

노직은 체임벌린의 예를 들며 체임벌린이 자신의 재능을 활용해 벌어들인 높은 소득은 체임벌린 자신의 것이며, 체임벌린은 자신의 소득에 대해 배타적이고 절대적인 권리를 갖는다고 주장한다. 노직은 체임벌린의 경기를 보러 몰려드는 관중들 때문에 다른 선수들이 손해 본 것은 없으며, 따라서 체임벌린의 소득은 제삼자에게 피해를 주어서는 안 된다는 로크의 무해 원칙No-harm principle을 만족한다고 말한다. 그는 체임벌린이 무해 원칙을 위배하지 않은 상황에서 시장 사회가 정한 절차적 정의의 규칙에 따라 소득 활동에 참여했기 때문에 그의 소득은 전적으로 정당하며, 따라서 체임벌린이 자신의 소득에 대해 절대적 권리를 갖는다고 주장한다.

많은 학자들이 노직의 주장을 비판했고, 이 책에서 이 비판들을 반복하지는 않을 것이다. 여기서는 한 가지 질문만을 제기하려고 한다. 체임벌린의 농구 재능에 대한 사회적 수요가 존재하지 않았다면 과연 체임벌린이 그처럼 높은 보상을 받을 수 있었을까? 사회적 수요는 그의 재능에 속한 것이 아니다. 아울러 그는 혼자서 농구 코트를 누빈 것도 아니다.

관중들이 감탄하는 경기가 되기 위해서는 같은 팀 동료뿐만 아니라 상대 팀 선수들의 참여와 협력이 필요하다.

분업과 전문화를 특징으로 하는 현대사회에서는 단순해 보이는 생산물을 만들 때조차도 많은 사람들이 협력해야 한다. 이른 아침 향기로운 냄새로 코를 자극하는 작은 빵 하나는 단순히 제빵사 한 사람이 만들어 낸 것이 아니다. 작은 빵 하나는 긴 세월을 거쳐서 내려온 기술과 입맛의 결과물이다. 노직의 논리를 비판하는 사람들은 노직이 체임벌린을 로빈슨 크루소^{Robinson Crusoe}처럼 묘사한다고 지적한다. 로빈슨 크루소는 무인도의 독립적인 경제 체계 안에서 혼자 생산 활동을 수행하기 때문에 자신의 모든 생산물에 대해 명쾌하게 소유권을 인정받을 수 있다. 하지만 체임벌린은 이러한 가상적 상황의 크루소와는 완전히 다르다. 노직을 비판하는 사람들은 노직의 논리가 소유적 개인주의^{possessive individualism}, 즉 개인 활동의 사회적 연계성을 인정하지 않고 개인의 독자적인 창의력이나 노력만을 근거로 개인의 배타적 소유권을 설정하는 사고 논리라고 비판한다. 노직을 비판하는 사람들이 볼 때, 시장에서 얻은 부에 대해서 개인이 절대적인 권리를 주장하는 것은 정당화되기 어렵다. 왜냐하면 그런 관점은 개인이 속해 있는 사회 공동체의 협력적인 생산 구조를 전적으로 외면하기 때문이다.

사회에서 생산되는 생산물은 누구의 것인가

　그렇다면 우리는 사회 내에서 생산되는 모든 생산물을 어떻게 이해해야 할까? 자유지상주의자들의 견해와는 정반대로 우리 사회의 모든 생산물을 사회 구성원들이 공동으로 생산했다고 이해하는 것이 가능할까? 만약 우리가 이 견해를 수용한다면 개인이 자신의 생산적 공헌을 언급하며 제 몫을 주장할 수 있는 권리는 사라질 것이다. 모든 생산물을 사회 공동체가 함께 생산한 것으로 보는 관점은 누가 무엇을 생산했으며 누가 어떻게 공헌했는가에 관한 번거로운 논쟁들을 일축해 버린다. 하지만 이러한 이론적 편의성에 대한 반대급부로 다른 논란들이 불가피하게 생성된다. 이런 관점은 삶의 자발적인 영역을 무시할 뿐 아니라 우리 사회가 현재 유지하는 사유재산 제도를 근본적으로 불안정하게 만든다. 사유재산 제도 아래 부를 축적한 계층이 도덕적으로 취약해지는 것은 두말할 나위가 없다.

　우리는 개인의 진정한 자발성의 영역을 확인하는 것이 쉽지 않다는 것을 이미 살펴보았다. 그럼에도 불구하고 개인들의 노력과 공헌의 차이를 단순히 타고난 운명으로만 여기는 것도 현대사회의 정서로는 받아들이기 힘들다. 월터 블럼Walter Blum과 해리 캘븐Harry Kalven은 이 문제와 관련된 현대사회의 일반적인 정서를 다음과 같이 요약한다.

　"우리가 유전적으로나 환경적으로 얼마나 많은 재능을 부여받았느냐에 상관없이, 재능을 실현하기 위해서는 무엇인가가 필요하며, 그 무엇이 바로 개인이 책임지는 핵심적인 것이다. 심지어는 가장 뛰어난 재능도 그것을 실현하기 위해서는 인내, 단련, 성실, 헌신, 그 밖의 개인적 자질이 필요하다. 우리 대부분이 야샤 하이페츠(러시아 태생의 미국 바이올린 연주자)처럼 바이올린을 켜지 못하는 데는 우리에게 그런 재능이 없는 것뿐만 아니라 최소한 한 가지의 이유가 더 존재한다. 개인의 책임성이 단지 재능과 마찬가지로 유전적으로 물려받는 것일 뿐이라고 주장할 수도 있다. 그러나 설령 그렇다고 할지라도 우리가 포상과 처벌의 범위를 결정하는 우리의 제도를 개인의 책임성과 연결지어서 인식하고 있다는 점은 분명하다."[10]

이처럼 개인이 얻은 부를 정당화하는 데 있어서, 개인의 자발적인 노

연주하는 야샤 하이페츠

력과 공헌은 현대사회에서 결정적인 근거로 여겨진다. 그러나 우리 삶에서 개인의 책임 아래 있는 부분이 얼마나 되는지는 끊임없는 논란 사항이다. 분배 문제에 있어서도 마찬가지다. 과연 소득 또는 경제적 수익의 어디까지가 개인의 자발적 노력과 공헌에 속하는 걸까? 이와 관련하여 개인의 자발성과 비자발성을 구분함으로써 분배 정의를 논의하는 사회 협상 이론social bargaining theory을 잠시 살펴보자.

사회 협상 이론은 사람들이 타인과 협력하는 이유는 협력에서 새로운 이익이 발생하기 때문이라고 전제한다. 우리가 사회를 형성하고 타인과 공존하며 협력하는 것은 우리가 사회로부터 이득을 보기 때문이며, 만약 이득이 없다면 사회에 머물러 서로 협력할 이유가 없다는 것이다. 홉스의 사회계약론은 가장 고전적인 형태의 사회 협상 이론이라고 할 수 있다. 사회 협상 이론은 협력에 참여한 구성원들이 어떻게 협력의 결과물을 나누는가에 초점을 맞춘다.

사회 협상 이론의 논리는 단순하고 상식적이다. 사회 협상 이론은 개인의 독자적 생산의 영역과 사회적 협력 생산의 영역을 구분한다. 개인의 독자적 생산 영역은 협력 생산이 이루어지기 전에 있었던 개인들의 폐쇄적인 생산 영역인 반면, 사회적 협력 생산의 영역은 생산 능률이 최대가 되는 위치를 구성원 모두에게 보장('파레토 최적' 상태)하는 상호 협력으로 확대된 생산 영역이다. 사회 협상 이론은 협업의 사회적 제도가 설립되기 이전과 이후의 상황을 설정한 후, 모든 정보를 알고 합리적 분석 능력을 가진 개인들이 두 상황의 차이를 평가해서 협업을 사회적 제도로 받아들일지 결정하며, 협업을 받아들이고 나서는 서로 만족할 수 있는 배분 방식을 합의하도록 유도한다.

개인의 독자적 생산 영역과 사회적 협력 생산 영역을 구분하는 손쉬운 예를 들어보자. 갑, 을, 병이라는 세 사람이 함께 집을 짓는다고 가정해 보자. 이때 건설 작업의 총량은 단순히 갑, 을, 병이 혼자서 해낼 수 있는 작업량의 세 배일까? 이에 대한 대답은 "아니오"다. 갑은 혼자서 기둥이 될 육중한 나무를 세울 수 없다. 을 역시 홀로 지붕을 덮을 목재를 들어 올릴 수 없다. 세 사람이 힘을 합치지 않는 한 할 수 없는 작업이 널려 있을 것이다. 따라서 세 사람이 협력해서 이루어내는 생산력은 세 사람이 각자 따로 이루어내는 생산력의 총합보다 크다. 조직적인 협력 관계 그 자체가 생산력을 확대한다.

협력적 생산의 힘을 이해하기 위해서는 '유기체적 구성'이라는 개념을 살펴보는 것이 도움이 된다. 유기체적 구성이란 전체를 구성하는 부분들이 각각 독자적인 역할을 갖지만 다른 한편으로 서로 유기적으로 연결되어 있어서 전체는 부분들의 단순한 합 이상의 의미를 지닌다는 것이다. 가령 음악에서 '작곡'이란 단순히 음을 나열하는 것일 뿐일까? 시의 단어들을 뒤섞어서 아무렇게나 다시 배열한다면 여전히 시가 될 수 있을까? 하나하나의 음과 단어가 가지는 독자적 가치는 음악과 시의 전체성과 비교할 때 매우 미약하다. 음과 단어는 다른 음과 단어와 연계되면서 새로운 힘을 발휘한다.

이런 시각에서 사회를 볼 때, 우리는 사회 내 구성원들 사이의 관계에서 조화와 통일성을 발견한다. 조화와 통일성이 없다면 각 개인은 사회에서 맡은 역할을 담당하며 협력적 생산력을 이끄는 구성원이 아니라 분리되고 고립된 개인으로 격하되고 만다. 사회적 협력이 일어나지 않는다면 개인들이 생산하는 가치는 보잘것없는 수준에 머물고 말 것이다. 개인들이 서로 유기체적인 구성을 이루며 협력할 때만 더 많은 가치를 생산할 수 있다.

오래전 애덤 스미스^{Adam Smith}는 조직적인 협력의 효율성을 이론화해서 널리 알렸다. 스미스는 사회에서 분업과 전문화가 진전될 경우 생산 잉여가 기하급수적으로 증대할 것이라고 강조했다. 물론 한 사회에서 조직적인 협력의 효율성이 분업과 전문화에 의해서만 결정되는 것은 아니다. 구성원들 사이의 분위기도 중요하다. 사람들 사이에서 협조적인 환경을 조성하는 문화는 사회의 효율성을 높이는 데 매우 중요하다. 협력적 사회 환경의 상황은 개인의 독자적 생산력으로 간주할 수 없는 폭넓은 사회적 생산력의 영역이 존재한다는 사실을 보여준다.

❚ 사회적 잉여의 배분 ❚

캐나다의 철학자 데이비드 고티어^{David Gauthier}는 사회 협상 이론을 활용해 분배 정의 문제를 논의하면서 개인들이 시장에서 얻는 소득에는 개인의 독자적 생산 영역 바깥의 생산 가치도 포함되어 있다고 주장한다.

개인의 독자적 생산 영역 바깥의 사회적 협력 생산물을 사회적 잉여로 규정한다면, 분배 정의 문제는 바로 사회적 잉여를 배분하는 문제로 직결된다. 고티어는 개인들이 사회적 협력 생산에 참여한 대가로 사회적 잉여의 일부를 가질 권리를 얻으며, 이때 사회적 잉여를 배분하는 일은 참여자들 사이의 협상에 따른다고 말한다. 고티어는 시장이 바로 협상이 이루어지는 장소이며, 시장에서 이루어지는 협상이 비교적 공평하다고 주장한다. 다시 말해 각 개인이 생산에 공헌한 정도는 시장에서 비교적 공정하고 효율적인 방식으로 평가되고, 이에 따라 사회적 잉여를 시장을 통해 배분하는 것은 도덕적으로 정당하다는 것이다. 시장의 공정한 배분 기능을 의심하는 사람들은 고티어가 시장을 과도하게 신뢰하여 사회 협상 이론의 본래 의도를 살리지 못했다고 비판한다.

사회적 잉여가 어떤 식으로 배분되어야 할지에 대해서는 의견이 매우 다양하다. 미국의 법철학자 데이비드 엡슈틴David Epstein 같은 학자는 사회적 잉여가 개인들이 독자적 생산 영역에서 발휘할 수 있는 생산력의 상대적 비율에 견주어 배분되어야 한다고 주장한다. 그는 독자적 생산에서 효율성이 높은 개인이 협력적 생산에서도 상대적으로 많이 기여할 것이라는 점을 근거로 든다. 또한 사회적 잉여를 배분할 다른 신뢰성 있는 기준이 없다면 개인의 생산력에 따라 배분하는 것이 사람들의 경험적인 직관과 정의의 논리에 가장 일치한다고 그는 주장한다.

엡슈틴의 주장은 설득력이 있는 것일까? 단 두 사람만 존재하는 가상의 사회를 상상해 보자. 여기에서 두 사람이 독자적으로 생산한 것의 합이 전체 생산의 10퍼센트를 차지하며, 나머지 90퍼센트는 두 사람이 협력한 산물이라고 가정하자. 이때 10퍼센트밖에 되지 않는 두 사람의 독자적인 생산력의 상대적 비율에 근거해서 나머지 90퍼센트의 협업의 산물을 배분하는 결정이 합리적일 수 있을까? 만약에 두 사람의 독자적인 생산력이 10 대 1의 비율이라면, 나머지 90퍼센트도 10 대 1로 배분해야 한다. 이 경우 10에 해당하는 사람이 협력의 결과물을 대부분 차지할 것이다. 이것이 직관적으로 또는 논리적으로 타당한가? 고차원의 협업을 특징으로 하는 현대 산업사회에서 협업 산물의 배분을 개인들의 독자적 생산력에 연계해서 결정하는 것은 무리한 발상이 아닐 수 없다.

사회계약은 누구에게 가장 이로운가

엡슈턴은 사회 협상 이론을 활용해 토마스 홉스Thomas Hobbes의 이론을 재조명한다. 홉스는 국가 권력을 정당화하는 논리 틀을 확보하기 위해 자연 상태 아래에서 불안정하고 비루한 인간의 삶과 국가 형성 이후에 안정되고 번영하는 삶을 대조한다. 홉스의 자연 상태에서 개인들은 타인의 침략 의도에 맞서 자신을 지키기 위한 끊임없는 경계 상태에 있어야 한다. 이른바 '만인의 만인에 대한 투쟁'이라는 잠정적인 전쟁 상황에서는 가장 강한 자라고 해도 결코 안심하며 지낼 수 없다. 이처럼 열악한 자연 상태를 벗어나기 위해서 사람들은 사회계약을 통해 국가가 존재하는 시민사회로 진입한다.

여기에서 문제는 국가가 만들어질 때 개인들이 국가로부터 동일한 혜택을 얻는 것이 아니라는 점이다. 누구는 큰 혜택을 받는 반면 누구는 작은 혜택에 만족해야 한다. 다시 말해 개인들이 국가로부터 얻는 혜택이 불평등한 것이다. 홉스는 이런 불평등의 문제에 관심을 갖지 않았다. 홉스는 자연 상태에서 벗어나 국가가 있는 시민사회에 소속되었을 때 모든 개인이 얻는 혜택이 워낙 크기 때문에 설령 개인들 사이에 불평등이 있더라도 이것에 관심을 두지 않았다. 즉, 홉스가 주장하는 바의 핵심은 개인들이 혜택의 불평등에도 불구하고 자연 상태에서 시민사회로의 전환에 기꺼이 동의할 것이라는 데 있다.

홉스의 이론에서 자연 상태와 시민사회를 각기 개인의 독자적인 생산 영역과 사회적 협력 생산의 영역으로 대응하는 일부 사회 협상 이론가들의 문제점은 바로 여기에 있다. 불평등을 합리화하려는 사람들은 흔히 사회에서 가장 소외된 계층이 국가로부터 가장 혜택받는 집단이라고 주장한다. 왜냐하면 가장 소외된 계층이 국가의 보호와 도움을 가장 필요로 한다고 생각하기 때문이다. 복지사회를 추구하는 현대 국가에서는 이 논리가 부분적으로 타당하다. 그러나 현대사회에서 가장 소외된 계층이 홉스의 자연 상태에서도 가장 취약한 사람들일 것이라는 유추 해석은 무리가 있다.

홉스의 자연 상태에 있는 개인들이 가장 필요한 것은 자신을 지키기 위한 육체적 무력이다. 하지만 시민사회에 들어오면 육체적 무력은 전혀 쓸모없지는 않더라도 효용성이 상당히 낮아진다. 주먹이 강한 사람보다는 계산 능력이 빠른 사람이 시민사회에서 훨씬 더 유리한 경제적, 사회적 지위를 차지할 수 있다. 원시적 독자 생산의 세계에서 가장 효율적으로 생존하는 다재다능한 사람은 분업과 전문화로 이루어진 시민사회에서 가장 비효율적인 사람으로 전락할 수 있다. 컴퓨터 소프트웨어 기술 하나로 세계 최고의 부자가 된 빌 게이츠Bill Gates를 생각해 보라. 컴퓨터가 없는 세상으로 돌아간다면 게이츠는 마이크로소프트사의 건물 청소부보다도 못한 삶을 살아야 할지도 모른다. 다시 말해, 원시적 독자 생산의 환경은 현대사회에 살고 있는 개인들의 독자적 생산 영역을 규정하는 데 신뢰성 있는 기준이 되지 못한다. 현대사회에서 가장 소외된 계층이 국가의 최대 수혜자라는 주장 역시 반박을 피할 수 없다. 애덤 스미스의 반대 주장을 들어보자.

> 아마도 수 세대에 걸친, 긴 세월의 노동을 통해 소중한 자산을 획득한 사람이 하룻밤이라도 안심하고 잠을 청할 수 있는 것은 시민정부의 보호 아래에서뿐이다. 그는 자신이 자극한 적이 없건만 결코 화해할 수 없는 미상의 적들에 의해 항시 포위되어 있다. 그리고 이들의 불의를 응징하고자 지속적으로 존립하는 시민 정부의 강력한 보호 하에서만 안전할 수 있다.[11]

스미스는 다른 어느 계층보다도 재산과 생명을 보호받기 위해 국가를 필요로 하는 이들은 부를 가진 계층이라고 말한다. 엡슈틴은 홉스의 논리를 빌려 현재의 사회가 설령 빈부격차가 심하더라도 어느 누구도 사회 협력 체제로부터 손해를 보지 않았기 때문에 사회 협력 체제가 붕괴하는 것을 원치 않는다는 결론을 내린다. 그는 현재의 사회 협력 체제에 대해 사회 구성원들이 동의하고 있다면 사회가 만들어내는 빈부격차도 정당화된다는 주장을 덧붙인다. 하지만 엡슈틴 같은 학자들이 홉스의 자연 상태에 비유하는 개인들의 독자적 생산 영역이 실로 하찮은 수준이라면, 이 독자적 생산 영역이 거대한 사회적 협력 생산 영역의 배분을 결정하는 기준이 되기에는 역부족이라는 것은 이미 지적한 바 있다.

규모의 경제economy of scale를 중요하게 여기는 시장 중심적 사회 협상 이론도 비슷한 유추 해석을 따른다. 개인적 독자 생산 영역과 사회적 협력 생산 영역을 도출하는 데서 이 이론은 로빈슨 크루소 같은 개인의 가상적인 자립 경제와 다분화된 오늘날의 시장경제를 대조한다. 시장 중심적 사회 협상 이론에서도 로빈슨 크루소 같은 개인적 독자 생산 영역이 넓지 않으리라는 것은 쉽게 짐작할 수 있다. 고립된 자립 경제 아래에서 개인의 삶의 질이 간신히 생존할 정도의 자급자족 상태를 벗어나기는 힘들 것이기 때문이다. 따라서 시장경제에서 개인들이 얻는 삶의 혜택은 구성원들 간의 협력에서 비롯하는 것이다. 이 결론은 막대한 빈부격차를 개인들의 서로 다른 생산 능력 내지는 생산 노력의 결과로 정당화하는 사람들의 주장에 도전한다. 만약 개인이 시장에서 얻는 소득의 극히 일부만이 자신의 절대적 재산권에 포함할 수 있는 것이라면, 나머지 사회적 잉여에 대한 국가의 과세가 '개인의 재산권을 침해하는 것'이라는 비판은 무력화될 수 있다.

경제적 지대를 회수하는 것은 정당한가

시장을 통한 분배가 정당하다고 주장하는 사람들이 사회 협상 이론을 이론적 근거로 활용하는 것은 아이러니다. 사회 협상 이론을 논거로 삼아서 현대사회의 광범위한 경제적, 사회적 불평등을 정당화하기는 쉽지 않다. 사회 협상 이론은 재분배적 조세정책을 지지한다. 사회적 생산의 영역이 개인의 독자적 생산 영역보다 훨씬 크다고 보기 때문이다. 재분배적 성격의 조세가 개인이 시장경제에서 사회적 생산물을 부당하게 가져간 부분을 되돌리는 것이라면, 세금이 개인의 재산권을 침해하고 경제적 자유를 손상한다는 자유지상주의자들의 비판은 근거를 잃는다.

다소 현학적인 이야기일 수 있지만, 사회적 잉여라는 개념과 관련이 있으며 분배 정의를 논의할 때 중요한 '경제적 지대economic rent'라는 개념을 잠시 살펴보자. 원래 경제적 지대는 공급은 제한되어 있는데 대체할 만한 것이 마땅히 없는 생산요소(예컨대 토지)에서 추가적으로 발생하는 소득을 뜻하는 경제학 개념이다. 예를 들어, 땅 주인은 생산 활동에서 아무런 가치를 만들어내지 않지만 땅이라는 희소한 생산요소를 소유한다는 이유로 지대(토지 사용료)를 받는다. 흔히 경제적 지대는 개인이 정당한 분배 원칙에 따라 땀 흘려 일한 대가로 얻은 소득이 아니라 '불로소득 unearned income'으로 여겨진다. 그래서 근대 경제학이 성립될 때부터 사람들은 경제적 지대를 통해 얻은 소득을 소유의 정당성이 취약한 것으로 여겼다. 사회적 생산 활동에 기여하지 않는데도 그 결과물을 가져가기 때문이다.

경제학자들은 경제적 지대에 매기는 세금은 개인의 경제 활동에 영향을 주지 않는다고 주장한다. 세금은 생산요소들이 공급되는 가격에 영향을 주므로 시장이 자유롭게 작동하는 것을 방해할 수 있다. 하지만 경제적 지대에 대한 과세는 그 규모와 관계없이 생산 요소들의 공급에 변화를 주지 않으며 따라서 경제적 효율성을 저해하지 않는다. 아울러 경제적 지대에 세금을 매기는 것은 각 개인의 선호도 순서에 변화를 주지 않기 때문에 개인의 경제적 자유를 훼손하지도 않는다. 그렇다면 정의의 기준에서나 효율성의 기준에서나, 경제적 지대를 국가가 세금을 통해 적극적으로 거두어들이는 것에 대해 반론이 제기될 수 있을까? 블럼과 캘븐은 이런 세금 또한 부작용이 있음을 지적한다.

> 최고의 수익률을 가진 토지의 원래 임자가 얼마나 이득을 보았는지에 상관없이 뒤를 이은 구매자들에게 횡재에 해당하는 지대는 없을 것이다. 왜냐하면 정상적인 시장 아래에서 뒤이은 구매자들이 얻을 경제적 지대는 그들이 토지를 구매한 가격에 이미 반영되었을 것이기 때문이다. 심지어는 토지의 원래 소유자조차도 그 경제적 이득이 뜻밖의 횡

재라고는 할 수 없다. 모든 투자란 위험성을 수반하며, 그래서 위험을 무릅써서 성공한 경우들만을 겨냥하는 것은 무리가 아닐 수 없다. 성공한 자들에 대한 보상은 실패한 투자가들의 손실과 맞물려 대체로 상쇄될 것이다. 경제적 지대의 범위와 규모를 확인하더라도 정확히 경제적 지대만을 겨냥해 세금을 매기는 것은 부당하다.[12]

블럼과 캘븐의 주장의 후반부는 비판적인 검토를 초래한다. 첫째, 성공한 자의 경제적 수익과 실패한 자의 손실이 상쇄될 것이라고 생각할 경험적 근거가 부족하다. 둘째, 위험을 감수하였으므로 보상을 가질 자격이 있다는 주장은 더욱 논란이 된다. 물론 위험은 인간이 살아가는 현실 세계에서 피할 수 없는 요소다. 위험은 노력과 보상 사이의 인과적, 도덕적 관계를 위협한다. 우리 삶이란 노력한다고 해서 다 이루어지거나 원하던 바를 얻게 되는 것은 아니다. 따라서 그런 위험을 부담하는 것 자체가 추가적인 보상의 근거가 될 수 있다는 주장은 언뜻 보기에 타당하다. 그러나 위험 부담이 개인의 경제적 활동에 대한 보상의 정당한 근거를 자동적으로 제공하는 것은 아니다. 만약에 재산권의 요건이 위험성의 존재에 전적으로 의존한다면 거의 모든 형태의 경제적 보상이 정당한 재산권의 영역 속에 포함되어야 할 것이다. 도박, 강탈, 사기 같은 범죄를 통해 얻은 경제적 수익도 재산권의 요건을 만족시킨다. 왜냐하면 이런 범죄 행위도 탄로 날 경우 도덕적, 법적 처벌의 위험을 나름대로 수반하기 때문이다.

사실 위험을 감수할 때 우리는 그에 합당한 보상을 요구하기 마련이다. 그런 보상이 없다면 경제 활동에서 어느 누구도 위험을 감수하려고 하지 않을 것이다. 블룸과 캘번이 간과한 것은 경제적 지대가 위험의 유무 혹은 위험의 규모에 관계없이 생긴다는 사실이다. 비옥한 토지를 소유한 사람이 얻는 경제적 지대는 위험에 대한 보상과는 거리가 멀다. 국가가 경제적 지대를 거두어들이는 근거는 그것이 개인 재산권의 도덕적 조건을 충족하지 못하기 때문이다. 부유세를 지지하는 사람들은 부자가 가지고 있는 부의 상당 부분이 재산권의 도덕적 조건을 만족하지 못한 경제적 지대라고 생각한다. 이들은 경제적 지대를 국가가 거두어들여서 사회 공통의 자원으로 되돌리는 것이 도덕적으로 정당하며, 따라서 부유세가 부자들에 대한 국가의 폭력이자 강탈이라는 부유세 반대자들의 주장을 일축한다.

플레오넥시아 vs. 공정한 시장

아리스토텔레스는 개인이 자신의 합당한 몫 이상을 취하는 행위인 '플레오넥시아pleonexia'를 불의不義의 핵심으로 규정했다. 부유세 지지자들은 시장을 통한 배분이 부자들에게 유리한 플레오넥시아의 상황을 만든다고 주장한다. 따라서 이들은 시장 배분의 문제점을 정부가 적극적으로 바로잡을 것을 요구한다. 반면, 부유세를 반대하는 사람들은 시장 배분이 비교적 중립적으로 공정하게 이루어진다는 입장이다. 이들은 수요와 공급에 의해 가격이 결정되는 시장 메커니즘에서 개인은 사회의 생산에 얼마나 공헌했느냐에 따라 적당한 경제적 보상을 받는다고 주장한다. 일반적 경쟁 시장의 상황에서 수요와 공급의 다양한 세력들은 정치적으로나 경제적으로 우월한 위치를 점하는 어느 한 특정 개인이나 소수에 의해 쉽게 조작될 수 없으며, 시장 내의 가격 체계는 분배적인 형평성을 상당히 잘 만족시킨다는 것이다.

정부의 교정적 기능을 극도로 불신하는 것은 전통적 자유방임주의의 잘 알려진 특성이다. 정부의 기능에 회의적인 사람들은 정부가 교정 기능을 수행하는 데 필요한 정보를 충분히 갖지도 못할 뿐 아니라, 사회 내 특정 이익 집단과 쉽게 결탁하여 '시장의 실패'보다 더욱 심각한 '정부의 실패'를 초래할 뿐이라고 주장한다. 이들은 또 행정적 통제를 위주로 정부의 교정 기능을 확대하는 것은 결국 과대 정부를 탄생시키는 것이라고 말한다. 과대 정부 아래에서 개인의 사적 영역은 빈번히 침범당하고 그결과 자유주의적 사회 환경이 파괴되며, 사람들은 국가에 더욱 의존적으로 변할 것이라고 우려한다.

역사적으로 시장은 전통 사회의 위계질서나 계급 구조를 무너뜨리는 역할을 수행했다. 시장이 단지 경제력을 가진 새로운 계급을 등장시킨 것만은 아니다. 시장은 전통과 관습이 지배하는 위계적인 불평등 사회의 비합리성을 타파하는 데 기여했다. 자본주의의 상징과도 같은 시장이 인간의 평등과 자유의 가치를 퍼뜨리는 데 기여했다는 점은 분명하다.

물론 시장에 도덕적 장점만 있는 것은 아니다. 시장을 비판하는 사람들은 시장이 만들어내는 관계 속에서 사람들이 소유욕이나 반지성적 물질주의, 개인 위주의 소극적인 사고방식, 도구주의적 사고방식과 지나친 경쟁성 등 사회적으로 바람직하지 못한 성품을 갖게 된다고 주장한다. 시장 특유의 거래라는 행위는 한편으로 책임성을 의식하는 자율적인 인간이 탄생하는 데에도 기여하지만, 다른 한편으로 타인의 처지에는 무감각한 이기적 인간의 탄생에도 기여한다. 개인의 이익만을 추구하는 시장이 타인에 대한 배려의 공간이 되기는 힘들다. 영국의 경제학자 존 홉슨 John A. Hobson은 시장 메커니즘의 특성에 대해 다음과 같이 일갈했다.

> 협상의 특성상 협상에 참여한 개인들은 타인의 이익을 고려할 여유가 별로 없다. 개인들은 당장의 물질적 이득을 위해 협상에서 자신의 생각과 의지를 관철하는 데 집중한다. 이들은 자신의 이기적 목적을 위해 자신이 활용할 수 있는 모든 경제적 자원을 동원한다. 법적으로 허용되는 범위 안에서 모든 수단을 강구하면서 이들이 추구하는 것은, 자신은 가능한 한 많은 것을 얻고 다른 사람은 가능한 한 적게 얻도록 하는 것이다. 개인들은 초기에는 자신의 행위가 도덕적으로 타락했다는 점을 분명히 의식하지 못할 수도 있지만 (…) 지속적으로 그렇게 행위함으로써 결국에는 도덕적 동맥경화를 일으킨다. 평등과 친절, 사려 같은 것들은 올바른 인간성을 정립하는 데 필수적인 영양소와도 같다. 그러나 시장경제 체계는 이 영양소들을 공급하지 못할 뿐만 아니라 도

리어 완전히 이기적인 본성과 욕망을 공급하고 조장함으로써 인간의
성품이 올바로 성장하는 데 적대적이다.[13]

마웰과 에임스의 실험

경쟁적 시장과 이기적 인간 품성 사이의 연관성을 경험적으로 입증
하는 것은 쉬운 일이 아니다. 흥미로운 연구 사례 하나를 살펴보는 것으
로 이 논의를 정리하고자 한다. 이 연구는 제럴드 마웰Gerald Marwell과 루스
에임스Ruth Ames가 수행한 것인데 여기서는 이해하기 쉽도록 내용을 다소
바꿔서 서술한다. 두 명씩 짝을 지어 100개 팀의 실험 참가자를 선정하
고 이들을 상대로 아주 간단한 게임을 실시한다. 이 게임은 복잡한 전략
을 허용하지 않는 매우 단순한 게임으로, 게임의 승패는 사실상 운에 달
려 있다. 두 명의 팀원은 서로 이기고자 애를 쓸 수도 있고 원한다면 비
기는 전략을 택할 수도 있다. 매번 게임이 끝날 때마다 승자에게는 1,000
원, 패자에게는 0원, 그리고 비길 경우에는 두 사람 모두에게 750원씩 지
불한다. 이런 게임을 100회에 걸쳐서 반복한다면 사람들은 어떤 행동을
하겠는가?

억세게 운이 좋은 사람이 아닌 이상 상대를 이기려고 해도 그 확률은
50퍼센트에서 크게 벗어나지 않을 것이다. 게임을 100번 반복했을 때 수
학상으로 기댓값을 구한다면 5만 원이 될 것이다. 그런데 이 게임에서

상대를 굳이 이기려 들지 않고 상대와 협력해서 비기는 전략을 계속 선택한다면 7만 5,000원을 받게 된다. 이 실험의 결과는 대부분의 실험 참가자가 상대와 협력하는 전략이 유리하다는 사실을 금방 깨닫고 계속 비기는 전략을 택한다는 것이었다. 그런데 의외로 끝까지 상대를 이기고자 시도하는 이들이 있었다. 이들은 바로 경제학과 대학원생들이었다.

이 연구가 함의하는 바는 경쟁의 미덕을 강조하는 학문적 풍토가 개인이 가치를 선택하고 행위하는 기준에도 영향을 미친다는 점이다. 즉, 경쟁에서 상대를 패배시킴으로써 자신의 이익을 키운다는 생각에 익숙한 사람들은 협력을 거부한 채 경쟁에만 집착하는 품성을 내면화하기 쉽다는 것이다. 시장 메커니즘 속의 행위자들이 넉넉하고 협력적인 태도를 갖기 힘들다는 사실을 부인하기는 어렵다. 캐나다의 정치학자 존 앨럿 John Allett의 말을 빌리자면 "비록 자본주의는 사회를 사회화하는 데는 성공했지만 인간을 사회화하는 데는 실패했다".[14]

그렇다면 시장을 통한 배분은 시장 지지론자들이 주장하듯이 충분히 중립적이고 공정하게 이루어지는 것일까? 우리 사회에는 이미 큰 소득 격차가 존재한다. 이를 설명하기 위해 우리는 보통 부자들이 남들보다 판단력이 뛰어나거나 계산이 치밀하고 때로는 대담함과 용기 같은 자질을 갖고 있어 이것들이 생산에 특별한 요인으로 작용한다는 논리를 가져다 쓴다. 가령, 유명한 의사나 변호사가 돈을 많이 버는 것은 이들이 자신의 소득에 상응하는 기술과 지식을 지녔기 때문이라는 것이다. 이에 대한 홉슨의 비판을 들어보자.

런던이나 뉴욕의 잘나가는 법률가나 의사들이 버는 소득은 일반적으로 그들의 업무 판단에 내재한 기술과 지식의 정당한 가치를 반영한 것이라는 논리가 있다. 그러나 적어도 똑같은 수준의 전문 지식을 가진 독일과 스웨덴의 의사들은 이들보다도 훨씬 낮은 소득을 벌고 있다. 흔히 사람들은 개인이 각기 '자기가 한 행위의 가치만큼 소득을 갖는다'라고 이야기한다. 그러나 조금만 더 깊이 생각해 보면 '자기가 한 행위의 가치'라는 것은 그가 속한 특정 환경의 시장에서 단순히 '그가 얻을 수 있는 소득 수준'을 의미할 뿐이라는 것이 명백해진다.[15]

한계생산 이론의 왜곡

이 장의 이야기는 경제와 관련한 것이고, 따라서 우리는 불가피하게도 복잡한 논리 싸움을 거쳐야 한다. 머리가 다소 아플 수는 있겠지만, 경제학자들이 즐겨 인용하는 한계생산 이론을 잠시 검토해 보자. 한계생산 이론은 합리적인 생산자가 이윤을 극대화하기 위해 다양한 생산요소를 어떻게 활용하느냐에 관한 이론이다. 합리적 생산자는 각 생산요소의 마지막 투입 단위의 가격이 그 요소의 한계 생산의 가치와 일치하는 지점까지 생산요소를 투입한다.

한계생산 이론은 시장에서 가격이 어떻게 결정되는지를 설명하는 이론으로 활용되기도 한다. 한계생산 이론에 따르면, 자유 경쟁 시장에서 각각의 생산요소들은 그것들의 한계 생산성에 일치하는 금액으로 가격이 매겨진다. 예를 들어, 환경미화원이 저임금을 받는 것을 설명하기 위해 한계생산 이론은 전체 환경미화원의 경제적 가치가 마지막으로 고용되는 미화원의 한계 생산성과 일치한다고 설명한다. 사실 작업의 불쾌함이나 노동 강도, 그리고 사회적 필요성 등을 감안할 때 환경미화원의 임금이 다른 직종보다 높아야 한다는 주장이 나올 수 있다. 우리들은 환경미화원들의 사회적 기여도가 상당하다는 사실을 인정해야 할지 모른다. 왜냐하면 이들 없이는 며칠 가지 않아 도시 전체가 냄새나는 쓰레기 더미로 덮일 것이기 때문이다.

그런데 왜 환경미화원은 낮은 임금을 받는 것일까? 한계생산 이론은 마지막으로 고용되는 환경미화원에 초점을 맞춘다. 목마른 이에게 첫 잔의 물은 가치가 높지만 두 번째, 세 번째 잔으로 갈수록 가치가 떨어지듯이 환경미화원의 가치도 고용 횟수가 증가하면서 지속적으로 떨어진다는 것이다. 결국 마지막으로 고용되는 환경미화원의 가치(이것이 환경미화 노동의 한계 생산성이다)는 앞선 미화원들의 가치에 비해 현저히 낮으며, 마지막 환경미화원의 낮은 가치가 환경미화원 전체의 임금을 결정한다는 것이다.

어떤 독자들은 내가 무엇을 말하려는지 이미 짐작했을 것이다. 한계생산 이론이 문제가 되는 것은 이 이론의 의미가 과도하게 연장되어 우리 사회에 광범위하게 존재하는 소득 격차를 정당화하는 데 사용된다는 것이다. 예컨대 환경미화원의 한계 생산성은 그의 사회적 공헌도를 반영한다는 터무니없는 주장 말이다. 이런 주장을 하는 사람들은 통상적으로 생산요소의 한계 생산성을 생산요소의 가격과 일치시키고 이에 근거해 생산요소의 생산적 공헌도와 다시 연결한다. 이 등식은 결국 생산요소의 가격이 생산요소의 공헌도를 반영한다는 추론으로 이어진다. 한 걸음 더 나아가서 시장을 통한 분배가 한계생산 이론에 상응하므로 시장의 분배 구조는 도덕적으로 정당하다는 주장에 이른다.

　과연 한계생산 이론이 시장 분배를 정당화하는 이론이 될 수 있을까? 한계생산 이론의 다양한 기술적 문제점에 대한 학술 논쟁을 다 옮길 수는 없으므로 여기에서는 핵심 논리만 간략히 짚어보자. 가령, 정부가 어떤 시점에서 노동자를 우대하는 정책을 취하여 완전 경쟁 시장의 임금 수준인 W보다 높은 W'의 최저임금을 법적으로 강제했다고 가정해 보자. 정부가 임의적으로 정한 W'는 노동자의 한계 생산성인 자유 경쟁 시장의 W보다 높지만, 이 상황에서 노동자가 일하는 방식이나 내용은 전혀 변한 것이 없다. 그렇다면 우리는 노동자들이 그들의 한계 생산성보다 높은 임금을 받는다고 결론지을 수 있을까?

　정부의 고임금 노동 정책이 진행되면 아마도 기업들은 노동자의 한계 생산성이 W'에 일치하는 선까지 고용을 줄여나갈 것이다. 그리하여 노동시장의 임금이 W'에서 균형점을 찾았다면 표면적으로는 노동자의 한계 생산성이 높아진 것으로 나타나게 된다. 그러나 이것은 노동자가 이전보다 더 생산적이 되었음을 의미하지는 않는다. 단지 노동시장의 상황이 변해서 임금이 W'로 결정되었고 기업들이 이 임금 수준에 따라 고용 수준을 맞추어 변경했다는 것을 의미할 뿐이다. 결론적으로, 한계생산 이론으로는 개인의 소득이 한계 생산성에 의해 결정되어야 한다는 어떤 설득력 있는 근거도 제공하지 않는다. 한계 생산성으로 생산요소의 가격이나 생산적 공헌을 결정할 수 없는 만큼 한계생산 이론을 가지고 생산요소의 가격과 생산적 공헌을 일치시키려는 작업은 무의미하다. 한계생산 이론을 통해 누가 얼마만큼 생산에 기여했는지를 밝히려는 것은 논리적 한계를 무리하게 확대 적용하는 것이다.

▌ 시장의 중립성을 위협하는 것들 ▌

개인들이 생산에 얼마만큼 공헌했는지를 평가할 수 있는 가격 체계가 시장에 존재할 수 있을까? 개인들이 경쟁 시장에서 공급과 수요 곡선의 움직임을 마음대로 조작할 수 없다는 것은 분명하다. 그런데 만약 일부 개인들이 다른 사람들과는 달리 공급과 수요의 움직임에 편승할 수 있는 유리한 위치를 차지한다면 어떻게 될까? 시장의 분배적 중립성은 무너질 것이다. 현실의 시장이 이론적으로 상정되는 완전 경쟁 시장인 경우는 흔치 않다. 애덤 스미스가 완전 경쟁 시장에서 작동하는 보이지 않는 손을 이론화했을 때 그는 경제적 행위자들이 정보를 완전히 확보하고 완벽하게 이성적이라는 조건을 전제했다. 현실의 시장이 이상적인 시장의 조건을 얼마나 충족하는지에 관해서는 사람마다 판단이 다를 것이다. 그러나 스미스의 전제가 전혀 현실적이지 않다는 점은 분명하다. 이상적인 시장과 현실의 시장 사이의 큰 간극에 주목하는 사람들은 이상적인 시장의 특징을 근거로 현실 시장의 분배 구조를 옹호하는 것은 논리적으로도 경험적으로도 옳지 않다고 지적한다.

현실 시장의 분배적 중립성을 위협하는 요소들은 다양하다. 그중에 가장 중요한 두 가지만 간략히 짚어보자. 첫째, 무작위적으로 발생하는 요소들random factors의 존재는 시장 분배의 정당성을 위협하는 중대한 요인이다. 무작위적 요소가 시장에 광범위하게 존재한다는 사실은 경제 행위자가 자신의 결정으로 자신의 운명을 효과적으로 제어할 수 있다는 시장 논리를 마비시킨다. 개인들이 똑같이 합리적으로 선택한다고 할지라도 시장 내의 무작위적 요소 탓에 각각의 사람들에게 서로 다른 경제적 보상이 돌아갈 수 있다. 어떤 사람들은 모든 개인이 무작위적 요소에 같은 확률로 노출된다면 시장의 중립성은 무너지지 않는다고 말한다. 하지만 이런 중립성은 형식적인 의미를 벗어나지 못한다. 이는 개인들이 시장에서 얻은 소득이 결국은 우연에 의해 결정되는 것이라는 결론 이상이 되지 못하기 때문이다.

둘째, 개인들이 가진 초기 자산initial endowments의 격차는 시장의 중립성을 위협하는 또 다른 변수다. 초기 자산이란 시장의 경쟁 상황에 처음 들어갈 때 각 개인이 가진 생산요소의 질과 양을 의미한다. 시장이 아무리 형평성을 보장한다고 해도 부잣집 자식으로 태어나서 풍족한 초기 자산을 가진 사람과 가난한 집에서 태어나 열악한 초기 자산을 가진 사람 사이의 경쟁은 불공정한 결과로 이어질 가능성이 높다. 초기 자산의 문제를 해결하지 않고 시장의 도덕적 중립성을 논의한다는 것은 결과론적인 수사에 불과하다. 초기 자산이 우월한 사람이 시장에서 더 나은 보상을 받는다는 단순한 사실을 복잡하게 반복한 것일 뿐이기 때문이다.

‖ 선택의 자유 vs. 패배할 자유 ‖

지금까지의 논의를 정리해 보면, 개인이 가진 부가 확실히 개인의 것이라고 정당화를 시도하는 여러 이론이 우리가 일반적으로 생각하는 것보다 논리적으로 매우 취약하다는 사실을 알 수 있다. 부유세를 반대하는 논리는, 단순히 부자라는 이유만으로 부자의 재산을 부당하게(세금을 통해서) 국가가 빼앗을 수 있는가 하는 질문이 그 핵심을 이룬다. 공동체를 원활히 유지하기 위해 부자가 가난한 이를 돕는 이른바 노블레스 오블리주noblesse oblige를 강조할 수는 있을지라도 국가가 나서서 시민의 재산을 강제로 탈취해서는 안 된다는 것이다. 납세자의 동의를 확보하지 않는 세금은 납세자의 자연적 권리와 자유를 침해하는 것으로 자유주의의 가치에 반한다고 이 논리는 말한다.

반면 부유세를 지지하는 사람들은 부자들이 부를 쌓아올린 과정 자체가 정당하지 않거나 도덕적으로 취약하다면 자연적 권리와 자유를 침해한다는 비판은 어불성설이라고 주장한다. 또한 자유주의 사회가 공식적으로 표방하는 개인의 권리와 자유에만 집착하다 보면 사회적으로 열악한 상황에 처한 구성원들을 선별적으로 배려하는 것이 불가능해진다고 지적한다. 불평등한 상황에서 개인의 권리와 자유는 사회적 강자들만이 향유할 수 있는 것이 되고, 취약 계층에게는 그림의 떡처럼 형식적으로만 존재할 뿐이라는 것이다. 거지에게도 권리와 자유가 있는가? '선택의 자유free to choose'를 찬양하는 우파 경제학자 밀턴 프리드먼Milton Friedman은 거지에게도 최소한 구걸을 할지 말지를 선택할 자유가 있다고 답할 것이다. 반면 좌파 경제학자 존 로머John Roemer는 거지가 가진 것은 단지 구걸을 강요당하거나 아니면 굶어 죽어야 하는 빈껍데기 권리와 자유뿐이라고 답한다. 굶어 죽는 것을 권리와 자유라고 한다면 이는 어휘의 남용이다. 자유를 박탈당한 노예에게도 주인이 시키는 대로 일하든지 아니면 죽음을 택하든지, '자유가 있다'고 이야기할 수 있기 때문이다. 이런 식이라면 노예도 자유인이라는 어이없는 모순이 초래된다. 길거리를 걸어가는데 강도가 여러분의 목에 칼을 대고서 돈을 요구할 때 여러분은 자유를 지니고 있는가? '선택의 자유'를 무리해서 해석한다면, 그 상황에서도 여러분은 자유를 지니게 된다. 왜냐하면 여러분은 지갑을 강도에게 양도하거나 칼에 찔리거나를 선택할 자유를 갖기 때문이다.

　로머는 자유주의 사회의 약자가 향유하는 자유는 그저 '패배할 자유free to lose'일 뿐이라고 정리한다. 이른바 "개인적 차이에 무관심한difference-blind" 불평등한 사회에서 가난한 취약 계층은 실질적 권리와 자유를 제한당할 수밖에 없다는 주장은 마르크스 이래로 자유주의를 비판하는 중심

 Vs.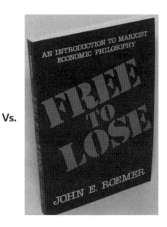

적인 논리였다. 자유주의는 개인 권리와 자유의 가치를 그 무엇보다도 중요하게 생각하는 이념이지만 현실의 자유주의 사회는 사회적 약자들의 구체적인 삶에 대해서는 그만큼 관심을 갖지 않는다.

부유세는 경제를 해치는가

자유주의 사회에서 시장이란 개인들이 각자 가진 선택지들의 혜택과 비용을 신중하게 판단한 후 최선의 선택을 하는 곳이다. 여러 사회 제도 중에서도 특히 시장은 개인들의 분권적 의사 결정이 이루어지는 공간이다. 시장에서 개인들은 자신의 결정에 스스로 책임을 진다. 하지만 시장은 불가피하게 경쟁에서 낙오하는 사람들을 만들어낸다. 시장에서 승자와 패자가 있다는 것은 부정할 수 없는 사실이다. 진보주의자들은 시장을 통한 분배가 정의의 원칙과는 무관하고 임의적인 성격을 갖는 만큼 낙오자를 위해 사회복지의 안전판을 만들어야 한다고 역설한다. 우리 사회의 경제적 불평등과 이로 인한 빈곤의 책임을 개인에게 돌릴 수는 없으며, 임의적 배분을 수행하는 사회 제도도 일정한 책임을 져야 한다는 것이다.

반대로, 보수주의자들은 낙오자를 위한 사회적 안전판이 도덕적 해이 같은 부작용과 경제적 비효율을 낳을 것이라고 주장한다. 이들은 국가의 후견주의적 복지 정책이 개인의 신중함과 노력 의지를 약화하고 개인을 국가에 의지하는 종속적인 경제 및 도덕 주체로 만들 뿐이라고 말한다. 한 걸음 더 나아가서 이들은 복지 정책의 비용을 충당하는 세금이 부유층에 과도하게 전가된다면 이는 경제 효율성의 차원에서도 부정적인 효과를 불러올 것이라고 경고한다.

부유세가 정당한 것인지를 논의할 때 항상 나오는 질문 중 하나는 부유층에 대한 세금이 사회 전체의 생산성에 부정적인 영향을 미치지는 않는가 하는 점이다. 생산 효율성을 강조하는 사람들은 사회 구성원의 동기를 극대화하는 데 관심을 갖는다. 이들은 개인의 생산 활동을 늘리는 데 인센티브가 중요하다는 점을 강조한다. 충분한 보상이 주어져야 개인들이 생산 활동에 더욱 적극적으로 참여한다는 것이다. 경제적 평등을 강조하는 사회주의 사회의 비효율적인 생산성은 이런 시각에서 주된 비판 대상이었다. 문제는 인센티브를 강조하다 보면 개인들을 차별적으로 보상하고 그 결과 사회에서 경제적인 격차가 불가피하게 생긴다는 점이다.

보수주의자들은 재산권에 대한 도덕적 정당화와 별개로 경제적 효율성을 근거로 부유세에 반대한다. 이런 주장은 주로 두 가지 측면에서 평가해볼 필요가 있다. 첫째, 부유세가 실제로 사회의 생산 효율성을 감소시키는가이다. 둘째, 설령 생산 효율성이 감소하는 것이 사실이라 할지라도 이 이유 때문에 광범위한 빈곤층을 그대로 방치해도 되는가이다.

소득 분배는 사회 구성원들 사이에서 협력적인 환경을 조성하는 데 중요한 변수다. 빈부격차가 심화될 경우 가지지 못한 사람들은 박탈감을 느끼고 부유층을 질투할 것이다. 부유세의 지지자들은 부유세 같은 재분배적 조세정책이 사회 구성원들 사이에서 긴장 관계를 해소하고 사회에 협력적인 환경을 조성하는 데 기여할 것이라고 말한다. 풍요로운 사회에서 극빈층 사람들이 부유층에 대해 극도의 박탈감을 느낄 때 사회는 분열에 따른 비효율에 직면할 것이다. 때로는 계급 간 내전이라는 사회적 파국으로 치달을 수도 있다.

마오쩌둥이 긴 혁명의 시기를 보내고 중국을 통일했을 때 중국인들에게 남겨진 것은 극단적인 빈곤이었다. 어떤 사람들은 마오쩌둥 혁명이 중국 사회에 비생산성과 비효율성을 가져왔다고 말한다. 반대로 어떤 사람들은 혁명이 최소한 한 가지 업적은 성취했다고 지적한다. 바로 가난하지만 평등한 세상이다. 혁명은 모든 이를 가난하게 만들었기 때문에 적어도 불평등이 야기하는 사회 구성원 간의 질투와 반목을 제거했다는 것이다.

극심한 빈부격차가 사회적 분열을 초래하고 협력의 분위기를 저해한다는 것은 의심의 여지가 없다. 만약 부유층이 자신들의 이익을 늘려주는 대규모로 분업화되고 전문화된 사회를 유지하고 싶다면 나머지 계층이 계속해서 참여하도록 유도해야 하며, 참여의 대가로 이들에게 물질적 혜택을 약속해야 한다. 부유세는 소득 재분배의 순기능을 수행하면서, 부유층과 빈곤층이 상호 이득을 얻는 협력적인 사회를 만들기 위한 방안일 수 있다. 부유세 지지자들은 사회에 협력적인 환경을 조성하는 부유세가 궁극적으로 부자들에게도 이득이 된다는 논리를 편다. 협력사회가 낳는 혜택을 가장 많이 얻는 사람들은 결과적으로 부유층이기 때문이다.

반면 부유세 반대자들은 부유세가 부자들의 투자 및 근로 의욕을 꺾고 자산을 해외로 빼돌리는 등의 부작용을 초래해 경제 발전을 저해할 것이라고 주장한다. 부유세가 국가 경제를 위축시키고 전체 파이를 줄여 부자뿐만이 아니라 사회 구성원 전체에게 손실을 가져온다는 것이다. 이른바 '자중 손실^{dead-weight loss}'이라는 개념은 경제 효율성을 강조하는 시장 중심론자들이 부유세나 급격한 누진세를 반대하는 데 사용한 핵심적인 논리이다. 자중 손실이란 독점, 세금, 가격 제한 제도, 보조금 등 시장 경쟁을 제한할 때 생기는 경제적 손실을 말한다. 즉, 부유세도 시장에 인위적으로 개입하는 것인 만큼 결국 경제에 악영향을 끼친다는 것이다. 부유세 지지자들이 부유세가 사회에 협력적인 환경을 조성하는 긍정적 측면을 강조한다면, 부유세 반대자들은 부유세가 사회 생산성의 주역인 부자들을 위축시키는 부정적 측면을 강조한다.

하지만 부유세가 사회의 전체적인 투자를 약화하면서 '자중 손실'을 일으킨다는 주장을 뒷받침하는 경험적 근거는 미약하다. 높은 세율이 부유층의 저축, 근로 및 투자 인센티브를 저해한다는 주장을 뒷받침할 일관성 있는 증거들은 아직 없다. 현실의 실제 지표들은 뒤섞인 결과들을 보여준다. 미국의 경우 1980년대 이래 최부유층의 실질 세율이 계속해서 하락했지만 이로 인해 부유층의 생산적 투자가 증대했다는 증거는 보이지 않는다. 부유층에 대한 감세가 국가의 부를 늘리는 건전한 투자로 이어지는 것이 아니라 도리어 투기성 투자만 촉진한다는 주장도 계속 제기되고 있다. 이런 주장은 2010년대에 "월스트리트를 점령하라Occupy the Wall Street"라는 구호를 이끌어낸 동기 중 하나이기도 하다.

▮ 부유세와 정의 ▮

부유세를 둘러싼 논쟁에서 빠지지 않는 또 하나의 이슈는 민주주의란 기본적으로 다수의 지배이고, 따라서 다수가 부당하게 소수의 권리를 침해할 우려가 상존한다는 점이다. 대부분의 사회에서 부자는 수적으로 소수이고 빈자는 다수이다. 민주주의는 수적으로 다수인 가난한 사람들이 소수인 부자들을 합법적으로 약탈할 수 있는 여지를 수반한다. 평등주의를 내세우는 무책임한 포퓰리즘 정치가 부자라는 이유만으로 부자들에게 과도한 세금을 부과하는 정책을 초래할 수 있다는 것이다. 하지만 이런 우려는 현실과는 큰 괴리가 있다. 부유층에게 가장 높은 세율을 적용하는 서유럽의 민주주의 국가들이 다른 나라들보다 포퓰리즘에 가깝다고 보기는 어렵다. 조셉 슘페터Joseph Schumpeter같은 엘리트주의자들은 현대 민주주의가 진정으로 다수의 정치를 실현할 수 있을지에 대해 강한 의구심을 보인다. "군산복합체", "철의 삼각 구조", "권력 엘리트" 같은 말에서 보듯이 민주주의 사회는 수적으로 소수인 집단이 도리어 막대한 영향력을 행사하며 전체 사회를 사실상 지배하는 것을 어떻게 제어할지에 더 큰 관심을 갖는다. 부자이기 때문에 더 많은 세금을 내는 문제보다는, 부자가 아니어서 세금 부담을 회피하지 못하고 고스란히 떠안는 일반 서민과 중산층의 문제가 더 큰 사회적 화두가 되고 있다.

노직의 소유권 정당화 이론이나, 응분의 개념을 토대로 한 정의론은 우리의 직관적 판단과 부분적으로 조응하지만 부유세를 논의할 때 일관성 있는 논리가 되어 주지는 못한다. 롤즈의 '공정으로서의 정의론justice as fairness'은 재분배의 포괄적 정당성을 확인해주는 데는 기여하지만, 부유세의 논리적 정당성에 직접적인 해답을 제공하지는 않는다. 부유세에 대한 강력한 이론적 토대는 '상호 이익의 정의론justice as mutual advantage'에서 도출되는 사회적 잉여라는 개념이다. 고티에와 엡스타인의 한계는 이들이 '상호 이익의 정의론'에 방법론적으로 의존하고 있지만 소유권 이론이 가진 잘못된 전제를 수용함으로써 잘못된 결론을 도출한다는 사실이다.

부유세는 부당한 것인가? 이 질문에 명확히 답하려면 부유세를 적용하려는 사회가 현재 어떤 분배 구조를 갖고 있는지 먼저 설명해야 한다. 부유세가 누구를 대상으로 어떤 형태로 적용될 것인지도 구체적으로 논의해야 한다. 이 장에서는 실제 사회의 구체적인 상황 논의는 남겨둔 채 부유세의 이론적 쟁점들을 살펴보았다. 물론 필자는 한국이나 미국의 분배 구조를 염두에 두고 논의를 전개했다. 부자만을 선별해 이들의 모든 재산을 국가가 세금으로 징수한다면 이를 정당하다고 주장할 사람은 없을 것이다. 하지만 현재 한국이나 미국에서 언급되고 있는 정도의 부유세가 부당하다는 주장이 논리적이고 현실적인 타당성을 지닐 수 있을지는 의문이다.

6장

사형 제도는 유지되어야 하는가?

capital punishment

capital punishment

무고한 사형수와 이노슨스 프로젝트

클라우드 버치 존스Claude Butch Johns는 1989년 텍사스주 포인트블랭크의 한 주류 판매점 주인을 총기로 살해한 혐의로 체포되었다. 사건 현장에는 티모시 조던과 대시 딕슨이라는 두 명의 공범자가 있었고, 이 가운데 조던은 존스가 살해자였다고 적극 진술했다. 먼발치에서 가게를 나오는 범인을 본 두 명의 목격자가 있었지만, 이들은 자신들이 본 사람이 존스였는지 단정하지 못했다. 짧은 머리카락 한 가닥이 살해 현장에서 발견되었고, 현미경으로 검사한 결과 존스의 것으로 판명되었다. 존스는 자신이 살인자가 아니라고 끝까지 부인했지만 결국 그는 사형을 선고받았다.

사형을 기다리는 동안 DNA 검사 기술이 발전하자 존스는 머리카락에 대한 DNA 검사를 요청했다. 하지만 당시 텍사스 주지사였던 조지 W. 부시는 자신이 출마한 2000년 대통령 선거가 재검표 논쟁까지 가는 등 정치 상황이 혼란스러웠기 때문이었는지, 존스의 요청을 묵살하고 사형 집행을 지시했다. 결국 존스는 곧바로 처형되었다.

4년 뒤인 2004년 핵심 증언자 가운데 한 명이었던 조던이 당시 검사의 협박 때문에 위증을 했다며 진술을 번복했다. 뒤이은 DNA 검사 결과 1인치의 짧은 머리카락은 존스의 것이 아니라 피살자의 것으로 판명되었다. 존스를 사형으로 몰고 간 유일하고도 결정적인 증거가 오류로 판명된 것이다.

물론 현장의 머리카락이 존스의 것이 아니라고 해서 그가 살해범이 아니라고 단정할 수 있는 것은 아니다. 존스는 결코 선량한 시민이 아니었다. 알코올 중독자였던 그는 살인 사건 이전에도 무장강도 행위로 복역한 바 있으며, 복역 중 다른 죄수를 죽인 전과도 있었다. 그래서 혹자는 그가 설령 술집 주인을 살해하지 않았다고 할지라도 살인을 공모한 세 사람 중 한 명이었으며, 과거 행적을 보았을 때 죽어 마땅한 사람이라고 여길 수 있을 것이다. 하지만 존스 사건은 무고한 사람이 누명을 쓰고 억울하게 사형당할 가능성을 보여준 사례였다.

존스 사후에 유일한 물증이었던 머리카락의 DNA 검사를 주도한 것은 '이노슨스 프로젝트Innocence Project'라는 단체였다. 이 단체는 1992년 이래 DNA 증거를 통해 2024년 현재까지 250명이 넘는 죄수들의 무죄를 입증하여 방면을 도운 것으로 유명하다. 이노센스 프로젝트의 도움을 받아 무죄 방면된 사형수 중에는 레이 크론Ray Krone이라는 사람도 있었다.

크론은 1991년 술집 여직원인 킴 안코나를 강간 살해한 혐의를 받아 1급 살인죄로 기소되어 사형을 선고받았다. 그가 처음 용의자로 수사망에 걸리게 된 것은 단순히 안코나의 수첩에 그의 이름이 적혀 있다는 사실 때문이었다. 그리고 그가 살해범으로 지목된 결정적인 증거는 시신에 남겨진 괴이한 잇자국이었는데, 크론은 제멋대로 솟아오른 치아 구조를 가졌다는 이유 때문에 범인으로 지목되었다. 사형을 선고받은 후 크론은 10년간 복역하면서 사형 집행을 기다렸다.

1995년 그는 가족과 주변 사람들의 도움으로 재심을 신청해 자신이 무고함을 주장했지만 패소했다. 그나마 다행으로 재심 과정에서 검찰 측 증거에 일부 의문이 제기되면서 사형에서 종신형으로 감형되었다.

1990년대 말 DNA 검사 기술이 획기적으로 진전하면서 크론은 무죄를 입증할 기회를 또 한 번 갖게 되었다. 사건 현장에서 발견된 머리카락의 DNA를 검사한 결과 크론이 아니라 피해자의 집에서 멀지 않은 곳에 살던 켄 필립이라는 남성의 것으로 밝혀졌다. 당시 필립은 아동 성범죄로 기소되어 애리조나주 형무소에 수감되어 있었다. 필립이 안코나를 살해했음을 시인함에 따라 크론은 누명을 벗고 2002년에 무죄 방면되었다. 석방된 크론은 애리조나주의 두 개 카운티를 상대로 소송을 걸어 400만 달러의 보상금을 받았으며, 2006년에는 애리조나주 상하원으로부터 공식 사과를 받았다. 유명 인사가 된 크론은 이후 사형 제도를 반대하는 사회운동에 참여하고 있다.

┃ 잔혹했던 사형의 역사 ┃

사형은 역사상 가장 오래된 형벌 가운데 하나이자, 현대사회에서 잔혹 범죄를 처벌하는 가장 무거운 형벌이다. 형벌의 역사를 거슬러 올라가 보면 과거에는 범죄자를 사형시키는 데 그치지 않고, 응징 효과를 높이기 위해 사형 집행 과정에서 잔혹성을 극대화했다. 산 채로 화형하기, 끓는 물에 넣거나 십자가에 못 박기, 말에 매달아 끌고 다니거나 돌팔매질로 죽이기 등 형벌의 잔혹한 정도와 방법은 실로 다양했다. 사형 집행에 앞서 잔인하게 고문하는 것도 통상적인 관례였다.

잔혹한 처벌이 서구 사회에서 중지되기 시작한 것은 18세기 후반이었다. 야만적인 처형의 상징인 단두대는 사실 범죄자를 최대한 신속하게 처형함으로써 고통을 최소화하려는 목적으로 고안된 인도주의적 발명품으로, 프랑스 계몽주의 시대의 상징 중 하나였다.[1] 단두대는 인간을 순식간에 죽인다는 점에서 죽는 그 순간의 고통은 거의 없었을지 몰라도, 단두대에 올라가 처형당하기까지 느껴야 하는 심적 공포와 고통을 극대화했다는 점에서 하나의 아이러니가 아닐 수 없다. 비인간적인 사형 방식을 개선하기 위한 시도들은 꾸준히 진행되어, 가장 전통적인 방식의 교수형이나 총살형에서부터 전기의자, 가스 챔버, 약물 주입 등 다양한 방안들이 강구되었다.

역사상 사형에 관한 최초의 기록은 기원전 16세기경 이집트까지 거슬러 올라간다. 흥미롭게도 당시 기록된 사형이 적용된 죄목은 마술을 사용했다는 것이었다. 해당 사형수는 귀족이었기 때문에 자결형을 선고받았다. 고대 이집트에서 자결은 귀족에게 주어진 특권이었으며, 일반 평민은 도끼로 살해당해야 했다. 고대 그리스나 로마에서도 귀족, 평민,

노예는 사형 집행 방식이 달랐다. 사형은 살인죄뿐만 아니라 방화, 절도, 사기, 횡령에서부터 농작물 훼손, 명예 훼손 및 위증, 심지어 야간 소요 등의 죄목에도 적용되었다. 17세기 영국의 경우에는 5실링 이상의 매점 절도 행위, 40실링 이상의 가택 절도 행위, 허가받지 않은 벌목, 토끼 사육장 절도의 죄에도 사형을 집행했다.

비록 소수의 견해였지만 지나치게 가혹한 처벌을 비판하고 사형 제도를 폐지하자는 주장은 오래전부터 꾸준히 있었다. 동양에서는 8세기 중반 이후 중국과 일본에서 사형 제도를 일시적으로 폐지하기도 했다. 서양에서는 14세기 이래로 영국 등 일부 국가에서 사형 제도를 둘러싼 논쟁이 간헐적으로 있었지만, 사형을 실질적으로 폐지한 첫 사례는 18세기 중반의 합스부르크 제국으로 기록되고 있다. 사형 제도를 본격적으로 폐지하기 시작한 것은 19세기 중반부터이다. 이탈리아 반도의 작은 나라 산마리노를 선두로 베네수엘라, 포르투갈, 네덜란드, 코스타리카 등이 차례로 사형 제도를 폐지했다. 그 뒤를 이어 20세기 초에 노르웨이, 에콰도르, 우루과이, 콜롬비아, 스웨덴 등이 사형 제도 폐지에 동참했다. 또한 1980년대까지 서유럽과 중남미의 대다수 국가들이 사형 제도를 철폐하였다. 유럽연합의 경우 기본권 헌장 2조에서 사형 제도를 금하고 있으므로 가입 국가는 모두 의무적으로 사형 제도를 폐지해야 한다.

세계 각국의 사형 제도 현황

국제사면위원회Amnesty International의 자료에 따르면, 사형 제도를 폐지하는 국가는 전 세계적으로 꾸준히 증가하고 있으며, 이들 수는 현재 112개국에 이르고 있다. 반면, 사형 제도를 유지하는 국가 수는 2023년 기준 약 55개국으로 알려지고 있다. 이중 우리나라와 같이 사형 제도는 공식적으로 존속시키지만 10년 이상 사형을 집행하지 않은 23개 국가가 존재한다.[2] 따라서 사형 제도의 실질적 유지 국가는 현재 30여 개국이다. 하지만 인구 비율 측면에서 보면 사형 제도를 유지하는 국가의 인구 수는 전 세계 인구의 약 3분의 2를 점한다. 인구가 많은 중국, 인도, 미국, 인도네시아, 일본 등이 사형 제도를 존속시키고 있기 때문이다. 지역적으로는 이란, 이라크, 사우디아라비아 등 중동의 이슬람교 국가, 소말리아, 수단 등 아프리카 국가, 그리고 중국, 일본, 타이완, 싱가포르, 북한, 베트남 등 동아시아 국가들이 사형 제도를 주도한다.

14억 명의 인구를 가진 인도는 사형 제도 유지 국가로 분류되고 있지만 간헐적으로 소수의 사형을 집행한다. 미국의 경우, 98명을 사형시킨 1999년 이래로 점진적 감소세를 보이고 있으며, 2023년에 집행된 사형 인원은 24명이었다. 사형 집행이 가장 활발한 나라는 중국으로 매년 수천 명이 사형당하는 것으로 알려지고 있다. 2023년 각국의 사형 집행 빈도수를 살펴보면, 중국이 선두이며 이란, 사우디아라비아, 미국, 이라크, 예멘, 이집트, 싱가포르 등이 그 뒤를 잇고 있다. 사형 선고는 다양한 범죄에 대해 내려지지만, 일부 국가들의 경우 마약 범죄의 수가 압도적인 비율을 차지한다. 마약 범죄로 인한 사형 선고는 이란, 사우디아라비아, 싱가포르 등에서 가장 많이 이루어지고 있다. 사형 집행 방식상으로는 사우디아라비아가 오늘날에는 흔치 않은 참수형을 계속 유지하고 있다.

미국은 연방법상으로는 사형 제도를 유지하지만 실질적 운용 여부는 각 주가 자율적으로 결정한다. 현재 미국 내 50개 주 가운데 23개 주와 연방수도인 워싱턴 D.C.가 사형 제도를 폐지하였다.[3] 일부 주들의 경우에는 사형 제도가 공식적으로는 유지되고 있지만 다년간 사형 집행을 보류해 왔다. 캘리포니아주의 경우 가장 많은 사형 집행 예정 수감수를 보유하지만 2006년 이래로 사형 집행을 정지하고 있다. 2024년 1월 기준 미국 내 사형 선고를 받고 집행을 기다리는 수감자 수는 2,244명으로 알려지고 있다.[4]

우리나라는 1997년 12월 말 23명을 사형한 이래 25년 넘게 집행을 유예한 상태이다. 2010년 헌법재판소가 사형에 대해 합헌 판결을 내림으로써 법적으로는 아직 사형 제도가 유지되고 있다. 사형 집행은 유예되고 있지만 법원의 사형 선고는 간헐적으로 이루어지고 있다. 우리나라는 그간 전기의자나 약물 주입 등의 방식은 도입하지 않았고, 교수형과 총살형의 두 가지 방식으로 사형을 집행해 왔다. 현재 사형 선고를 받고 집행을 기다리는 사형수는 60명 정도이다.

사형 제도에 대한 국내 여론조사를 보면 찬성 비율이 압도적이다. 2022년 한국갤럽의 조사 결과에 따르면 사형 제도의 존속을 원하는 응답자는 69퍼센트에 달했다. 범세계적으로 사형 제도 폐지 여론이 증가하는 것과는 반대로 한국에서는 사형 제도를 유지해야 한다는 의견이 2003년 52퍼센트, 2015년 63퍼센트, 그리고 2022년 69퍼센트로 도리어 증가하는 추세이다.[5]

‖ 정의 수호안가, 국가 살인안가 ‖

현대사회에서 사형이라는 형벌은 일반적으로 타인의 생명을 의도적으로 빼앗거나 이에 준하는 잔혹한 범죄를 저지른 이에게 부과된다. 어떤 나라에서는 마약 밀수, 국가 체제 전복 시도 또는 종교적 신성 모독과 같은 죄목으로 사형을 선고하기도 한다. 하지만 문명국가에서 1인 혹은 다수의 타인을 살상하거나 그러려고 확고하게 시도하지 않는 이상, 사형을 선고하는 것은 지극히 예외적이다. 따라서 사형 제도 존폐를 둘러싼 논쟁은 일반적으로 악의적인 살인 행위를 저지른 범죄자에게 국가가 사형이라는 극형을 내려야 하는지를 두고 벌어진다.

사형 제도를 옹호하는 사람들은 범죄에 의해 희생된 피해자의 권리를 사후적으로 구제하고 위안을 제공한다는 차원에서 징벌은 필수적이며, 범죄의 잔혹성에 견주어볼 때 사형이 과도한 징벌이 아니라고 주장한다. 타인의 생명이나 삶을 가혹하게 짓밟은 가해자에게 그것에 상응하는 처벌이 이루어지지 않는다면 피해자와 그 가족의 억울함을 해소할 수 없고, 그 결과 가장 본질적인 사회정의가 사라진다는 것이다. 또한 사람을 의도적으로 해쳤을 때 국가가 그에 상응하는 처벌을 하지 않는다면 개인들은 스스로 보복을 시도할 수도 있다. 나아가 사형 제도가 폐지되면 어떤 흉악 범죄를 저지른다고 해도, 아무리 많은 사람의 생명을 빼앗는다고 해도 자신의 생명은 유지할 수 있다는 잘못된 정의관이 퍼질 수도 있다. 정의로운 국가라면 피해자의 무너진 권리와 억울함을 감안해서 피해자를 대신하여 가해자를 충분하게 처벌해야 한다고 사형 제도 지지자들은 주장한다.

피해자와 피해자 가족에 대한 동정심, 그리고 사적 복수를 대신해 국가가 공적으로 처벌해야 한다는 주장은 사형 제도를 뒷받침하는 가장 기본적 근거다. 사형 제도 지지자들은 누군가 부당한 피해를 입었을 때 이런 피해를 보상받거나 보복하려는 것은 인간의 원초적인 심리이며, 정당한 보상과 보복이 설령 범죄자의 목숨을 빼앗는 것이라 하더라도 문제될 것이 없다고 주장한다. 사악한 행위에 대해 스스로 책임지지 않는 것은 자유주의 사회가 지향하는 개인의 자율성 및 책임성과도 맞지 않는다는 것이다.

한편 사형 제도 반대자들은 형벌 제도의 본질적인 목적은 단순히 개인을 대신해서 보복하는 것이 아니라고 말한다. 이들은 범죄 피해가 발생했을 때 국가가 자신의 존립 근거에 상응하는 원칙과 기준에 따라 피해를 적절하게 교정하고 보상하며 범죄자를 처벌할 수 있음을 인정한다. 하지만 사형이라는 형벌이 과연 이런 원칙과 기준에 부합하는지에 대해서는 의구심을 갖는다. 이들은 국가의 가장 기본적인 임무는 국민의 생명을 보호하는 것이며, 따라서 국가가 국민의 생명을 박탈하는 것은 국가의 임무에 역행하는 것이라고 말한다. 국가 스스로 살인을 자행하면서 국민에게 살인하지 말라고 말하는 것은 이치에 맞지 않다는 것이다. 살인이 정의롭지 못한 행위라면 정의를 수호한다는 국가부터 살인을 범하지 말아야 한다. 사형 제도 폐지론자들은 범죄자의 자유를 평생 동안 박탈하는 것만으로도 충분한 수준의 처벌이며, 살인에 사형으로 대처하는 것은 감정적 보복일 뿐이라고 말한다.

'눈에는 눈, 이에는 이'라는 식의 등가성 처벌이 동서고금을 막론하고 형벌 제도의 초석이라는 점은 의문의 여지가 없다. 하지만 이는 형벌을 적용하는 유일한 기준이 아니며, 적용하는 데에도 한계가 있다. '응분의 처벌lex talionis'이라는 등가성 원칙을 최초로 명시한 고대 바빌로니아의 함무라비 법전에는 사형에 처하는 25가지 죄목이 열거되어 있지만 정작 살인은 여기에 포함되지 않았다. 등가성 원칙을 적용하기 위해, 10명을 살인했다고 해서 살인자를 열 번 사형시킬 수는 없으며 남의 집에 불을 질렀다고 해서 방화범의 집에 불을 지를 수 있는 것도 아니다. 잔인하게 살인을 저지른 사람을 반드시 등가성 원칙에 따라 사회가 처벌해야 한다면 사형만으로는 충분하지 않다. 고통 속에서 죽도록 하거나 죽지 못하는 상태에서 계속 고통스럽게 만들어야 할지도 모른다. 이런 형벌은 복수가 집행되었다는 만족감을 줄 수는 있겠지만 범죄자의 잔혹한 행위를 사회 전체가 똑같이 반복할 뿐이다. 사형 제도 반대자들은 '눈에는 눈, 이에는

이' 식의 등가성 처벌이 정의의 이름으로 사회가 범죄자의 잔혹함을 되풀이하는 것에 지나지 않으며, 따라서 등가성 처벌의 원칙이 사형 제도를 뒷받침하는 도덕적 근거로 사용될 수 없다고 주장한다.

인간은 존엄하고 숭고한 존재인가

형벌이라는 이름으로 범죄자의 생명을 박탈하는 사형 제도가 문명국가의 가치와 어울리지 않는 것은 분명하다. 인간의 존엄성과 생명의 숭고함을 강조하는 사람들은 어느 누구도 인간의 생명을 해하는 것이 허용될 수 없으며, 국가 또한 예외가 될 수 없다고 이야기한다. 그런데 우리는 어떤 근거로 인간이 존엄하며 생명이 숭고하다고 말하는 것일까? 우리가 사는 현실 사회를 들여다보면 도무지 존엄하다고 여겨지지 않는 사람들도 있는 것이 사실이다. 자신의 이익을 위해서는 타인의 생명과 삶을 아랑곳하지 않으며 타인에게 서슴없이 해를 가하는 사람들을 보면 인간이 존엄하다는 주장 자체가 공허하게 느껴지기도 한다. 사람의 모습으로 태어났다고 해서 또는 유엔 헌장에 인간은 존엄하다고 쓰여 있다고 해서 모두가 자연스럽게 존엄한 인간이 되는 것은 아닐 것이다. 우리가 진정으로 존엄한 인간의 지위를 얻고 싶다면 도덕적이고 시민적인 덕을 삶 속에서 꾸준히 실천할 수 있어야 한다. 그런데 우리 중 존엄한 인간으로서 부단히 노력하고 실천하는 사람이 과연 몇 명이나 될까? 인간의 존엄성이란 어쩌면 사실을 서술하는 것이 아니라 우리의 바람과 희망을 표현한 것 아닐까?

인간의 존엄성을 본격적으로 사유하고 이론적으로 정초한 것은 근대에 접어들어서였는데, 그 대표적인 예가 바로 '천부인권설'이다. 천부인권설이 제기된 배경에는 외부의 임의적 강제와 탄압으로 인간 삶의 필수적인 권리가 너무나도 쉽게 손상되었던 실제 경험과 역사에 대한 자각이 존재한다. 천부인권설은 인간 존재의 의미와 조건을 재설정하고자 한 외침이자 노력이었다. 이는 인간이 그런 권리를 실제로 가져서가 아니라 가진다고 믿고 싶었기에 펼쳐진 주장이다. 마찬가지로, 우리가 인간의 존엄성을 반복해서 부르짖는 이유는 실제로 우리가 존엄해서라기보다는 존엄한 인간이 되고자 하는 의지와 희망을 우리 스스로에게 확인하고

자 하기 때문이다.

　인간의 존엄성과 생명의 숭고함은 우리 사회가 지키려고 하는 소중한 가치이며, 이 가치를 바탕으로 사형 제도에 반대하는 것은 의미가 있다. 만약 사형 제도가 인간 존엄성을 위협한다면, 사형의 대안으로 제시되는 종신형은 과연 인간 존엄성을 보장하는 것일까? '가석방이나 감형 없는 종신형'은 평생 동안 자유를 박탈당한 채 좁은 감옥에서 살도록 하는 징벌로, 기약 없는 수형 생활에 죄인은 큰 고통을 느낄 것이다 인간 존엄성 때문에 사형 제도에 반대하는 것이라면, 종신형 또한 동일한 부담에서 벗어나기는 어려울 수 있다.

▌ 국가의 가장 중요한 임무 ▌

　국가가 개인의 생명을 박탈하는 사형 제도는 정치철학적으로 국가의 존재 이유와 근본적인 긴장 관계에 있다. 근대 정치철학은 대부분 사회계약론에 기원을 두고 있는데, 사람들이 사회계약을 통해 국가와 정부를 구성하는 핵심적인 이유가 바로 '개인의 생명을 보호'받기 위해서다. 사형 제도는 이러한 계약의 목적에 정면으로 대치되는 국가 행위이자 제도인 셈이다. 사형 제도를 반대하는 사람들은 사회계약론을 근거로 들어 개인의 생명권을 위협하는 국가의 형성에 개인들이 결코 동의하지 않을 것이라고 말한다. 근대 사회계약론의 시조이자 영국의 철학자인 토머스 홉스Thomas Hobbes는 생명에 대한 권리(자기 보존의 권리)야말로 모든 사회계약의 기초라고 보았다.[6] 홉스는 이기적인 인간들이 무질서하게 이해관계를 추구하는 '자연 상태'와, 국가에 의해 질서가 확립된 '시민사회'를 대조시킨다. 홉스에 따르면, 자연 상태에서 시민사회로 나아가기로 한 사회계약에 개인들이 응하는 이유는 전자보다 후자의 환경에서 자신의 이익을 증대할 수 있기 때문이다. 무정부 상태인 자연 상태로부터 질서 정연한 시민사회로 이행할 때 개인들은 자신이 가진 주권의 일부를 국가에 위임한다. 사회계약은 시민사회로 진입하는 개인들에게 새롭게 정해진 권리와 의무를 부여한다. 만약 시민사회에 편입된 개인이 의무를 다하지 않을 경우 국가는 개인을 처벌할 것이다.

홉스에게 있어서 자연 상태는 '만인의 만인에 대한 투쟁'으로 규정되는 비참한 폭력과 불안, 저생산의 현장이다. 홉스의 자연 상태에서 "인간의 삶은 고독하고, 가난하고, 야비하고, 폭력적이며 짧을 것이다". 따라서 홉스는 개인이 시민사회로 진입할 경우, 기존의 자연 상태보다 훨씬 큰 혜택을 얻을 수 있다고 결론 내린다. 절대군주가 시민사회를 지배할지라도, 질서가 확보된 시민사회의 삶은 불안정하고 비루한 자연 상태의 삶보다 절대적으로 우월하다고 홉스는 판단했다. 질서의 유용성을 특별히 강조했던 홉스가 절대군주제를 강력히 지지한 것은 자연스러운 결과였다.

한편 홉스는 군주가 절대적 통치권을 갖지만 구성원들의 생명까지 마음대로 할 수는 없다고 생각했다. 그는 모든 인간이 온갖 수단과 방법을 다해 자신의 죽음에 저항할 자기 보존의 권리right of self-preservation를 가지며, 이 권리는 결코 남에게 양도되거나 포기될 수 없다고 말한다. 저항의 대가가 아무리 크다고 할지라도 저항을 포기할 때 맞게 되는 죽음과는 비교할 수 없다는 것이다. 개인들이 사회계약을 통해 자연 상태를 벗어나 시민사회로 들어가면서 자연권의 일부를 포기하는 가장 큰 목적을 홉스는 자기 보존과 자기 보호라고 말한다. 만약 개인의 자기 보존의 권리를 군주가 임의적으로 침해한다면 개인들은 굳이 자연 상태에서 시민사회로 들어올 이유가 없다. 국가가 권력을 통해 임의적으로 개인의 생명을 빼앗으려 들 경우 홉스는 개인이 이에 저항할 절대적 권리를 가진다고 주장한다. 설령 개인이 국가와의 계약을 어기는 불법적 행위를 저질렀을 때조차도 국가가 개인을 살해하려 든다면 개인이 이에 저항하는 것은 당연하다는 것이다. 그토록 질서를 강조했던 홉스조차도 개인의 생명을 보장하는 것이 국가의 가장 기본적인 임무라고 생각한 셈이다.

홉스와 마찬가지로 사회계약론자였으며 자유주의 정치철학의 아버지이기도 한 존 로크John Locke도 개인의 생명에 대한 권리를 강하게 주장한다.[7] 로크는 개인의 생명을 자유 및 재산과 더불어 자연권의 영역에 포함한다. 개인의 생명을 보호하는 것은 로크에게 있어서도 국가의 가장 중요한 임무 중 하나였다. 홉스가 자연 상태를 개인들 간의 사실상의 전쟁 상태로 파악한 데 반해 로크는 자연 상태를 다소 목가적인 상태로 이해한다. 로크의 시각에서 개인들이 사회계약을 통해 정부가 존재하는 시민사회로 들어오는 핵심적인 이유는 자연 상태에서는 여러 가지 불확실성 때문에 자연권을 명확하게 보장받을 수 없기 때문이다. 즉, 개인들은 생명권 등 자연권을 보다 확실하게 보장받기 위해 사회계약을 맺는다는 것이다. 문제는 시민사회에 진입한 개인이 남의 생명을 해하는 등 범죄를 저질러 계약을 위반하는 경우다. 이때 국가는 개인(범죄자)의 생명을 보호할 의무와 범죄를 처벌할 의무 사이에서 갈등하게 된다. 그렇다면 국가가 범죄의 책임을 물어 죄수를 사형하는 것을 로크나 홉스의 사회계약론은 허용할까?

‖ 사회계약의 목록에 사형 제도를 넣다 ‖

근대 사회계약론자들은 인간이 자신의 생명을 지키려 하는 것을 본성이자 기본적 권리로 이해한다. 하지만 이 주장이 '국가가 개인의 생명을 박탈할 수 없다'는 해석으로 이어지지는 않는다. 사회계약론의 논리에서 볼 때 개인들은 자신이 특정한 범죄를 저지를 경우 사회가 자신을 살해할 수 있다는 계약을 맺을 수 있다. 이 계약이 사회 구성원들 사이에서 공정한 원칙에 따라 자율적으로 맺어졌다면 도덕적으로도 문제가 되지 않는다. 내가 범죄를 저질렀을 때 내가 그에 대한 응분의 처벌을 감수하고 다른 이들도 나와 동등한 조건에서 자신들의 행위에 책임지는 사회계약은 정의의 원칙에 상충하지 않는다. 응분의 처벌이 설령 사형이라고 할지라도 이것 자체가 논리적으로 문제되지는 않는다. 다시 말해, 사회 구성원들이 함께 약속한 규칙을 어겼을 때 사형으로 처벌받는 것에 모두가 동의했다면 사형 제도는 정당할 수 있다.

개인의 생명이 자연권의 보호 대상이라면, 타인의 생명을 존중하는 것은 인간 이성이 발견해낸 자연법의 요구 조항이다. 인간 이성이 발견해낸 자연법의 핵심 내용은 '남이 너에게 행하기를 원치 않는 일을 너 역시 남에게 행하지 말라'로 압축할 수 있다. 근대 합리주의의 정치적 이념은 사람이라면 누구나 타고난 이성을 통해 자연법의 이치를 스스로 깨우칠 수 있다는 믿음을 전제로 한다. 따라서 개인이 자연법의 이치를 깨우치지 못했다면 이는 그 자신의 잘못이다. 홉스는 어느 누구도 자신이 자연법을 모른다는 이유로 잘못을 면죄해달라고 요구할 수 없다고 말한다. 이는 시민법을 몰랐을 경우 이에 대한 처벌은 면죄받을 수 있다는 그의 입장과 대조된다.

타인의 생명을 빼앗는 행위는 자연법을 어기는 것이며, 국가가 존립하는 시민사회에서는 이런 행위를 시민법으로 규제한다. 홉스는 자연법과 시민법은 서로 다른 종류의 법이 아니라 같은 법을 다른 형식으로 표현한 것일 뿐이라고 말한다. 자연권을 규제하는 법이 자연법이라면, 자연법의 취지를 수용한 시민법은 자연권을 규제할 자격을 갖는다. 결국 인간 생명이 자연권의 보호 대상이라고 할지라도 정의와 공정성의 덕목을 갖춘 시민법의 관할 아래 놓여진다. 홉스가 개인의 자기 보존의 권리 또는 생존을 위한 저항권이 결코 박탈될 수 없다고 이야기했을 때 이 주장은 국가에 의한 사형 제도가 성립될 수 없음을 의미하지는 않는다. 홉스의 주장은 내가 특정 행위를 저지를 경우 나를 죽이라는 계약을 맺을 수 없다는 것이 아니라, 내가 법을 어겨서 국가가 나를 죽이려 들 때 내가 결코 저항하지 않겠다는 계약이 성립될 수 없다는 것이다.

　존 스튜어트 밀John Stuart Mill은 범죄자에게 벌금을 부과하는 것이 개인의 재산권을 무시하는 것이 아니며, 범죄자를 감옥에 넣는 것이 개인의 자유를 무시하기 때문도 아니라고 말한다. 동일한 논리로 타인의 목숨을 빼앗은 범죄자에게 그의 생명을 박탈하는 형벌을 내리는 것은 인간 생명을 경시해서가 아니라고 말한다. 오히려 밀은 우리가 사형이라는 형벌을 채택하는 이유는 인간 생명이 소중하다는 것을 알기 때문이라고 주장한다. 그리고 인간 생명의 소중함을 알기 때문에, 잔혹한 살인 행위를 저지르지 않은 그 누구도 사형에 처하는 것을 우리는 결코 허용하지 말아야 한다고 강조한다. 한편 밀은 살인범의 생명이 중요하지만 그의 생명이 지니는 가치가 희생된 피해자의 생명보다 높게 평가되어서는 안 된다고 말한다. 따라서 공정성의 조건을 충실히 만족하는 처벌은 도덕적 비난의 대상이 되지 않으며, 그것이 설령 사형이라고 할지라도 개인 생명권에 대한 무관심이나 경시가 아니라 진정한 관심의 산물로 이해되어야 한다는 것이다.[8]

사형 제도는 범죄를 억제하는가

앞에서 살펴본 바와 같이 사형 제도를 둘러싼 이론적, 도덕적 논쟁은 사형 제도 반대자들에게 결코 유리하지 않다. 왜 인간의 생명이 절대적으로 존중되어야 하는지, 생명을 단순히 연장하는 것(종신형)이 곧 생명존중을 의미하는 것인지, 사형 제도를 폐지할 경우 억울한 피해자의 생명은 어떻게 존중받아야 하는지 등의 질문에 분명하게 답하지 못하기 때문이다. 사형 제도를 반대하는 사람들에게 힘을 실어주는 논거는 오히려 불완전한 제도 운영의 현실 상황을 토대로 한다. 사형수가 유죄라는 사법적 판단에 실수가 빈번히 일어난다면, 사형 제도가 특정 계급이나 계층에 불리하게 적용된다면, 또는 사형제도의 범죄 억제 효과가 실제로 확인되지 않는다면 사형 제도의 정당성은 의심받을 수밖에 없다.

홉스는 국가가 악을 악으로 갚는 방식으로 처벌할 때는, 지나간 악의 크기가 아니라 처벌로 생기는 선의 크기를 고려해야 한다고 말한다. 그렇지 않은 처벌은 타인을 해치고 의기양양해하는 사적 복수와 다를 것이 없다는 것이다. 사형 제도를 지지하는 사람들은 사형 제도가 산출하는 선의 크기는 현저하다고 말한다. 이들은 범죄자를 사형시킴으로써 비록 모든 것이 원상 복구될 수는 없더라도 응분의 처벌이 이루어졌음을 사회 구성원들에게 확인시킬 수 있다고 말한다. 가해자에게 응분의 처벌이 이루어지지 않는다면 사회 구성원들의 정의에 대한 신뢰는 약화될 것이며 이는 사회 안정과 도덕성의 파괴로 이어질 수 있다. 따라서 사형 제도는 단순한 보복 행위가 아니라 잔혹한 범죄를 예방하고 모든 범죄에 경고 메시지를 전하는 것이며, 결과적으로 범죄를 억제하는 효과가 있다는 것이다.

사형이 범죄 억제 효과를 갖는다는 논리는 사형 제도를 옹호하는 중요한 근거가 되어 왔다. 범죄를 저지를 경우 목숨을 잃을 수도 있다는 경각심을 주는 데 사형 제도만큼 효과적인 것이 없다는 것이다. 하지만 실제로 사형 제도가 범죄를 억제하는가의 문제는 여러 나라에서 끊임없는 논란의 대상이 되어 왔다. 2007년 채택된 유엔의 사형 집행 유예 권고문은 사형 제도가 실질적인 범죄 억제 효과를 갖지 못한다는 점을 명시하고 있다.

유럽의 대다수 국가들이 사형 제도를 폐지함에 따라 범죄 억제 효과에 대한 연구는 주로 미국 등 사형 제도를 현재 유지하는 국가들을 중심으로 진행되어 왔다. 1980년대 진행되었던 일부 연구가 사형 제도와 살인율 사이에 일부 상관성이 존재한다는 결과를 제시했지만 방법론상의 문제가 발견되어 결과의 신뢰성은 상실되었다. 결국 지금까지 진행된 대다수 연구 결과들은 사형이 감형 없는 무기징역보다 범죄 억제 효과가 더 크다는 주장을 뒷받침할 만한 경험적 증거를 발견할 수 없다는 데 의견이 일치한다.

2009년 미국의 주요 범죄학자들을 상대로 조사한 자료에 따르면, 이들 가운데 88퍼센트가 사형 제도가 살인 범죄 예방 효과를 갖지 않는다고 응답했다.[9] 미국 내 각 주별 살인율을 추적한 한 자료에 따르면, 지난

30여 년 동안 사형 제도를 폐지한 주의 살인율이 그렇지 않은 주의 살인율보다 도리어 낮은 것으로 나타난다.[10] 2020년 통계를 살펴보면 전자가 10만 명당 5.3명인 데 비해 도리어 후자는 7.5명을 기록하고 있다. 일부 주의 사형제 폐지 전후 상황을 비교한 경우에도 통계적으로 의미 있는 차이가 보이지 않는다.

사실 20세기 초까지만 해도 대부분의 사회는 사형 제도가 없을 경우 살인이 만연할 것이라고 보았다. 그러나 일찍부터 사형 제도를 폐지한 나라들은 그런 예상과 정반대의 모습을 보였다. 스웨덴, 노르웨이, 핀란드, 네덜란드 등 일부 서유럽 국가들에서는 사형 제도 폐지 후 살인이 도리어 감소했다는 연구도 다수 존재한다. 유럽 국가들 가운데 사형 제도를 폐지한 후 살인율이 급증한 경우는 없다. 이에 대한 반론으로 사형 제도를 폐지한 뒤 범죄율이 급증해 사형 제도를 재도입한 텍사스주의 사례가 종종 언급되지만, 범죄학자들은 당시 텍사스주에서 범죄율이 급증한 것이 사형 제도 폐지보다는 다른 사회적 요인들과 관계가 있는 것으로 분석하고 있다.

이런 현상에 대해 사형 제도를 반대하는 사람들은 사형 제도의 실시가 살인이라는 범죄에 대한 도덕적 경각심을 도리어 약화시킴으로써 사회 내 살인을 조장한다고 주장하기도 한다. 국가가 사람을 죽이는데 나라고 왜 못 죽이겠는가 하는, 이른바 모방 효과가 작용한다는 것이다. 또한 범죄자는 사형이 두려워서 살인을 포기하기보다는 살인을 저지른 후 잡히지 않는 데 주력할 것이기 때문에 사형 제도의 범죄 억제 효과는 지극히 제한적일 수밖에 없다고 주장한다.

일례로 영국의 헨리 8세 시절에는 폭증하는 절도 범죄에 대처하고자 경각심을 고취하는 차원에서 절도범을 교수형에 처했다. 하지만 교수형을 구경하기 위해 모인 군중을 상대로 호주머니를 터는 절도범이 더욱 횡행했다는 이야기가 전해진다. 사형 제도를 지지하는 사람들은 사형 제도가 범죄를 억제하는 효과가 미미하다는 사실을 보여주는 경험적 연구를 어떻게 받아들일까? 그들은 그런 결과가 나오는 이유가 사형 제도가 제대로 실행되지 않고 있기 때문이라고 본다. 즉 사형이 선고되더라도 집행이 장기간 지연되는 등 절차상의 문제가 있다는 것이다. 미국의 사례를 보면, 지역별로 크게 다르지만 평균적으로 살인자 세 명 가운데 한 명만이 붙잡히며, 붙잡힌 세 명 가운데 한 명에게만 사형이 선고되는 것으로 알려져 있다. 살인을 해도 사형당할 확률이 9분의 1인 상황에서 사형 제도가 범죄를 충분히 억제할 수 있겠느냐는 것이다.

뿐만 아니라 살인죄로 체포되었으나 사형이 아닌 무기징역을 선고받은 나머지 3분의 2는 20년 정도 복역하면 가석방될 가능성이 상당히 높다. 이는 교도소가 수용할 수 있는 인원이 제한적이고 수감 환경이 점차 과밀화되면서 불가피하게 가석방 비율을 높일 수밖에 없기 때문이다. 따라서 사형 제도를 지지하는 사람들은 살인자의 구속률과 사형 선고율을 높여야 한다고 주장한다. 하지만 사형 제도의 범죄 억제 실효성을 높이기 위해 구속률과 선고율을 높여야 한다는 주장 자체는 논란의 여지가 있으며, 구속률을 획기적으로 높이는 것도 현실적으로 쉽지 않다.

사법적 오심과 무고한 사형수

사형 선고율을 높이고 사형을 신속하게 집행하게 되면 사법적 오심과 무고한 사람을 처벌할 가능성은 높아진다. 이것은 사형 제도를 반대하는 가장 강력한 이유가 된다. 사형 제도가 개인의 생명권을 저해하는 것이 아니라 보호한다는 논리로 사형 제도를 옹호했던 밀조차도 오심에 의해 사형이 집행될 수 있다는 점을 깊이 우려했다. 사형이 집행된 후에는 판결이 잘못된 것으로 밝혀진다 해도 이를 되돌릴 방법이 없다. 오심 가능성이 아무리 낮다 할지라도 무고한 사람의 목숨을 박탈할 가능성이 조금이라도 있는 한 사형 제도는 치명적인 약점을 노정한다.

사법적 오심에 대한 연구는 매우 부족한 실정이어서 실질적 오심률을 정확히 알기는 힘들다. 미국의 사형 선고 오심률을 추정한 연구에 따르면 약 0.3퍼센트라는 수치가 제시되지만 확실하지는 않다. 일례로 미국 내에서 1973년부터 2023년 말까지 사형을 선고받은 사람 가운데 전면 혹은 부분 오심으로 인해 형량이 바뀐 경우는 무려 200여 건에 달한다. 매해 평균 4명이 사형 선고를 받은 후 뒤늦게 형량에서 벗어남을 의미한다. 동일 기간 동안 이루어진 사형 선거는 2,262건이었고, 따라서 오심율은 약 9퍼센트에 이른다. 이는 사형수 11명당 한 명이 사법적 오심으로 사형당할 수 있음을 의미한다.

앞에서도 언급했지만, 이노슨스 프로젝트Innocence Project라는 단체는 수많은 사형수들의 무죄를 입증하여 이들의 생명과 자유를 찾아준 것으로 유명하다. 이 단체는 자신들이 그간 도움을 줘서 풀려난 사람들의 대다수는 운 좋게도 사법적 판단을 뒤집을 만한 생물학적 증거를 보유했다고 말한다. 문제는 살인 사건의 경우 DNA 유전자 검식이 가능한 생물학적 증거가 남겨진 사건은 전체의 10퍼센트 미만이라는 사실이다. 나머지 90퍼센트의 사건은 재검증 자체가 불가능하다.

우리나라에서 사법적 오심이 어느 정도인지는 아직 정확하게 연구된 바 없다. 그러나 우리는 과거 '인민혁명당 재건위 사건(인혁당 사건)'에서 보듯이 독재 정권 아래에서 비민주적인 사법 절차에 의해 무고한 시민이 사형당한 역사적 경험을 가지고 있다. 1975년 대법원에서 사형을 선고받은 바로 다음 날 새벽, 가족들도 소식을 알지 못한 채 형장의 이슬로 사라진 이 8명은 32년이 지난 2006년에야 무죄를 선고받았다. 이와 같은 불행한 역사적 경험은 우리 사회가 사형 제도의 불완전함을 자각하는 계기가 되었다. 1990년대 후반 이래로 우리 사법부는 사형 선고에 매우 신중한 자세를 보여 왔다.

그럼에도 불구하고 우리나라는 국민 다수의 지지 속에서 사형 제도를 여전히 유지하고 있다. 2010년 헌법재판소는 사형 제도가 합헌임을 재확인했는데, 판결문에서 오심은 사법 제도의 숙명적인 한계이기 때문에 불가피한 것이며, 제도를 개선하여 지속적으로 줄여나가야 하는 문제라고 적었다. 오심을 사형 제도 자체의 문제로 볼 수는 없기 때문에 사형 제도는 합헌이라는 것이었다. 헌법재판소의 판결을 요약하면 사법적 판단과 처벌이 별개의 문제이기 때문에 판단에 오류가 발생하더라도 사형이라는 처벌 제도 자체를 문제시할 수 없다는 입장이다. 그러나 사형 제도는 사후에 오심이 확인되더라도 처벌을 복구하는 것이 불가능하다. 헌법재판소가 제시한 논리가 과연 설득력을 가질 수 있는지는 의문이다.

헌법재판소가 판결문에서도 밝혔듯이 사법 절차를 개혁함으로써 오심의 여지를 줄이는 것은 아무리 강조해도 지나치지 않다. 하지만 앞서 언급했던 미국의 사례를 보더라도 사법적 오심은 매우 구조적인 문제여서 사법 절차를 개혁한다고 해서 단기간에 해결될 사안은 결코 아니다. 오심으로부터 해방된 사법 제도가 과연 현실적으로 존재 가능한지의 의구심이 대두되고 있다.

사형 제도를 지지하는 사람들은 오심을 이유로 사형 제도를 폐지하자는 것은 교통사고가 발생한다고 해서 자동차를 없애자는 논리와 같다고 말한다. 이는 매우 부적절한 비유다. 사형 제도 폐지는 사법 제도의 총체적 폐기와 무관하다. 국가가 안전벨트 착용을 법제화하고 자동차 회사가 에어백을 장착하도록 규제하는 것은 설령 사고가 발생하더라도 인명 희생을 최소화하기 위해서다. 이는 재판부가 오심을 내려서 부당하게 인명을 빼앗는 일이 생기지 않도록 사형 제도를 폐지하려는 것과 같은 이유다.

헌법재판소의 논리는 인간이 하는 일인 이상 사법적 오심의 여지가 있을 수밖에 없고, 따라서 오심으로 사형당하는 이는 그저 억세게 운이 없는 사람이라는 것이나 다를 바 없다. 국가는 국민이 우연히 벼락에 맞을 위험에 노출되어도 사고 확률을 줄이기 위해 노력해야 한다. 하물며 국가가 만든 불안전한 사법 제도의 문제점을 외면한 채 운이 없어 오심으로 사형당하더라도 받아들여야 한다는 식의 접근은 심각한 문제가 아닐 수 없다. 생명에 대한 욕구는 인간의 가장 기본적이고 중요한 가치이자 권리다. 이를 국가가 박탈하려 할 경우에는 반드시 명백하고도 합당한 근거가 있어야 하며 오류를 결코 허용하지 않는 제도적 장치가 필요하다.

‖ 사법적 오심을 유발하는 사회구조 : 인종과 계층 ‖

미국의 경우를 보면 사법적 오심은 피의자가 법정에서 변호사의 조력을 제대로 받지 못할 때 나타나기 쉽다. 오심을 낳는 다른 요인으로는 경찰이나 검찰의 의도적 조작, 증인의 위증, 인종적 편견, 범죄 사건을 빨리 해결하라는 사회적 압력 등이 있다. 이는 한국도 크게 다르지 않을 것이다. 사법적 오심을 피하기 의해서는 역량 있는 변호사를 선임해 재판에 전략적으로 대응할 수 있는 재력이나 사회적 지위를 가졌는지가 중요하다. 사형 제도에 비판적인 사람들은 사형 제도가 신분이나 계급에 상관없이 공정하게 적용되지 못한다는 점을 지적한다.

미국의 사형 제도를 조사한 많은 연구들이 확인해 주는 것은, 비슷한 수준의 범죄라 할지라도 흑인이 백인보다, 가난한 사람이 부유한 사람보다 사형 선고를 받을 확률이 훨씬 높다는 사실이다. 미국의 현재 흑인 인구는 전체 인구의 약 12.4퍼센트이다. 하지만 전체 사형수 중 흑인이 차지하는 비율은 40퍼센트를 상회한다. 이는 약 61.6퍼센트의 인구 비율을 차지하는 백인의 사형수 비율과 대동소이하다.

흑인의 높은 수치는 단순히 흑인이 범죄를 더 많이 저지른다는 설명으로는 부족하다. 많은 범죄학자들은 사형 선고 과정에서 인종적 차별이 이루어진다고 추정한다. 예일대학교 로스쿨이 실시한 조사에 따르면 과거 코네티컷주에서 살인죄로 기소된 사람이 사형 선고를 받는 비율은 흑인이 백인보다 세 배 정도 높았다.[11] 코네티컷주 내에서도 흑인 밀집 지역 거주민에 대한 사형 선고율은 타 지역에 비해 가혹할 만큼 높았다. 한 연구에 의하면 워터버리Waterbury라는 지역 외에서 백인이 백인을 살해할 경우 사형을 선고받을 확률은 0.57퍼센트였지만, 워터버리 지역 내에서 흑인이 동일 범죄를 저지를 경우 사형 선고를 받을 확률은 91.2퍼센트였다. 워터버리 지역의 흑인은 타 지역 백인에 비해 동일 살인 범죄에 대해 사형 선고를 받을 확률이 무려 160배나 높은 셈이다.[12] 일부 남부 지역 주에서는 주지사 선거가 있는 해에 사형 집행 수가 증가했다는 연구 결과들도 존재한다.[13] 이는 현직 주지사들이 유권자들에게 범죄에 단호히 대응한다는 인상을 주고자 한데 기인한다. 나아가서 다수의 백인 유권자를 의식해 흑인 위주로 사형 집행을 늘린다는 주장도 제기된다.

경제력의 차이도 사법적 오심의 비율을 구분짓는다. 미국의 사형수들을 상대로 한 조사에 따르면 사형수의 95퍼센트가 초기 소송에서 변호사 비용을 댈 수 없는 극빈층이다. 정부가 사형수에게 변호사 2인의 비용을 지원하지만 사형수들이 역량 있는 변호사를 확보하기는 힘들 뿐만 아니라, 이때 선임되는 변호사들은 대부분 책임감이 낮거나 과도한 업무량 등으로 사형수의 이해를 제대로 대변하지 못하고 있다. 비슷한 이유로 정신 질환과 지적 장애를 갖고 있는 사람들 역시 압도적으로 높은 비율로 사형당하고 있다.

감옥 유지 비용 vs. 사형제 존속 비용

사형 제도와 관련하여 또 다른 고민은 사형 대신 종신형을 살게 할 때 장기간 죄수들을 감금할 감옥의 유지 비용이 만만치 않다는 사실이다. 2024년도 기준으로 미국 내 교도소의 죄수 1인당 1년 평균 지출비는 4만 5,000달러(약 6,000만 원)에 달한다. 높은 유지비로 유명한 메사추세츠주 교도소의 경우 매년 죄수 1인에 무려 30만 7,500달러(약 4억 1,000만 원)를 쓰고 있다.[14] 지역에 따라 큰 차이가 있지만 종신형 수감자가 수십 년을 감옥에서 산다고 가정할 경우 죄수 1인당 최소 100만 달러 이상의 국민 세금이 지출되어야 한다.

사형 제도 지지자들은 왜 잔혹한 범죄를 저지른 사람을 먹여 살리는 데 국민의 아까운 세금을 그렇게 많이 지출해야 하는지를 묻는다. 그러나 사형 제도 반대자들은 사형을 집행하는 비용 또한 만만치 않다는 점을 지적한다. 사형수 1인에게 지불되는 다양한 법정 지원과 판결 관련

죄수 1인당 매년 55만 6,000달러(약 7억 4,000만 원)를 지출하는 뉴욕시 라이커스 아일랜드 형무소

비용은 통상 100만 달러를 상회한다. 사형이 즉시 집행되는 것이 아니기 때문에 교도소의 특별 구금 시설에서 여러 해 지내는 비용과 사형 집행 비용 등으로 100~200만 달러가 추가 지출되어야 한다. 모든 비용을 정확히 산정하기는 어렵지만, 일반인들이 흔히 알고 있는 것과는 달리 미국에서 사형 제도를 유지하는 데 드는 비용은 수십 년 동안 종신형을 집행하는 데 드는 비용보다 훨씬 높다는 것이 학계나 관계자들의 정설이다. 사형 제도를 유지하는 데 드는 고비용의 문제 때문에 최근 여러 주들이 사형 제도 폐지를 고려하고 있다. 만약 캘리포니아 주가 사형 대신에 감형 없는 무기징역으로 판결을 대신할 경우 매년 1억 5,000만 달러가 절약될 것으로 추정되고 있다.

사형 제도의 비용을 줄이려면 사법 절차를 간소화하고 사형 집행을 앞당기는 등의 방안이 강구되어야 하지만, 그럴 경우 무고한 사람이 사형당할 가능성은 높아진다. 미국의 각 주가 사형 제도를 유지하는 비용을 줄이기보다 사형 제도를 폐지하려고 하는 이유를 우리는 눈여겨볼 필요가 있다. 막대한 비용 지출에도 불구하고 오심 문제는 지속적으로 발생하고 있어서 각 주는 오심을 줄이기 위한 다양한 제도 개혁을 추진해왔지만 그 효과는 만족스럽지 못하다. 우리나라는 사형 제도에 미국처럼 막대한 비용을 지출하지 않고 있는데, 이는 한편으로 다행스러운 일이다. 하지만 이는 다른 한편으로 억울한 사형수를 발생시킬 여지를 그만큼 높일 수 있음을 의미한다.

자유 의지와 범죄 행위

잘못을 저지른 사람이 그에 상응하는 처벌을 받아야 한다는 것은 사회적 상식이다. 누군가의 행동은 그의 의지의 산물이며 따라서 그 사람의 책임이라고 믿기 때문이다. 개인의 자율적 판단을 중시하는 자유주의 사회는 특히 그렇다. 범죄가 발생했을 때 사람들은 자신의 감정을 통제하지 못한 채 범죄를 저지른 사람에게 책임을 묻는다. 만약 감정을 통제하지 못하는 정신적인 장애를 갖고 있는 사람이 범죄를 저지를 경우, 책임을 묻는 기준은 낮아질 것이다. 정신 질환 등으로 인해 범죄가 발생할 때 처벌 수위를 낮추거나 처벌을 면제하는 것은, 이 경우 범죄 행위를 개인의 자발적 의지의 산물로 볼 수 없기 때문이다.

범죄자들 가운데에는 가난과 편견과 차별 속에서 교육 기회를 박탈당한 채 성장한 사람들도 많다. 불행한 가정 환경은 개인이 의도적으로 선택한 것이 아니다. 불우한 환경에서 성장하기를 원하는 사람은 없을 것이다. 자유민주주의 사회는 누구든 자신이 성취하고자 하는 삶을 위해 노력할 수 있고 그런 노력이 성공할 수 있다고 말한다. 케네디 가문에서 태어나든 뉴욕 슬럼가의 흑인으로 태어나든 누구라도 미국 대통령이 되기를 원한다면 기꺼이 될 수 있다는 사실은 미국을 기회의 땅으로 불리게 만든다. 이 말이 부분적 진실을 담고 있음은 의문의 여지가 없다. 슬럼가의 흑인으로 태어나더라도 미국 대통령이 될 가능성이 아주 미약하나마 존재하기 때문이다. 하지만 그 가능성은 케네디 가문의 자식으로 태어난 사람과는 결코 견줄 수 없다. 기회의 균등이라는 말이 무색할 정도로 이 둘의 차이는 가혹하리만큼 크다.

이제, 이들이 감옥에 갈 확률을 추정해 보자. 미국 내 통계를 보면 흑인 세 명 중 한 명은 평생에 한 번은 감옥에 간다. 뉴욕 슬럼가에서 태어난다면 이 확률은 아마도 훨씬 더 높을 것이다. 물론 케네디 집안의 자식 역시 감옥에 갈 가능성이 있다. 그의 확률은 과연 얼마나 될까?

케네디 가문의 자식으로 태어날 것인지 슬럼가의 흑인으로 태어날 것인지를 선택하는 것은 불가능하다. 만약 선택의 자유가 주어진다면 누가 슬럼가를 선택하겠는가? 만약 자기가 선택하지 않은 삶의 환경에 제약을 받아 결국 범죄자의 길을 걷게 된다면 우리는 그에게 범죄의 모든 책임을 물을 수 있는 것일까? 만약 어린 시절에 주변 어른들에게 가혹 행위를 당하고 상처받은 아이가 사회를 불신하고 적대하게 되어 미래에 잔혹한 범죄를 저지르게 된다면 우리는 여전히 당사자에게만 전적인 책임을 물을 수 있을까?

물론 케네디 집안의 자식으로 태어난다고 해서 모두 사회적으로 성공하는 것은 아니듯이 뉴욕 슬럼가의 흑인으로 태어난다고 해서 모두 감옥에 가는 것은 아니다. 어려운 환경에서도 꿋꿋하고 성실하게 자신의 삶을 가꾸어나가는 사람들이 있다. 이런 사람들이 있기 때문에 우리는 개인의 책임 소재를 일정 부분 물을 수밖에 없다. 같은 어려운 환경에서도 누구는 성실한 시민이 되고 누구는 범죄자가 될 수 있기 때문이다. 일반적으로 우리 사회는, 다분히 편의적인 이유 때문인지는 몰라도, 개인들의 이런 차이를 개인 책임으로 연계시킨다. 그리고 어떤 사람들은 이 논리를 지나치게 연장하여 개인의 모든 결과물은 개인이 이룬 것이자 개인이 책임져야 하는 것이라고 무리한 해석을 시도한다. 이런 사람들은 케네디 가문의 자식으로 태어났는지 아니면 뉴욕 슬럼가의 흑인으로 태어났는지를 전혀 염두에 두지 않는다.

누가 범죄자로 태어나고 싶겠는가

리처드 더그데일Richard Dugdale의 범죄자 가계 연구는 범죄자가 되는 데는 유전적인 요소가 긴밀히 연계되어 있음을 보여준다. 현대의 사회학 연구들은 범죄의 원인이 유전적 요소뿐만 아니라 교육 환경 및 사회 생태적 요인과 복잡하게 연결되어 있음을 확인시킨다. 범죄가 단순히 개인의 자율적인 행동과 선택의 결과만이 아니라 유전과 환경의 요인에 깊게 영향을 받는다는 사실은 우리가 범죄의 모든 책임을 개인에게 전가시키며 때로는 사형이라는 가혹한 처벌을 내려도 되는지를 자문하게 만든다. 우리는 흔히 범죄자의 원초적 사악함을 비난한다. 하지만 그러한 사악함은 그가 스스로 선택한 것이었을까? 범죄를 저지를 사악한 사람으로 태어나고 싶은 이가 어디에 있겠는가?

우리의 삶은 개인의 자율성과 책임성의 영역에 대한 끝없는 논란을 초래한다. 내 삶의 어디까지가 나의 의지와 노력의 결과이고 어디까지가

1703년에 태어난 조너선 에드워즈와 1720년에 태어난 맥스 쥬크스의 후대 자손들을 비교한 두 집안의 가계도

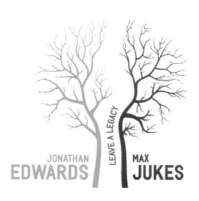

대학 총장 13명
대학 교수 65명
군 장교 75명
공무원 80명
작가 60명
의사 60명
판사 30명
목사 100명
변호사 100명
상원 의원 3명
부통령 1명

JONATHAN EDWARDS

LEAVE A LEGACY

MAX JUKES

거지로 죽은 사람 310명
범죄자 150명
살인자 7명
알코올 의존증 100명 이상
매춘부 190명

내 책임성의 영역이 아닌지를 판단하는 것은 결코 쉬운 일이 아니다. 마이클 조던의 멋진 덩크 슛은 그의 뛰어난 재능과 피나는 노력이 합쳐진 것이고, 그래서 우리는 그의 실력이 그 자신만의 것이라고 믿고 싶어 한다. 하지만 엄밀한 의미에서 조던의 재능은 그가 스스로 선택해서 얻었다기보다는 선천적으로 주어진 것뿐이며, 그가 재능을 가질 특별한 자격이 있었던 것은 아니다. 그가 그런 재능을 가진 것은 그저 행운의 결과일 뿐이다. 훌륭한 농구선수가 되기 위한 그의 피나는 노력조차도 엄밀한 의미에서 보면 그 자신의 것이 아닐 수 있다. 그를 노력하도록 만든 의지와 인내력은 유전적 요인이자 교육 등 환경적 요인의 결과물일 수 있기 때문이다. 우리가 마이클 조던의 재능과 노력을 그 자신의 것이라고 십분 인정한다고 할지라도 그가 농구 선수로 성공한 것은 역시나 운의 영향이 크다. 농구대의 높이가 10센티미터만 높거나 낮았더라면 마이클 조던은 가장 멋진 덩크 슛을 날리는 선수가 되지 못했을 것이다. 만약 10센티미터가 낮았다면 그보다 다소 작은 키지만 월등한 점프력을 가진 다른 선수들이 최고의 덩크슛을 선사했을 것이고, 10센티미터만 높았다면 멋진 덩크 슛의 주인공은 그보다 키 큰 선수들의 차지가 되었을 것이다. 이는 개인이 통제할 수 없는 개인 삶의 영역들이 생각보다는 현저히 넓다는 것을 의미한다. 그리고 개인의 자율성과 책임성을 도덕적으로 묻는 것이 생각만큼 쉽지 않음을 의미한다.

다시 사형 제도 문제로 돌아가 보자. 사형 제도의 바탕에는 개인의 행위가 전적으로 당사자가 책임져야 하는 것이라는 생각이 깔려 있다.

개인의 자율성과 책임성이 우리 사회의 중요한 가치라는 점에는 의문의 여지가 없다. 그렇기에 우리는 개인이 선택한 삶의 방식을 존중하고 보호하려고 노력한다. 범죄도 개인의 선택이고, 따라서 개인은 자신의 행위에 책임질 것을 요구받는다. 하지만 범죄 행위가 단순히 개인의 자발적 선택의 결과물이라고 우리는 단언할 수 있을까? 범죄의 사회구조적 연계성까지 감안한다면 우리 사회의 책임은 외면한 채 범죄자에게만 전적으로 책임을 묻는 것이 과연 옳은 일일까? 만약 우리 사회의 책임이 부분적으로나마 인정된다면, 사형 제도의 정당성은 더욱 약해질 것이다.

사형 제도와 정의

사형 제도를 둘러싼 정의론은 인간의 절대적 생명권, 응분의 개념에 근거한 교정적 정의론, 공리주의 등이 서로 대립하고 보완하면서 전개되어 왔다. 절대적 생명권 논리가 사형 제도 반대론을 이끌었다면, 응분에 근거한 교정적 정의론은 주로 사형 제도를 지지하는 근거였다. 공리주의 논리는 과거에는 찬성론과 반대론을 오갔지만, 사법적 오심의 가능성과 사형 제도 운영 비용 등이 사회적으로 이슈가 되면서 점차 반대론을 지지하는 논리가 되고 있다. 사형 제도 반대자들의 새로운 논리는 '공정으로서의 정의'[15]이다. 유전 및 환경적 요소가 범죄에 큰 영향을 미칠 수 있다는 사실은 범죄를 개인의 책임으로만 규정하기 힘들다는 주장을 지원한다. '공정으로서의 정의'는 이런 시각을 토대로 응분 개념과는 차별적인 논리를 갖추고 점차 사형 제도 반대론의 핵심 논리로 부상하고 있다.

에밀 뒤르켐은 문명화의 역사는 국가가 잔인한 형벌을 폐지해 온 역사라고 말한다. 고문과 사형은 분명 문명사회가 지향하는 가치와 어울리지 않는다. 사형 제도를 둘러싼 현대사회의 고민은 한편으로 문명사회의 가치를 추구하면서 다른 한편으로 범죄자의 생명을 보호하는 것이 피해자의 생명을 보호하는 것에 우선하지 않는 적절한 기준을 어떻게 마련할 것인가에 있다. 그리고 개인의 책임과 사회의 책임 사이에 타당한 경계선을 설정하는 데 맞춰질 것이다. 사형 제도는 사회정의를 실현하기 위해 범죄자에게 응분의 처벌을 내린다는 점에서 상징적 의미가 있다. 그럼에도 불구하고 사형 제도를 운영하는 과정에서 발생하는 오심의 가능성 등 여러 문제점들은 우리 사회가 사형 제도 폐지를 진중하게 고민할 것을 요구한다.

매춘은 처벌받아야 하는가?

prostitution

prostitution

▎ 티파니의 백마 탄 왕자 ▎

티파니는 로스앤젤레스의 조그만 회사에서 비서로 근무하는 26세의 아리따운 여성이다. 그녀는 비싼 대학 등록금을 감당하기가 힘들고 학업에 그다지 관심이 있는 것도 아니어서 2년 만에 학교를 중퇴하고 직업 전선에 뛰어들었다. 생각만큼 마음에 드는 직장을 얻기가 쉽지 않아 그녀는 몇 번에 걸쳐 이직을 한 후 현재 회사에 다니고 있다. 그녀의 집은 로스앤젤레스 행콕파 지역 내 중산층 독신자들이 주로 거주하는 콘도다. 비서 월급으로는 도저히 감당할 수 없는 이 콘도의 월세는 남자친구인 댄이 대신 지불한다. 잘나가는 사업가인 댄은 티파니의 콘도 월세뿐만 아니라 조그만 혼다 자동차의 렌트 비용도 지불해 주고 있다. 그리고 그는 주말이면 그녀를 데리고 값비싼 레스토랑과 파티 장소를 찾아다닌다.

티파니가 댄과 처음 만난 것은 친구를 따라 로스앤젤레스 지역의 대표적 부촌이자 멋진 해변이 펼쳐지는 팔로스버디스의 조그만 술집에 들렀을 때였다. 처음 만났을 때부터 능글능글한 배불뚝이 댄은 티파니에게 호감을 주는 상대는 결코 아니었다. 그녀 주변에는 집적대는 남성들이 꽤 있었고, 몇 개월 전까지만 해도 잘생긴 남자 친구도 있었다. 그러던 그녀가 댄과 지속적으로 만나기로 결정하게 된 것은 그의 재력 때문이었다. 술집 앞에 세워둔 댄의 값비싼 메르세데스 자동차와 부둣가에 정박한 호화스러운 요트는 티파니의 관심을 끌기에 충분했다. 그녀는 빠듯한 월급으로 힘들게 살아가는 구차한 삶이 너무도 싫었고, 댄의 재력이 그런 삶에서 자신을 탈출시켜 줄 수 있으리라 생각했다. 하지만 바람둥이 댄에게 티파니는 싫증날 때마다 바꾸는 파티 걸이자 일시적 여자 친구 이상이 아니었다.

그럼에도 그녀는 행콕팍의 콘도로 거처를 옮겨줄 수 있는 댄을 선택했고, 그가 필요로 할 때마다 기꺼이 그의 정부 역할을 수행했다. 댄과의 만남이 반 년 이상 지나면서 만남 자체는 편해졌지만 이성으로 댄에게 호감을 느껴본 적은 없었다. 그녀는 댄 또한 자신을 성적 파트너 이상으로 진지하게 생각하지 않는다는 사실을 잘 알고 있다. 그녀가 댄과 관계를 유지하는 이유는 그의 재정적 지원 때문이며, 댄이 재정적 지원을 하는 이유는 그녀를 성적으로 원하기 때문이다. 두 사람은 이 사실을 명백히 이해하고 있으며, 그런 가운데 지금의 관계를 유지하고 있다. 그녀는 댄과 계속 만나는 것이 썩 내키지는 않지만 그렇다고 예전에 살던 시내의 시끄럽고 허름하고 비좁은 아파트로 돌아가고 싶지는 않다.

그녀는 감정이 없는 성적 관계가 경제적 거래의 방식으로 이루어지는 것을 매춘이라고 한다면 자신이 바로 매춘 행위를 하고 있다고 결론짓는다. 이런 생각은 기분을 비참하게 만든다. 댄과의 관계를 정리하면서도 과거의 빠듯한 삶으로 돌아가지 않으려면 돈 많은 다른 남성을 찾아야 할 것이다. 한눈에 사랑에 빠지고 돈도 많은 백마 탄 왕자가 나타나면 좋으련만, 그런 일은 동화에서나 가능한 일이다. 티파니는 동화 속 주인공이 되기를 원하지만 현실적으로 쉽지 않다는 것을 너무나 잘 알고 있다. 티파니는 경제적으로 힘든 삶으로 돌아가고 싶지 않다는 생각에서 댄을 대신할 다른 남성을 찾는다고 해도 자신이 덜 비참해지지는 않을 것이라고 생각한다.

‖ 매춘 규제의 역사 ‖

매춘prostitution이란 금전 혹은 그 밖의 물질적 보상을 받고 성적 서비스를 제공하는 것으로, 이 경우 반드시 서비스의 제공자가 여성이고 구매자가 남성일 필요는 없다. 국내에서 매춘이라는 용어는 성매매, 성노동 등의 용어와 같은 의미로 쓰이고 있으며, 사용자에 따라 각각의 단어를 구분해서 쓰기도 한다.

고대에서 중세 말에 이르기까지 대부분의 사회에서 사람들은 매춘을 불가피한 사회악으로 생각했다. 중세 가톨릭 교회는 성욕을 부정적으로 보았기 때문에 역시 공식적으로는 매춘을 비난했다. 그러나 실제로 교회는 사회 전반에 걸쳐 매춘을 엄하게 금지하기보다 성직자나 기혼자가 매춘 구역에 출입하는 것을 금지하는 정도로 규율을 유지했으며, 이 정도 규율도 엄격하게 지켜지지는 않았다. 당시 교회가 주로 비난한 대상은 매춘 당사자들보다는 매춘업으로 부를 축적하는 사람들이었다.

홍등가에 대한 법적 규제가 본격적으로 이루어지기 시작한 것은 16세기경으로, 매춘 구역의 위생 환경이 열악해 페스트 등의 질병을 사회에 퍼트리는 것으로 인식되었기 때문이다. 16세기 초부터 매독이 유럽 전역에 퍼지기 시작한 것도 매춘을 더욱 강하게 규제하게 한 요인이었다. 홍등가에 대한 규제는 교회보다는 왕과 같은 세속 권력에 의해 주도되었다. 19세기 말까지 사람들은 매춘을 도덕의 문제라기보다는 위생의 문제로 접근했다. 이런 위생 문제가 완화되는 20세기에 들어와서야 서유럽을 중심으로 매춘은 점차 법적 규제를 벗어나게 되었다.

각국의 매춘 정책

매춘은 서유럽 대다수 국가에서 합법 혹은 불법이 아닌 거래 행위로 인정받고 있다. 네덜란드, 독일과 오스트리아에서 개인적인 매춘 행위 및 집창촌 비즈니스 등은 모두 합법이다. 영국, 스페인, 이탈리아에서는 집창촌 형태의 매춘을 금지하고 있지만 개인적인 매춘 행위는 불법이 아니다. 성적으로 워낙 자유로운 스웨덴과 노르웨이의 경우에는 매춘 수요가 적어 매춘 산업은 그리 발달하지 않았다. 스웨덴, 노르웨이, 아이슬란드, 그리고 프랑스에서 매춘을 제공하는 것은 불법이 아니지만 매춘을 소개하거나 구매하는 것은 불법이다. 그러나 실제로 규제하는 경우는 흔치 않다.

북미와 중남미 지역의 경우 미국과 사회주의 국가인 쿠바를 제외한 대부분의 나라에서 매춘은 합법이거나 적어도 불법이 아니다. 미국에서 매춘은 불법이지만 실제 법적 집행은 주에게 맡기고 있다. 네바다주의 경우 일부 특별 지역을 한정하여 매춘을 허용하고 있다. 오세아니아는 매춘과 관련해 가장 진보적인 정책을 취하는 지역으로, 뉴질랜드에서 매춘 행위는 일반 노동과 노동법상 지위가 같다. 오스트레일리아 역시 대부분의 주에서 매춘을 허용하고 있다.

매춘을 불법으로 규정하는 대부분의 국가는 아시아와 아프리카에 위치하고 있으며, 이 가운데 다수는 이슬람교 국가들이다. 과거 사회주의를 채택했던 나라들과 현재 사회주의 체제를 유지하고 있는 나라들도 대부분 매춘을 불법으로 규정하고 있다. 이슬람권에서 매춘은 중벌로 다스려지는 범죄다. 이에 반해 비이슬람교 국가들의 경우 매춘이 불법이더라도 실제 처벌은 약하며, 매춘 행위는 공공연하게 이루어지고 있다. 아프리카 사하라 이남 지역이나 동남아시아 국가들에서 매춘을 규제하는 것은 도덕적 이유보다는 에이즈 같은 질병을 통제할 정책적 이유가 더 크다.

한국에서는 1961년에 매춘을 규제하는 법규가 만들어졌지만, 실제로는 주한미군을 위해 대규모 홍등가가 운영되는 등 유명무실한 법규로 유지되었다. 한국에서 매춘이 실질적으로 금지된 것은 여성 인권의 신장이라는 취지에서 2002년 '성매매 알선 등 행위의 처벌에 관한 법률(성매매특별법)'이 제정된 이후이다. 어떤 사람들은 유교 문화의 남존여비 전통이 역설적으로 한국에서 성매매특별법이 제정되는 데 기여했다고 평가하기도 한다. 여성 인권이 가장 잘 보장되어 있는 서유럽 사회가 대부분 매춘을 합법화한 반면, 여성 인권이 열악한 나라들이 매춘을 금지하거나 엄하게 처벌하고 있는 현실을 감안할 때 이 법이 여성 인권을 신장하는 데 도움이 되는지는 의문이다. 성매매특별법을 둘러싼 가장 큰 논란은 이 법이 여성 인권에 대한 관심보다는 매춘 자체를 사회악으로 여기는 관점을 전제한다는 사실이다. 이 때문에 성매매특별법은 헌법이 규정한 국민의 성적 자기 결정권, 사생활의 비밀과 자유, 직업 선택의 자유, 과잉 금지 원칙 등과 관련한 논쟁을 불러일으켰다. 이러한 논쟁 속에서 헌법재판소는 2016년 성매매특별법에 대해 재판관 6대3의 결정으로 합헌을 선언했고, 이 결정은 현재까지 유효하다.

성을 상품화하는 매춘 vs. 자발적 거래로서의 매춘

매춘을 규제해야 한다고 생각하는 사람들이 지적하는 매춘의 첫 번째 문제점은 매춘이 성과 인간을 상품화한다는 것이다. 이들의 주장에 따르면, 매춘 행위는 노출의 거부감이 가장 큰 자신의 신체 부위를 공개하고 활용할 수밖에 없기 때문에 성 제공자의 비인격화를 야기한다. 또한 금전적인 이유로 상대의 필요에 부응해 자신의 육체를 맡기는 것이기 때문에 인간을 수단화하게 된다. 더 나아가 어떤 이들은 사회적 빈곤이 여성을 강제로 매춘으로 내몬다는 측면에서 매춘이 본질적으로 비자발적인 행위라고 주장한다. 요컨대 매춘이란 금전을 대가로 거래를 강요하는 것이며, 설령 강요하는지가 명확하지 않더라도 성을 제공하는 사람에게 불리한 거래가 될 수밖에 없다는 것이다. 이들은 우리가 사는 이 세상에는 분명 돈으로 사거나 팔 수 없는 것이 존재하며, 성적인 신체 부위도 여기에 속한다고 말한다. 매춘의 규제를 주장하는 이들은 매춘이 합법화될 경우 성을 돈으로 살 수 있다는 사회적 인식이 확산될 수밖에 없으며, 사회 도덕의 근간을 이루는 성도덕이 약해짐에 따라 성적으로 문란해져 건강한 사회를 유지하는 데 중대한 위협이 될 것이라고 본다.

한편, 매춘 규제를 반대하는 사람들은 매춘이 성인들이 서로 합의한 자발적 성관계라는 점을 강조한다. 이들은 매춘 행위로 인해 제삼자가 피해 볼 여지는 제한적이라고 말한다. 이들은 성행위 과정에서 금전 거래가 있었다는 사실 때문에 막연한 범사회적 공리성이나 도덕성을 들어 국가가 매춘을 처벌하는 것은 부당하다고 주장한다. 매춘 규제를 반대하는 사람들은 매춘이 강간과 마찬가지로 남성에 의한 가부장제적 폭력이자 억압이라는 시각에 이의를 제기한다. 매춘과 폭력은 별개라는 것이다. 이들은 착취나 강요가 없는 상황에서 일어나는 성인 간의 성매매 행위는 개인의 자율적인 자기 결정권의 영역에 속한다고 말한다. 각 개인은 자기 육체와 정신의 주권자이자 소유자라는 개념은 로크 이래 서구 자유주의의 기본 전제였다. 자기 몸에 대한 권리는 기본권에 해당하므로, 국가는 개인의 신체에 대한 권리에 최대한 개입하지 말아야 한다는 것이다. 이들은 매춘을 규제해야 한다고 생각하는 사람들이 말하는 '성은 팔 수도 살 수도 없는 것'이라는 단정적인 도덕 명제에 대해 회의적이다. 이들은 성적 신체 부위에 특별한 의미를 부여해야 하는 이유가 무엇인지, 그리고 상호 동의한 성인 간의 사적인 성행위를 왜 사회 도덕으로 판단해야 하는지, 나아가서 개인들 간의 성행위에 대한 도덕 판단이 과연 사회적으로 합의될 수 있는지에 대해 의구심을 던진다.

매춘 규제를 반대하는 사람들은 개인의 삶에서 가장 사적인 영역인 성 문제에 대해 국가가 도덕적으로 판단하고 형벌로 통제하려고 시도하는 것은 자유주의 사회의 토대를 해칠 수 있다고 우려한다. 그들은 국가의 도덕 판단이 종종 사회 현실과 유리되거나 임의적일 수 있으며, 형벌을 통한 통제 정책도 사회적 공리성을 명확히 입증하는 데 자주 실패한다는 사실을 지적한다. 아울러 사회적 공리성을 적용하는 국가의 기준 또한 현실적으로 매우 모호하고 비일관적이라는 점을 강조한다. 가령 음주는 사회적으로 많은 문제를 낳지만, 그렇다고 국가가 주류 판매나 관련 유흥 산업을 불법화하지는 않는다. 사회적 공리성을 기준으로 본다면 음주는 매춘보다 해악이 더 클 수 있다. 따라서 매춘을 불법화한다면 음주도 불법화해야 할 것이다.

국가가 사회적 공리성이라는 논란의 여지가 있는 기준을 고집할 때 자유주의 사회의 토대가 되는 개인의 기본적 자유와 권리는 위태로워진다. 사회적으로 논란이 있는 도덕 영역에서 객관적이고 합리적인 법적 판단의 근거를 확보하는 것은 결코 쉬운 일이 아니다. 매춘 규제를 반대하는 사람들은 매춘 논쟁의 핵심이 국가의 과도한 간섭 없이 개인이 자신의 몸을 통제할 수 있는 권리에 있으며, 이런 권리는 최대한 존중될 필요가 있다고 말한다. 2009년 헌법재판소의 혼인빙자간음죄 위헌 판결역시 이런 취지를 토대로 한다. 헌법재판소는 혼인빙자간음죄가 성인의 성적 자기 결정권을 부정하고 사생활의 자유를 침해한다는 근거로 위헌 판결을 내렸다. 이 판결에서 헌법재판소는 사적인 개인들 간의 성적 행위에 대한 국가의 개입은 최소화되어야 한다는 입장을 견지했다.

모든 매춘은 비자발적이다?

매춘 규제 찬성론자들은 매춘이 설령 겉으로는 자발적인 행위로 보이더라도 결국은 비자발적인 행위일 수밖에 없다고 말한다. 많은 매춘 종사자들이 사회경제적으로 약자의 지위에 있는 여성이며, 이 여성들이 생계 때문에 매춘에 종사하는 현실을 볼 때 매춘은 결코 자발적인 행위가 아니라는 것이다. 실제로 집창촌 여성을 상대로 한 조사를 보면, 집창촌 여성의 대다수가 생계유지를 위해 매춘을 하는 것으로 나타난다. 그리고 이들 가운데 상당수가 결손 가정 출신이거나 가정 폭력의 희생자였던 것으로 드러난다.

한편 매춘이 생계유지를 위한 불가피한 경제활동이기도 하지만 젊은 여성이 비교적 단시간에 큰 금액을 벌 수 있는 일이라는 반론도 존재한다. 사회경제적으로 풍족한 사람이 금전적인 필요 때문에 자발적으로 매춘을 선택할 리는 없을 것이다. 그렇다고 해서 오직 생계유지를 위해 사회경제적 약자만 매춘을 선택하는 것도 사실이 아니다.

매춘 종사자들 중에는 높은 수익 때문에 이 직업을 선택한 사람들도 있다. 2010년 집창촌에서 일하는 여성 515명을 대상으로 실시한 국내 설문 조사에 의하면, 90퍼센트 이상이 가족 부양 등 경제적인 이유로 집창촌에 들어왔다고 대답했다. 한편, 그중 84퍼센트가 월 소득이 300만 원 이상으로 일반적인 여성 노동자의 임금 수준보다 현저히 높았다.[1] 집창촌이 아닌 고급 유흥업소에서 이루어지는 매춘까지 포함하면 매춘 종사자의 평균 월 소득은 더 높아질 것이다. 시간당 1만 원 수준의 아르바이트와 비교할 때 매춘이 단시간에 큰 금액을 벌 수 있는 거래라는 것은 분명하다. 이 사실은 모든 매춘 행위를 사회적으로 강요된 불공정한 거래로 판단하는 것을 망설이게 만든다.

‖ 착취와 인권 침해, 성병 확산의 문제 ‖

매춘을 법으로 규제해야 한다는 주장의 주된 근거 가운데 하나는 매춘업 종사자들에 대한 인권 침해의 우려이다. 특히 문제가 되는 것은 집창촌 비즈니스에서 고용자가 피고용자의 인권을 유린하고, 수익을 낮게 배분하는 등의 불공정한 계약을 강요하는 것이다. 이런 문제를 해결하는 가장 확실한 방법은 집창촌을 아예 폐쇄하는 것이라고 생각하기 쉽지만, 그런다고 매춘이 사라지는 것은 결코 아니다. 매춘이 벌어지는 장소만 바뀌는 이른바 '풍선 효과'는 국내에서도 흔하게 나타난다. 성매매특별법이 제정되었지만 실제 정책적 효과는 제한적인 것으로 평가되었다. 오히려 음성적 매춘을 대폭 증가시켰다거나, 어설픈 도덕성을 토대로 실효성도 없는 정책을 펼친 결과 국가가 개인들의 성행위를 무리하게 통제하는 경찰국가화를 초래했다는 부정적인 평가도 존재한다.

집창촌에서 일어나는 착취 문제에 대응하는 방식은 나라마다 다르다. 영국은 집창촌 비즈니스를 금지하는 대신 개인적 매춘은 불법화하지 않는다. 반면 독일과 네덜란드는 집창촌 비즈니스를 합법화해 매춘 종사자들에 대한 노동 착취를 방지하고 종사자들의 인권이 보호받을 수 있도록 조치한다. 후자의 국가들은 매춘 종사자들의 노조 결성권을 허용하며, 다른 노동자들과 마찬가지로 의료보험, 연금, 실업수당 등 국가가 제공하는 사회보장 혜택을 받을 수 있도록 배려한다.

한편 매춘 종사자들을 대상으로 한 조사에 따르면, 매춘 종사자들이 가장 위협적으로 느끼는 인권 침해 요소는 성을 판매한다는 이유로 받아야 하는 주변의 차가운 눈길과 멸시다. 매춘 종사자들이 비윤리적이고 불결한 사람이라는 사회 일반의 인식은 매춘 종사자들의 소외감과 좌절감을 초래하는 핵심 요인이다. 매춘 규제를 반대하는 사람들은 매춘 종사자의 인권을 보호하기 위해서는 국가가 매춘을 합법화해야 한다고 주장한다. 매춘 불법화는 매춘 종사자의 기본권과 자존심을 더욱 짓밟을 뿐이며, 매춘 거래를 오히려 법의 사각지대로 내몰 것이고, 범법자가 된 매춘 종사자들의 인권 침해는 가중될 뿐이라고 말한다. 이들은 법으로 제재한다고 해서 매춘이 없어지는 것이 아니라면, 합법화를 통해 불법의 족쇄를 푸는 것이야말로 매춘 여성의 권익에 도움이 될 것이라고 주장한다. 합법화 조치는 매춘이라는 직업을 양지로 끌어내어 종사자들의 불안 감과 수치심을 완화하는 데 일정 부분 기여할 수 있다는 것이다. 사실 유럽 국가들의 매춘 합법화 정책은 매춘 종사자들의 인권을 보호하고 이들이 사회로부터 겪는 차별을 최소화하고자 하는 취지에서 비롯되었다.

매춘 규제의 필요성을 둘러싼 중요한 쟁점 가운데 하나는 매춘이 성범죄를 조장하고 에이즈 등 성병을 확산시킨다는 주장이다. 매춘 합법화가 성범죄를 증가시킨다는 주장은 경험적으로 확인되지 않고 있다. 독일과 네덜란드 등 매춘을 합법화한 국가들의 성범죄율은 매춘을 불법화한 대다수 국가들보다 낮다. 우리나라의 경우에도 매춘 처벌을 강화한 후 성범죄율이 하락했다는 증거는 확인된 바 없다. 물론 매춘 불법화가 성범죄를 증가시켰다는 매춘 규제 반대자들의 주장도 경험적으로 확인되지 않고 있다.

한편 매춘 불법화가 성병 확산을 막는 데 도움이 된다는 주장은 비판의 대상이 되어 왔다. 매춘 불법화는 통상 매춘 산업을 음성화함으로써 국가의 질병 관리를 더욱 어렵게 만든다. 유엔 및 국제 비정부기구 단체들이 아시아 및 아프리카 국가들의 에이즈 발생률을 낮추기 위해 제안한 방안 중 하나가 매춘 합법화다. 유엔개발계획UNDP이 지원하는 '범세계 HIV 및 관련법 위원회Global Commission on HIV and the Law' 역시 에이즈 확산을 막기 위해 전 세계 국가들이 매춘과 동성애를 금지하는 규제안을 폐지할 것을 요청한다. 이 기구는 에이즈 같은 질병이 확산되는 것을 막기 위해서는 성교육을 실시하고 피임 도구를 구하기 쉽도록 해야 하며 음성적 매춘을 양성화해야 한다고 강조한다.[2]

사랑 없는 성적 쾌락은 비난받아야 하는가

현대사회는 성행위의 도덕 조건에서 결혼과 출산을 분리시켜 왔다. 성행위에서 결혼과 출산이 이탈하는 순간 마지막으로 남은 도덕적 조건은 정신적 교감인 '사랑'이다. 하지만 사랑이라는 조건도 현대사회의 변화하는 성 인식과 도덕률 앞에서 점차 무력해지고 있다. 현대사회에서 이제 사랑 없는 성적 쾌락은 개인이 추구할 수 있는 정당한 목적이자 가치가 되었다. 성적 쾌락이 다른 쾌락보다 하등한 것으로 간주될 필요는 없으며, 따라서 성적 쾌락의 추구를 도덕적으로 폄하할 이유도 없다는 것이다.

영국의 철학자 버트런드 러셀Bertrand Russell은 이미 20세기 초에 기존의 사회 도덕이 성행위의 새로운 가치를 수용하기에는 미흡하다고 지적한다. 그는 성행위 자체가 도덕적으로 비난받을 이유가 없음에도 불구하고, 기존의 사회 도덕이 이것을 인정하기를 거부한다고 비판한다. 러셀은 『결혼과 도덕*Marriage and Morals*』이라는 저서에서 혼전 성행위를 적극적으로 지지한다. 결혼이라는 중대사를 결정하는 데 육체 관계를 고려하지 않는 것은 어리석다고 그는 말한다. 인간 삶에 큰 효용을 주는 육체 관계에 대한 평가 없이 결혼을 결정하는 것은 미래의 안정적인 결혼 생활에 불확실성을 초래하는 요인이 된다는 것이다.

성행위의 도덕 조건에서 결혼과 출산을 분리한 러셀의 주장은 당시 영국 사회가 수용하기에는 너무 파격적이었는지 모른다. 러셀은 성행위의 도덕적 조건은 결혼이라는 제도가 아니라 사랑이라는 정서적 교감이 되어야 한다고 강조한다. 여기서 그가 규정하는 사랑의 개념은 상호 간의 호감이나 공유된 욕망까지를 포함한다. 러셀도 묵시적으로 인정하듯이 성행위가 육체적 쾌락이라는 가치를 만들어내고 그것이 성행위의 중요한 가치 중 하나라면, 왜 성행위에 사랑이 반드시 끼어들어야 하는 걸까? 사랑이 배제된 육체적 관계에 러셀이 적극적 지지를 펼치지 못했던 것은 아마도 성행위를 불결한 죄악으로 판단하고 사랑이 더해질 때만이 성행위의 죄악 이미지가 완화될 수 있다는 고전적 시각을 그 자신도 완전히 떨쳐내지 못했기 때문일 수 있다.

성에 개방적인 현대사회에서도 사랑은 여전히 성행위를 도덕적으로 정당화하는 중요한 요소다. 사랑이 있는 섹스는 성욕에만 집착하는 섹스보다 사회적으로 인정받는 데 유리하다. 설령 출산이나 결혼과 무관하더라도 사랑이 있으면 성행위는 나름의 가치를 인정받는다.

그렇다면 사랑이 있는 성행위는 그렇지 않은 성행위와 도덕적으로 다른 것일까? 성행위가 본질적으로 추한 행위라면 사랑이 결부되었다고 해서 덜 추해질지는 의문이다. 도리어 사랑의 숭고한 가치와 의미가 추한 성행위 때문에 퇴색하지 않을까? 성행위와 사랑을 연결하려고 노력하는 것은 상대방을 단순히 성적 쾌락을 위한 수단으로 만들지 말라는 칸트의 요구와도 뜻이 통한다. 사랑이 없는 성행위는 자신의 쾌락에만 집착하는 이기적인 것이 될 수 있다. 반면에 두 사람 사이에 서로를 배려하는 사랑이 있다면 이는 성행위를 더 만족스럽게 만드는 데 기여할 수 있다. 그럼에도 불구하고 사랑의 존재가 성행위의 도덕적 위상 자체를 변화시킬 수 있는지는 여전히 명확하지 않다.

토마스 아퀴나스의 식탐

중세의 대표적 지성이라고 할 수 있는 토마스 아퀴나스Thomas Aquinas는 『신학대전Summa Theologica』에서 신은 단지 출산의 목적으로만 인간에게 성행위를 허용했다고 말한다. 중세 시대 사람들은 인간의 성적 욕망이 근본적으로 불결하고 바람직하지 않다고 보았다. 따라서 출산 외 다른 목적의 성행위는 삼가야 했다. 중세 시대에 성욕과 성적 쾌락은 인간이 타락했음을 보여주는 상징물로써 신을 섬기는 인간이 회피해야 할 것이었다. 아퀴나스는 신이 허용하지 않은 성행위는 죄악이며, 죄악이 사회에

만연하지 않도록 성행위는 규제될 필요가 있음을 지적한다.

아퀴나스는 거대한 몸집의 배불뚝이 수도승으로 알려져 있다. 배가 너무 많이 나와서 일반 식탁에서는 식사하기가 힘들었다고 한다. 그래서 그의 배 모양에 맞추어 식탁 가운데를 동그랗게 잘라서 사용했다는 이야기가 전해 온다. 성욕에는 그토록 엄격했던 그가 주체할 수 없는 식욕의 소유자였고, 자신의 식탐에 대해서는 무척이나 관대했다는 사실은 아이러니가 아닐 수 없다.

토마스 아퀴나스의 명언과 식탐: "인간이 구제받으려면 알아야 할 세 가지 품목은, 무엇을 믿어야 하는지, 무엇을 갈구해야 하는지, 그리고 무엇을 행해야 하는지이다."

아퀴나스의 식탐 이야기는 성욕과 식욕을 왜 도덕적으로 차별해야 하는지를 우리로 하여금 질문하게 만든다. 우리는 식욕이 커서 항상 과식하는 사람을 걱정할 수는 있지만 도덕적으로 비난하지는 않는다. 우리 대부분은 먹는 행위 자체가 도덕적 판단의 대상이 된다고 생각하지 않기 때문이다. 여기에는 식욕이 인간의 원초적 본능이자 욕구이므로 사회의 도덕적인 잣대를 들이대는 것이 부적절하다는 생각이 깔려 있다.

물론 원초적 본능이나 욕구라고 해서 모든 행동이 도덕적 판단에서 면제되는 것은 아니다. 인간의 공격적 행위가 본능에 속한다고 해도 남을 공격하면 도덕적으로 비난받는다. 엄밀한 의미에서 볼 때 비난의 대상은 공격적 행위 자체가 아니라 공격적 행위가 낳은 사회적인 결과다. 식욕은 사회적인 결과가 상대적으로 미미한 개인 행위다. 물론 과도한 식욕이 개인 건강을 해치고 이것이 사회 전체의 의료 자원을 소모하는 결과로 이어진다면 식탐도 개인의 사적 영역에만 한정되지는 않을 것이다. 그럼에도 불구하고 우리는 식욕을 충족하는 행위가 타인과 사회에 거의 영향을 미치지 않는 개인의 사적 행위로 판단하며, 따라서 사회 도덕을 굳이 적용할 필요가 없는 탈도덕적amoral 영역에 속하는 것으로 이해한다. 여기에서 탈도덕이란 도덕적 판단이 적용되지 않는다는 의미로, 도덕적으로 비난받는다는 뜻인 부도덕immoral과는 다르다.

그렇다면 식욕과 다르게 성욕을 도덕적으로 평가해야 할 근거는 무엇일까? 인간 본성의 발현인 성욕이 도덕적으로 비난받아야 할 특별한 이유가 있는 것일까? 성욕과 식욕의 차이를 굳이 찾는다면 식욕이 생존에 더 직접적으로 연결되어 있다는 점을 들 수 있다. 식욕은 생명을 유지하기 위해 영양소를 제공하라는 신체의 신호이며, 식욕이 없으면 신체는 쇠약해질 수 있다. 식욕은 인간의 육체적 생존을 위한 원초적 욕구를 반영한다. 이 점에서 식욕은 인간 욕구의 위계 구도에서 성욕에 앞선다. 무인도에 일주일 동안 고립된 사람이 가장 먼저 찾는 것은 물과 음식이지 성행위 상대는 아니다. 하지만 생존과 신체 유지를 위해 필요한 이상의 과도한 식욕까지 인간 욕구의 위계 구도에서 성욕에 앞서는 것은 아니다. 우리는 특정인의 과도한 식욕을 도덕적 비난의 대상이라고 생각하지 않는다. 과도한 식욕에는 관대한 우리가 성욕에 대해서는 왜 도덕적 잣대를 빈번히 끌어들이려고 하는 것일까?

⫶ 쾌락의 도덕 등급 ⫶

어떤 사람들은 성욕을 충족하는 것이 말초적이고 낮은 수준의 쾌락을 주므로 지적 쾌락 같은 진정한 기쁨보다 못하다고 말한다. 제러미 벤담과 같은 양적 공리주의자들은 동의하지 않겠지만, 이는 옳은 지적일 수 있다. 하지만 이것이 옳다고 해서 성욕을 도덕적으로 비난할 근거가 되지는 못한다. 과도한 식욕을 충족하는 행위도 지적 쾌락 같은 성숙한 기쁨을 주지 못하는 것은 마찬가지다. 드라마에 빠져 하루 종일 텔레비전 앞에서 시간을 보내는 사람에게 지적 쾌락이 가져다주는 기쁨을 알려주고 권장할 수는 있다. 그렇지만 텔레비전 앞에 있는 사람이 지적 쾌락을 모른다는 이유 때문에 우리는 그를 도덕적으로 비난하지는 않는다.

성행위가 식사나 텔레비전을 시청하는 것과 다른 점은 무엇일까? 성행위가 개인이 혼자서 하는 행위가 아니라 상대를 필요로 하는 행위이기 때문일까? 하지만 성적 상대가 필요하다는 이유 때문에 성행위가 다른 개인 행위에 비해 도덕적인 문제를 유발하는지는 여전히 명확하지 않다. 의미 없는 잡담을 온종일 계속하는 남녀를 측은지심으로 쳐다볼 수는 있지만 우리는 이들을 도덕적으로 비난하지는 않는다. 사실 이들을 측은지심을 가지고 쳐다봐야 할 이유도 분명하지 않다. 온종일의 잡담은 이들이 선택한 삶의 한 단면일 뿐이며, 이에 대해 제삼자가 측은한 마음을 가질 이유는 없을 것이다.

현대사회에서 성행위의 주된 동기가 육체적 쾌락이라는 것은 부정하기 힘들다. 우리가 삶 속에서 얻는 즐거움에 특별히 부정적일 필요가 없다면 굳이 성행위의 즐거움에도 비판적일 이유는 없다. 우리는 식욕이나 구매욕 등에서 얻는 일련의 즐거움이 특별히 바람직하다고 생각하지 않지만 그렇다고 비난하지도 않는다. 숭고하지 않은 즐거움을 주는 행위는 실로 다양하다. 성적 즐거움이 이런 즐거움과 구분되어 특별히 도덕적으로 비난받아야 할 이유는 없다.

커피숍에 앉아 있는 커플이 서로를 사랑스럽게 바라보며 대화하는 모습은 보는 사람을 즐겁게 한다. 하지만 우리는 사랑이 없다고 해서 두 사람의 대화를 도덕적으로 평가하고 비난하지는 않는다. 우리는 사랑,

존경, 우정, 효와 같은 덕德이 우리 사회에 가득하기를 기대하지만 우리의 모든 일상적 행위가 이런 덕목을 담고 있어야 한다고 생각하지는 않는다. 설령 이런 덕목이 가능한 한 풍요롭게 표출되어야 한다고 믿는 사람들조차도 이런 덕목을 법으로 강제하는 것이 적절한지에 대해서는 의구심을 가지며, 법적 강제를 통해 덕을 고양하는 것이 효과가 있을 것이라고 생각하지도 않는다.

우리는 테니스를 치는 커플에게 상대편을 사랑하라는 조건을 부과하지 않는다. 테니스를 칠 때 우리는 상대방에 대한 사랑에서가 아니라 테니스라는 게임 자체에서 기쁨을 얻는다. 성행위가 상대를 사랑하는 것과는 무관하게 성행위 자체에서 기쁨을 얻는다면 이 기쁨은 도덕적으로 비난받아야 하는 것일까? 우리는 사랑하지 않는 사람과 테니스를 치면서 즐거워하는 것을 부끄럽게 생각하지 않는다. 마찬가지로 사랑하지 않는 사람과 성행위를 하여 쾌락을 얻는다고 해서 이를 부끄러워할 이유는 없다. 이기적인 성행위가 비난의 대상이 된다면 이는 파트너를 배려하지 않기 때문이지 성행위 그 자체 때문은 아니다. 그리고 상대를 사랑해야만 성행위를 하면서 파트너를 배려할 수 있는 것도 아니다.

우리 사회는 성행위를 하는 사람들에게 서로 사랑할 것을 권장할 수는 있겠지만, 서로 사랑하지 않는 사람들의 성행위를 처벌하지는 않는다. 사랑하는 사람들만 성행위를 하도록 제한하지도 않는다. 서로를 사랑하는지가 성행위를 법적으로 처벌하는 기준이라면 클럽에서 눈이 맞아 모텔로 향하는 젊은 커플들은 모두 처벌의 대상이 되어야 할 것이다.

사랑이 식은 부부의 잠자리도 규제 대상이 되어야 한다. 한눈에 속절없이 사랑에 빠졌다고 주장하는 로미오와 줄리엣의 경우를 어떻게 처리해야 할지는 고민해봐야 할 사안이다.

매춘은 노동이 될 수 없는가

매춘에서 논란이 되는 것은 출산이나 사랑에서 자유로운 성행위라는 측면 외에도, 성행위에 금전적 거래가 끼어든다는 사실이다. 성을 파는 일은 일종의 노동이다. 그러나 일반적으로 매춘은 다른 노동과는 구분된다. 매춘이 일반적인 노동과 다른 점은 무엇일까?

매춘을 비판하는 사람들은 다수의 매춘 종사자들이 금전적 이유 때문에 매춘을 불가피하게 선택하며, 이런 사실 때문에 매춘은 자발성이나 공정성과는 거리가 먼 거래라고 주장한다.[3] 그러나 자발성과 공정성이라는 기준을 엄격하게 적용한다면 우리가 실행하는 경제적 거래 중에 이 기준을 만족하는 경우는 얼마나 될까? 또 매춘을 규제해야 한다고 주장하는 사람들은 성을 돈벌이 수단으로 사용하는 행위 자체가 여성의 가치를 떨어뜨린다고 말하는데, 그렇다면 매춘은 신체를 돈벌이 수단으로 활용하는 다른 노동과 어떤 차이가 있을까? 우리는 대부분 자신의 노동력을 파는 대가로 소득을 얻고 그 소득으로 삶을 유지한다. 이 역시 몸을 상품화하고 인간을 수단화한다는 비판에서 자유로울 수 있을까? 이미 마르크스는 자본주의 사회에서 노동력 외에 다른 생산수단을 갖지 못한 노동자가 생계를 유지하기 위해 노동을 팔아야 하는 현실에서 인간이 수단화된다고 비판했다. 마르크스주의자들은 자본주의 사회에서 고용인과 피고용인의 계약은 공정한 거래와는 거리가 멀다고 주장한다. 마르크스주의자들은 이런 불공정한 거래를 '착취'라는 개념으로 설명하며 착취 관계에서 노동이 상품화되고 인간성이 소외된다고 말한다.

무거운 이삿짐을 옮기는 인부는 온종일 근육에 전달되는 고통을 인내하며 그 대가로 돈을 번다. 우리는 흔히 이 인부가 도덕적으로 건강한 노동을 수행했고 정당한 보상을 받을 것으로 기대한다. 우리는 그가 힘든 육체노동을 자발적으로 선택했는지 아니면 더 편한 직업을 가지는 것이 불가능했기 때문이었는지를 문제 삼지 않는다. 그렇다면 그가 참여한 거래는 자발성과 공정성의 조건을 충족한 것일까?

직장인들이 아침 일찍 출근하기 위해 달콤한 잠의 유혹을 뿌리치고 이불을 걷어내는 것은 대부분 금전적인 이유 때문이다. 여유만 있다면 당장 회사를 그만두고 싶은 사람이 과연 한둘이겠는가? 막대한 스트레스를 참으며 직장 생활을 버티는 사람도 있고, 박봉에 몸을 혹사하며 육체적으로 고된 삶을 사는 사람도 있다. 열악한 근무 환경에서 탈출하고 싶은 사람들은 수없이 많다. 부잣집에서 태어나 재정적으로 여유가 있다면 자유롭게 자신이 원하는 일을 찾아 나설지도 모른다. 하지만 대다수 사람들은 먹고살기 위해 노동을 강요당하고 있는 것이 아닐까?

어떤 사람들은 매춘이 단순히 성적인 욕구만을 충족하기 위한 거래

이기 때문에 성 구매자로 하여금 성 판매자의 인격과 존엄성을 외면하도록 만든다고 비판한다. 하지만 예컨대 부서진 문짝을 고치기 위해 목수를 불렀을 때 우리는 그 목수의 사람됨이나 철학적 깊이가 아니라 그가 가진 기술을 보고 노동에 대한 대가를 지불한다. 이때 우리는 목수를 수단으로 대한 것이며, 이는 그의 존엄성을 무시한 행위일까? 최근 들어 사회 문제로 부각되고 있는 감정 노동에서도 우리는 노동의 또 다른 경계선을 볼 수 있다. 특정 서비스업에 종사하는 사람들이 수행하는 감정 노동은 인간 존엄성이 위태로울 정도로 과중하다. 혹자는 감정을 파는 것이야말로 가장 비인격적인 노동이라고 말한다. 간도 쓸개도 없는 듯이 환한 미소를 지으며 로봇처럼 고객을 대하라고 요구받는다면 이는 다른 어느 직업보다도 인간적 존엄성을 저해하는 것일 수 있다. 그렇다면 국가는 왜 감정노동에는 무관심한 채 성 노동만을 처벌하려 드는 것일까?

일반적인 노동과 성 노동의 논리적 경계는 생각만큼 분명하지 않다. 전통적인 성도덕을 배제하는 순간, 일반적인 노동과 성 노동 사이의 경계는 상당 부분 해체된다. 이는 왜 선진국들이 매춘 직업을 다른 직업과 동등하게 취급하는지의 이유를 설명해준다.

⫼ 불공평한 국가 규제 ⫼

우리 사회는 성행위 상대를 돈으로 사는 것은 처벌하지만 상대를 성적 매력으로 유혹하는 것은 용인한다. 그렇다면 성적 매력을 매개로 한 성행위는 경제적 거래를 매개로 한 성행위보다 도덕적으로 우월한가? 성적 매력이 없는 사람들은 그렇지 않은 사람들보다 상대를 찾는 데 불리하다. 그렇다면 성적 매력이 전무해서 성행위 상대를 찾을 수 없는 사람은 자신의 성적 욕구를 제한당해야 하는 것일까?

장애인들이 성적 파트너를 찾는 데 어려움이 많다는 것은 잘 알려진 사실이다. 성적 매력은 개인이 스스로 가꿀 수도 있지만, 대부분 선천적으로 부여받은 것이다. 누구나 수려한 용모를 갖고 세상에 태어나고 싶어하지 흉한 몰골로 태어나기를 원하는 사람은 없다. 하지만 풍부한 성적 매력을 가지고 이 세상에 태어나는지는 개인의 선택 사항이 아니라 운명으로 주어지는 것이다. 성적 매력이라는 자원을 충분히 가지지 못한 채 태어나는 것은 개인의 책임이나 노력과는 무관하다. 자신의 책임이나 노력과 무관한 사안 때문에 성적 파트너를 찾는 데 어려움을 겪어야 한다면 이것은 부당한 일이 아닐까?

상대에게 성적인 호감을 느끼는지 아닌지를 성행위의 도덕적 조건으로 인정하는 사회는 성적 매력을 갖추지 못한 사람들을 차별한다. 이런 사회에서는 마릴린 먼로처럼 풍부한 성적 매력을 갖춘 사람이 성행위의 도덕적 조건을 충족하는 데 유리한 지위를 차지할 것이다. 뛰어난 성적 매력을 토대로 다양한 상대와 성행위를 마음껏 즐기는 바람둥이들은 도덕적 비난에서 면제될 것이다(적어도 법적 처벌은 받지 않는다). 반면 금전적 거래를 통해 자신이 원하는 성행위 상대를 찾는 사람들은 도덕적 비난에 직면해야 한다(어쩌면 법적으로 처벌될 수도 있다). 어떤 사람들은 성적 매력이란 육체적으로 풍겨나오는 매력만이 아니라 인간적이고 지적인 다른 매력들까지 합쳐진 것이라고 주장할지도 모르겠다. 그렇다고 한들 논쟁의 핵심은 변하지 않는다. 여전히 이런 매력 자산을 가지고 태어난 사람들은 성행위 상대를 찾는 경쟁에서 우월한 위치를 차지할 것이다. 풍부한 성적 매력을 가진 사람들이 성행위를 자유롭게 즐기는 것을 허용하는 도덕률은 선천적으로 돈 버는 능력이 뛰어난 사람이 마음껏 부를 축적하는 것을 사회적으로 정당화해주는 논리와 별반 다를 것이 없다.

이 논쟁의 결론은, 자신의 성적 매력을 활용해 성행위 상대를 유혹하는 것이 돈을 매개로 성행위 상대를 유혹하는 것보다 특별히 도덕적일 이유가 없다는 것이다. 이는 성에 대한 우리 사회의 도덕적 조건이 실제로는 매우 임의적이라는 것을 의미하며, 더 나아가 금전적 거래를 매개로 한 성행위가 과연 법으로 처벌받아야 할 만큼 부도덕한 것인지에 대한 의구심을 강화한다.

아울러 우리는 국가가 매춘을 불공평하게 처벌한다는 사실에 주목할 필요가 있다. 성매매특별법 이후 경찰의 집중 단속 대상은 집창촌이었고 부유층이 출입하는 룸살롱은 형식적인 단속에 그쳤다는 것은 익히 알려진 사실이다. 수만 원을 가지고 매춘 업소를 찾은 사람은 처벌되지만 수백만 원을 지불하는 룸살롱 출입자는 처벌을 손쉽게 회피한다. 1,000만 원의 가격표가 붙은 다이아몬드 목걸이를 상대에게 선물하며 성관계를 가진 사람은 아예 처벌에서 면제된다. 사랑하지도 않고 호감도 없는 갑

부와 정략결혼을 한 사람이 즐겁지 않은 성행위를 계속한다면 수만 원의 매춘 거래와 무슨 차이가 있을까? 가시적인 금전 거래는 아니지만 직장 내 승진 약속이나 특혜 등을 담보로 한 사람들 간의 성행위도 넓은 의미에서 매춘이 아닐까?

자유주의 사회의 성적 자기결정권

성이 인간 정체성을 구성하는 중요한 요소라고 믿으며 엄격한 성도덕을 주창하는 사람들의 견해는 존중할 필요가 있다. 하지만 모든 사람이 이런 성도덕을 받아들여야 하는 것은 아니다. 정신적 사랑과 육체적 사랑이 조화롭게 결합한다면 이는 아마도 바람직한 덕을 이루는 삶의 모습일 것이며 당사자들도 큰 기쁨과 삶의 충만함을 얻을 것이다. 한편 성을 금전적으로 거래하는 매춘은 사회적으로 권장할 행위는 아니다. 그럼에도 불구하고 매춘을 악으로 대하는 관점이나 성을 과도하게 신성시하는 태도는 일관성 없는 도덕주의를 형성할 뿐 매춘 문제를 합리적으로 논의하기 어렵게 만든다.

과거에 신성하고 비밀스럽게 다루어지던 성이 사회적으로 개방되면서 성도덕도 변하고 있다. 서구 사회가 오랫동안 유지해 왔던 기독교의 금욕주의적 도덕은 새로운 시대적 요구를 합리적으로 충족하지 못하면서 영향력을 상실하고 있다. 그 결과 성은 시장에서 거래될 수 없는 도덕적 성역을 지닌다는 과거의 주장도 도전받고 있다. 예전에는 춤과 노래, 웃음을 파는 직업을 사회적으로 천대하고 도덕적으로 문제가 있는 것으로 여겼지만, 오늘날에는 건전한 서비스업으로 인정받는 것처럼, 과거에 도덕적 성역에 속했다고 해서 현재에도 그래야 하는 것은 아니다. 서구 사회에서 자유로운 성생활이 보편화되고 포르노 등 성 산업이 발달하는 것도 대중이 더 이상 전통적인 도덕률을 따르지 않고 있음을 반영한다. 어쩌면 우리 사회도 금욕주의적 도덕률에 대한 반발이 시작되고 있는지 모른다.

성행위는 통상 사인 간의 은밀한 육체적 교류이며, 따라서 성은 개인 삶의 가장 내면적 영역을 구성한다. 자유주의 사회는 국가나 타인의 간섭 없이 인간이 자유롭게 사고하고 활동하는 것을 중요시한다. 개인의 삶의 영역을 보장하는 프라이버시의 권리는 자유주의 사회의 핵심적인 기본권이다. 어떤 사람들은 프라이버시의 권리가 개인의 무절제한 행위를 합리화한다고 비판한다. 하지만 프라이버시 권리가 적절하게 보장되지 않으면 인간 자율성과 존엄성이 사회적으로 유지되기 어렵다. 프라이버시의 권리는 사회에서 도덕적 기준을 합의하기 어려울 때 도덕 논쟁의 완충지대를 만드는 역할을 한다. 자유주의 사회에서 정의의 원칙은 가장 사적인 영역이라고 할 수 있는 개인의 성적 자기 결정권이 사회의 도덕적 판단에 종속될 필요가 있는지를 질문한다. 그리고 성적 자기 결정권이 프라이버시의 권리 영역 내에 머물러야 함을 확인시킨다.

불편한 진실일 수 있지만 많은 사람들이 육체적 쾌락을 기대하며 성행위를 한다. 국가가 매춘을 규제하는 이유에는 신성해야 할 성행위를 금전으로 거래하며 육체적 쾌락을 추구했다는 도덕적 판단이 개입된다. 육체적 쾌락을 추구하는 것이 사회적으로 비난받아야 할 이유가 없다면 매춘의 유일한 문제점은 금전 거래가 개재되었다는 사실이다. 감정이 내재하지 않은 성행위가 경제적 거래의 형태를 취할 때, 다른 형태의 성행위와 달리 특별히 사회적 해악을 초래하는가? 사적인 개인들 간의 성행위에 금전 거래가 끼어드는 것을 바람직하다고 볼 수는 없지만, 그것을 사회가 판단하고 규제와 처벌의 정책적 잣대를 들이대는 것이 바람직한지는 여전히 의문으로 남는다.

어쩌면 우리는 금전 거래를 통해 성관계를 가졌다는 사실에 불편함을 느끼기보다는 사랑과 결혼, 출산으로부터 완전히 유리되고 있는 성 가치관의 변화에 불편함을 느끼는 것인지도 모른다. 현대사회가 새로운 성도덕관을 두고 혼란스러워하는 본질적인 이유는 사랑과 결혼과 출산이라는 전통적인 가치와 분리된 성행위의 독자적인 영역을 인정해야 한다는 현실 때문이다.

과시적 소비는 비난받아야 하는가?

extravagance

extravagance

‖ 실용성을 외면하는 넥타이 ‖

　매일 아침 바쁜 출근 시간에 양복을 입는 많은 남성들은 넥타이를 맨다. 디자인과 색상이 다양한 여성들의 의상과 달리 남성 정장은 표준화되어 있어서 평범한 양복이라면 10년 전이나 최근 옷이나 큰 차이가 없으며, 다른 사람들과 차별화하기도 어렵다. 옷장에 걸려있던 양복을 몇 년 만에 꺼내 입고 외출할 수 있는 것은 남성 정장이 크게 변하지 않는다는 점을 보여준다. 그래서 어떤 사람들은 목에 거는 조그만 넥타이야말로 남성 패션의 가장 민감한 아이템이라고 말한다. 넥타이는 세월 따라 짧아지고 길어지고 넓어지고 좁아지고를 반복해 가며 이른바 유행을 창출한다. 색조와 문양에 있어서도 넥타이는 나름 변화를 꾀하며 유행을 만들어낸다.

　넥타이는 목에 걸치고 다니는 액세서리로서 그 실용적 용도는 매우 제한적이다. 세수한 후 수건 대신 사용할 수 있는 것도 아니고 콧물이 나온다고 해서 손수건 대용으로 코를 닦을 수 있는 것도 아니다. 목이라는 민감한 부분을 감싸기 때문에 행여 싸움에 휘말려 상대의 손에 넥타이가 잡히기라도 하면 방어에 결정적으로 취약해질 수 있다. 택시에서 서둘러내리다가 넥타이가 차 문에 끼기라도 하면 택시와 함께 도로를 달려야 하는 황당한 상황이 전개될 수도 있다. 식사를 할 때마다 매번 느끼지만 행여 국물에 빠지기라도 할까 노심초사하는 것이 넥타이다. 그런 넥타이를 왜 남성들은 목둘레에 줄기차게 매고 삶을 살아야 하는 것일까?

‖ 외모 지상주의 사회 ‖

한국의 한 취업 포털 기업은 취업을 희망하는 젊은 층을 대상으로 취업을 위해 외모를 관리하는지 여부를 설문 조사하였다. 이에 응답자의 3분의 2가 그렇다고 답변하였다. 구직자들이 외모에 신경을 쓰는 이유는 외모가 채용 평가에 영향을 미치는 것과 관계가 있다.[1] 특히 여성들은 외모가 구직의 성공 여부를 결정하는 주요 변수가 될 수 있다고 믿는다. 패션모델이나 영화배우처럼 외모가 일과 직접적으로 관련이 있는 직종은 예외라고 하더라도, 일반 직업에 종사하는 대다수의 사람들이 직장을 구할 때 업무 능력과 상관없는 외모로 평가받는다는 것은 부당한 일이다. 여성 대학 졸업 예정자가 취직을 희망하는 직종에 대한 지식과 전문성을 쌓는 것보다 외모 관리와 외국어 능력에 더 치중해야 하는 것은 분명 정상적인 사회현상이 아니다.

젊은 구직 여성들이 다이어트에 집중하는 이유는 늘씬한 몸매를 갖기 위해서다. 몸매와 무관한 직종에 취업하려는 여성들이 왜 몸매부터 관리하려는 걸까? 오케스트라에서 바이올리니스트를 심사하는 기준이 연주 실력보다 외모가 우선한다면, 아리스토텔레스의 텔로스^{telos} 개념까지 소급하지 않더라도 분명 무언가 잘못되었다는 것을 누구나 직감한다. 불과 수년 전까지만 해도 구직자의 이력서 양식에 신장과 체중을 적는 칸이 있었다. 지금도 이력서에 사진을 붙이는 것이 우리 사회의 관행이다. 직무와는 상관없는 외모 관련 정보를 이력서에 기재해야 하는 사회적 관행은 직무 적합성이 아니라 외모에 의해 취업 여부가 영향받을 수 있다는 우려를 낳는다.

미국에서 일반적으로 이력서를 쓸 때 사진을 첨부하는 경우는 거의 없다. 구직자가 자신의 이력서에 신장이나 체중을 기재한다면 도리어 사람들이 이상하게 생각할 것이다. 이력서는 업무 능력과 관련이 있는 정보를 위주로 작성하며, 불필요하다고 여겨지는 경우에는 생년월일도 기재하지 않는다. 이름은 이력서에서 빠뜨릴 수 없는 필수 기재 사항이다. 하지만 이름을 쓰게 되면 대체로 남녀의 성별이 구분될 수 있다. 성차별의 여지를 없애기 위해 한때는 아이에게 트레이시^{Tracy}, 알렉시스^{Alexis}, 제이든^{Jayden} 같은 남녀가 모두 사용하는 이름을 지어주는 것이 유행하기도 했다.

여성들이 다이어트를 하며 늘씬한 몸매를 유지하려는 이유는 늘씬한 몸매가 사회생활에서 다양한 혜택을 준다는 믿음 때문이다. 늘씬한 몸매는 이성에게 성적 호감을 줄 뿐만 아니라, 궁극적으로는 사회적으로 인정받고 성공하는 데 유리한 조건이 된다. 이런 이유로 구직을 원하는 많은 젊은 여성들은 몸매 관리에 신경을 쓴다. 그렇다면 늘씬한 몸매가 여성적 아름다움의 중심적인 가치가 된 것은 언제부터이고, 어떤 이유 때문일까?

▌▌ 베블런의 유한계급론 ▌▌

미국의 경제학자이자 사회학자인 소스타인 베블런Thostein Veblen은 그의 저서 『유한계급론The Theory of the Leisure Class』에서 여성들이 자신이 가냘픈 허리를 가졌다는 사실을 내보이기 위해 왜 그토록 애를 쓰는지를 설명한다. 가냘픈 허리는 풍만한 가슴 및 엉덩이와 대조를 이루면서 몸매에 아름다운 굴곡을 만든다. 가슴, 허리, 엉덩이의 비율은 미인대회 심사에서도 중요한 기준이다. 어디에서 유래했는지는 몰라도 "36-24-36"이라는 수치가 가장 이상적인 여성 몸매라고 이야기되던 시절도 있었다. 36인치라는 풍만한 가슴과 엉덩이 사이즈는 아마도 여성의 출산과 양육 능력을 중시한 과거의 사고와 관습이 반영된 것일 수 있다. 그렇다면 왜 허리는 24인치라는 작은 수치가 이상적인 것이 되었을까? 허리가 가냘픈 것은 출산과 아무런 상관이 없다. 그런데 왜 많은 여성들은 가냘픈 허리를 내보이기 위해 살을 빼고 몸매 교정 속옷까지 착용하는 것일까?

미국 남북전쟁을 배경으로 한《바람과 함께 사라지다Gone with the Wind》라는 유명한 고전영화가 있다. 이 영화에는 남부 숙녀인 스칼렛 오하라가 하녀의 도움을 받으며 코르셋을 입는 장면이 나온다. 남북전쟁 당시 숙녀 의상의 특징은 역시나 가는 허리였다. 가는 허리를 강조하기 위해 만든 당시의 드레스를 여성 혼자서 입는 것은 거의 불가능했다. 스칼렛은 하녀의 도움을 받아 가까스로 드레스의 허리 단추를 채운다. 숨쉬기도 거북할 만큼 허리를 조이는 드레스에 왜 그리도 집착하는 것일까?

가는 허리의 미학과 사회적 신분

미얀마의 소수 민족 카렌족은 긴 목을 여성적 아름다움의 기준으로 여긴다. 카렌족 여성들은 어려서부터 구리로 만든 무거운 굴렁쇠를 목에 끼워 어깨를 내려앉혀서 긴 목을 만들어낸다. 과거에는 구리 굴렁쇠가 비싼 장식품이었을 뿐 아니라 굴렁쇠를 낄 경우 힘든 노동이 불가능했기 때문에 긴 목을 가진다는 것은 높은 신분을 표현하는 방식이었다. 우리 중에는 카렌족 여성의 긴 목을 보며 애처롭다고 느끼는 사람도 있을 것이다. 카렌족의 긴 목이 비정상적이라고 생각한다면, 과도하게 가는 허리를 보이려고 몸매 교정 속옷을 입는 현대의 여성도 비정상적이지 않을까? 가슴과 엉덩이에 비해 지나치게 가는 허리는 분명 인체 구조상 비정상적이다. 오늘날 여성들은 왜 자신의 몸매를 비정상적인 인체 구조에 맞추려고 애를 쓰는 것일까?

19세기 말부터 20세기 초에 걸쳐 살았던 베블런의 답변은 이렇다. 가냘픈 허리는 사회적 신분을 상징한다. 가냘픈 허리는 여성이 자신은 육체노동과는 거리가 먼 유한계급에 속해 있음을 표현하는 방식이다. 베블런의 주장을 조금 더 적나라하게 표현하면, 가냘픈 허리는 일 안 하고 놀고먹는 상류계급임을 드러내는 사회적 코드라는 것이다. 가냘픈 허리로는 고된 노동을 하지 못한다. 수시로 힘을 써야 하는 농부의 아내와 딸이 가냘픈 허리를 갖기는 힘들다. 가냘픈 허리를 지속적으로 유지한다는 것은 일상에서 노동을 하지 않음을 의미한다.

가냘픈 허리는 아름다움 자체의 미학적 특성과는 별로 상관이 없을지 모른다. 가냘픈 허리는 상류층 여성을 건강한 일반 여성과 구분한다. 베블런에 따르면 가냘픈 허리는 사회적인 신분을 상승시키고 싶어 하는 대다수 사람들의 열망이 여성적 미의 기준으로 전이시킨 것일 뿐이다. 다시 말해, 우리 사회의 아름다움이란 것은 상류층처럼 보이고 싶어 하는 사람들의 열망이 반영된 것이다.

미적 기준과 사회적 지위

아름다움이 사회적 지위 혹은 성공과 깊은 관련이 있다면 아름다움의 척도는 시대와 사회에 따라 달라질 수 있다. 즉, 아름다움을 평가하는 기준은 시공을 초월하는 절대적 미에 관한 관념과는 거리가 있을 수 있다.

필자가 어린 시절에 보았던 인도 영화의 여주인공들은 오늘날의 미적 기준과는 잘 맞지 않는 외모를 가진 여성들이었다. 통통한 몸매를 가졌던 그녀들은 요즘 인도 영화계의 늘씬한 여성 스타들과는 분명 외모의 차이를 보인다. 과거 인도에서 인기 있는 여배우들이 통통한 몸매를 가졌던 것은 통통함이 아마도 사회적 신분과 관련이 있고, 당시 인도의 미적 기준이 이런 사회적 신분 구조를 반영했기 때문일 것이다. 식량 생산성이 낮은 대부분의 가난한 사회에서 여성의 미적 기준이 통통한 몸매와 상대적으로 하얀 피부라는 공통점을 가지는 것은 우연이 아니다. 통통하고 피부가 하얗다는 것은 충분한 식량을 보유한 집안 출신이며 햇볕에 노출되는 가사 및 농사일에서 자유로운 사회적 신분을 의미하기 때문이다. 이런 사례는 아름다움의 기준이 그 사회에서 사회적으로 지위가 높은 사람들의 가치와 생활 방식을 반영한다는 것을 뜻한다.

요즘처럼 높은 열량의 대중 음식이 넘쳐 나는 세상에서 과거의 미적 기준이 새롭게 바뀌는 것은 당연한 일이다. 먹을거리가 널려있는 현대사회에서 많은 사람들은 과체중에 시달린다. 체중 증가의 부담을 떨치기 위해서는 섭취한 열량을 운동으로 태우거나 다이어트에 신경 써야 한다. 고지방의 값싼 패스트푸드를 피하고 몸에 좋은 건강한 식품을 먹으려면 재정적 부담이 따른다. 고열량 음식 때문에 몸매가 망가지고 싶지 않다면 틈틈이 헬스클럽이라도 다녀야 하지만, 각박한 삶을 사는 사람들에게는 몸매를 가꾸기 위해 시간을 내는 것이 쉽지 않은 일이다. 결국 시간과 금전에 여유가 없는 신분과 계급에 속한 사람들이 비만이 될 가능성이 높다. 오늘날 여성의 미적 기준이 지방이 없는 다소 근육질의 몸매가 되는 것은 예상 가능한 일이다.

‖ 남성들은 왜 넥타이를 매는가 ‖

우리는 이 장의 첫 부분에서 넥타이 이야기를 꺼냈다. 넥타이의 기원에 관해서는 설이 다양하다. 가장 오래된 것은 로마 시대까지 거슬러 가는데, 당시 군인들이 보온과 수건의 용도로 목에 천을 둘렀다고 한다. 넥타이의 근대적 기원은 '30년 전쟁'의 시기 동안 크로아티아 군인들이 목에 스카프를 두른 데서 유래한 것으로, 17세기 동안 유럽 전역에 퍼지면서 상류 사회의 패션으로 정착했다고 전해진다. 당시의 상류층 사람들은 부와 신분을 과시하기 위해 흰 천 위에 레이스가 달린 값비싼 스카프형 넥타이를 착용했다고 한다. 영국왕 찰스 2세가 1660년에 착용한 넥타이 가격은 당시 일반인들의 10년치 급료였다. 넥타이가 현재와 비슷한 모양으로 다양한 색상을 보이기 시작한 것은 19세기에 들어와서이다. 옥스퍼드대학교를 비롯한 학교와 귀족 클럽에서 신분과 품격의 상징으로 넥타이를 매기 시작했고, 20세기에 들어서면서부터 중산층에서도 유행이 되어 오늘날에 이르렀다.

찰스 2세의 스카프

지금쯤이면 여러분은 남성들이 왜 넥타이를 매는지를 대충 짐작할 수 있을 것이다. 넥타이는 사회적 신분을 상징한다. 넥타이는 상류층의 품격을 나타내는 장식물이었다. 현대에는 블루 컬러 노동자와 대비되는 화이트 컬러 계층의 상징이다. 넥타이는 비교적 안전하고 안락한 사무실에서 땀을 흘리지 않는 직업에 종사한다는 신분적 지위를 상징한다. 작업장의 기계 앞에서 일하거나 논밭에서 농사짓는 이에게 넥타이는 어울리는 장식물이 아닐 뿐만 아니라 심지어 위험하기까지 하다. 넥타이가 작업장 기계나 농기계 안에 끼기라도 하면 목숨을 앗을 수도 있다. 결국 화이트 컬러 남성들이 불편한 넥타이를 매는 것은 자신의 지위를 표현하기 위한 동기에서 비롯된다.

║ 흔하고 값싼 것은 아름다운 것이 될 수 없는가 ║

현대 여성의 가는 허리나 카렌족의 긴 목은 우리 사회의 미적 기준에 순수하게 미학적인 가치나 기능적인 가치만 있는 것이 아니라 사회적 신분을 과시하고자 하는 동기가 포함되어 있음을 보여준다. 부가 사회적 신분의 중요한 척도가 되면서부터 금전적인 가치가 미적 기준에 미치는 영향력은 줄곧 확대되어 왔다. 이는 흔하고 값싼 것은 아름다운 것이 될 수 없다는 사회적 관념으로 이어진다. 거꾸로 말해, 아름다운 것은 희귀하고 비싸야 한다는 사회적 인식을 이끈다.

미국의 정치학자 로널드 잉글하트Ronald Inglehart는 사회적 가치가 결정될 때 두 가지 요인이 주된 영향을 끼친다고 말한다. 첫째는 수요와 공급이다. 수요에 비해 공급이 부족할 때 재화는 희소성으로 인해 가치가 높아진다. 둘째는 사회적 환경이다. 개인들은 스스로의 판단이 아니라 주변 환경 등 사회화의 영향을 받아 재화의 가치를 부여하며 특히 부모, 가족, 친구, 동료 등 성장기의 주변 사람들이 지닌 가치관에 의해 깊이 영향을 받는다. 우리가 아름다움이라는 가치를 판단할 때도 희소성과 사회성이 영향을 미친다. 아름다운 재화는 희소하면서도 주변 사람들이 선호하는 미적인 특징을 가져야 하며, 이때 아름다움은 순수한 미학적 가치나 기능적 가치와는 종종 유리된다.

세계적 톱 모델이 되기 위해서는 이 회사의 속옷 모델을 한 번쯤은 거쳐야 한다는 '빅토리아 시크릿Victoria Secret'이라는 브랜드의 현란한 여성 잠옷을 살펴보자. 이 회사가 만드는 제품 대부분은 섹시함을 강조하기 위해 대단히 화려하지만, 잠을 편히 잘 수 있는 편안함의 기능과는 다소 거리가 있다. 온종일 일한 후 곤히 잠을 청하려는 여성에게 거추장스러운 화려함은 달갑지 않은 것이다. 어떤 사람은 여성적 아름다움을 유지하려면 잠잘 때 다소의 거추장스러움은 감내해야 한다고 말할지도 모른다. 하지만 삶의 여유가 없이 쫓기듯 바쁘게 살아가는 일반 여성들에게 그 같은 거추장스러움은 인내하기 힘든 비용이 될 수 있다. 온종일 여유로운 시간을 보내는 유한계급이라면 이야기는 다르다. 베블런은 앉기에 무척 불편한 영국식 옛날 말안장이 왜 존속하는지를 설명하며 같은 이유를 제시한다. 실용적이지 못한 말안장은 취미로 승마를 하는 여유로운 귀족만이 감당할 수 있다. 베블런은 사람들이 기능적으로 불편하지만 화려하고 값비싼 말안장에 집착하는 것은 그것이 신분을 표현해 주기 때문이라고 말한다.

‖ 노동과 신분 ‖

사회적 신분을 나타내는 가장 고전적인 방법은 직접 노동하지 않고 풍족한 삶을 유지하는 것이다. 분명 소수의 유한계급만이 노동하지 않고 레저를 즐기며 풍요롭게 살아갈 수 있다. 베블런은 영국의 유한계급이 자신의 신분을 과시하기 위해 자신이 노동하지 않는 사람이라는 것을 보여주려고 온갖 방법을 강구한다고 말한다. 유한계급은 만약 자신이 노동하지 않는다는 사실만으로 충분하지 않다면 자신의 가족과 주변 인물까지 노동하지 않아도 될 정도로 자신이 큰 부자라는 사실을 입증하고자 시도한다.

먹고살 걱정 없이 여가를 즐기던 소수의 특권은 20세기에 접어들면서 대중화되기 시작한다. 주 5일 근무와 유급휴가 등은 여가에 대한 일반 노동자의 권리를 논의하는 데 핵심적인 안건들이다. 우리 사회에서도 종종 논란이 되듯이 시간제 노동자나 비정규직 노동자가 정규직 노동자에 비해 차별받는 근로조건의 핵심에는 직업의 불안정성과 더불어 자유 시간의 불인정 이슈가 존재한다. 여가의 권리가 대중화되었다고는 하지만, 삶을 빠듯하게 꾸려 나가야 하는 대다수의 서민에게 여가는 여전히 희소가치를 지닌 재화이다. 희소가치를 지닌 재화를 많이 가진다는 것은 높은 사회적 신분을 의미한다. 이러한 재화의 보유를 통해 자신의 사회적 신분을 과시하려는 시도들은 현시대에서도 예외적 현상은 아니다.

우리는 흔히 근로와 휴식을 대칭적인 개념으로 설정한다. 근로는 모두가 싫어하고 휴식은 모두가 원한다고 생각한다. 이 구분에 따르면 근로는 고통스럽고 유쾌하지 못한 행위다. 만약 근로가 그 자체로 즐거움을 주지 못한다면 사람들이 일하게 만드는 외부적 동기가 있어야 한다. 그중 가장 중요한 것은 아마도 물질적 보상일 것이다. 사람들은 대부분 생계를 위해 또는 부를 얻기 위해 일을 한다. 사람들이 근로의 고통과 불쾌감을 참는 이유는 근로가 경제적 이익, 혹은 소비력의 증대 등 외부적 보상을 제공하기 때문이다.

물론 사람에 따라 물질적 보상이 유일한 동기가 아닐 수도 있다. 근로를 유쾌한 놀이로 묘사하는 것은 지나친 이야기이겠지만, 근로가 나름의 내재적인 가치를 가지고 있는 것도 사실이다. 땀 흘려 일한 뒤의 휴식은 값지지만 끝없이 주어지는 휴식을 달가워할 사람은 많지 않다. 오랫동안 쉰 사람들이 경제적 이유와 무관하게 일거리를 찾는 것은 근로가 고통스러운 행위만은 아니며 나름의 내적 만족을 주는 행위라는 사실을 보여준다. 우리 주변에는 금전적 필요와는 무관하게 즐거움을 찾아 여유롭게 일하는 사람들이 분명히 있다. 근로에 내재적 가치가 있다고 주장하는 사람들은 근로가 삶에 의미와 활력소를 주는 행위라는 점을 강조한다. 인간이란 새로운 물건을 끊임없이 만들어내는 존재(호모 파베르homo faber)라는 생각도 이 주장을 뒷받침한다. 근로의 내재적 가치를 강조하는 사람들은 근로가 인간이 자기를 표현하는 행위이자 자신의 존재를 확인하는 행위라는 점을 간과해서는 안 된다고 말한다.

⫼ 자본주의 정신 vs. 강탈과 술수 ⫼

역사적으로 근로의 내재적 가치는 프로테스탄티즘 종교 윤리에 의해서도 뒷받침되었다. 독일의 사회학자 막스 베버 Max Weber는 근로가 가치 있고 숭고한 인간 활동이라는 서구적 인식의 저변에는 프로테스탄티즘 윤리가 존재한다고 지적한다. 프로테스탄티즘 윤리관은 개인이 살아가면서 죄를 저질렀을 때 이를 회개하고 신으로부터 용서받는 가톨릭 윤리관과 다르다. 프로테스탄티즘 윤리는 개인이 과오를 저지르고 회개하더라도 신으로부터 용서받을 수 없다고 말한다. 따라서 신교도들은 자신이 저지른 모든 죄악을 평생에 걸쳐 짊어지고 살아야 한다. 베버는 죄를 용서받을 수 없는 프로테스탄티즘 세계에서 개인은 신의 섭리를 따라 더 근면하고 절제하는 삶을 살 책무를 요구받으며, 이는 엄격한 자기 제어의 청교도적 금욕주의와 소명 의식으로 발전한다고 설명한다. 그는 회개한다고 해서 천국에 가는 것이 아니라는 예정조화설이 신교도의 내적 고독함을 증대시키며 근면함의 가치를 한층 강화시킨다고 말한다. 비슷한 맥락에서 에밀 뒤르켐 Emile Durkheim은 프로테스탄트의 이런 내면적 부담 때문에 프로테스탄트의 자살률이 가톨릭교도보다 높다고 설명한다.[2]

베버는 근면하지만 사치스럽지 않은 삶을 요구하는 프로테스탄트 윤리가 사람들이 부를 창출하도록 격려하지만 부를 소비하는 것은 절제하도록 만들었으며, 이것이 자본주의 발달에 필요한 자본축적의 토대를 마련했다고 해석한다. 근면과 절약을 강조하는 소박한 종교적 삶, 즉 프로

테스탄티즘 윤리관이 물질적 풍요가 무엇보다 중요한 자본주의 발달의 모태가 되었다는 사실은 흥미롭다.[3]

근로가 신의 의지를 따르는 신성하고 경건한 행위라는 생각이 과연 베버가 주장한 대로 서구 사회에 뿌리 내렸는지는 논란의 여지가 있다. 사실 부유한 귀족 계급의 유유자적하고 나태한 삶은 서구 사회의 상류 문화를 주도했고 일반인들은 귀족 계급의 삶을 동경했다. 이런 사회에서 근로의 가치가 존중되기는 어렵다. 칼뱅주의자들은 근로의 신성함을 계속 외쳤지만, 근로는 여전히 하층계급이 생존을 위해 어쩔 수 없이 수행하는 활동이었다. 근로를 미화하는 사회적 수사에도 불구하고 실제로 사회 환경은 근로에 결코 우호적이지 않았다. 조지 버나드 쇼[George Bernad Shaw]는 근로를 경멸하는 20세기 초 영국 사회의 문화적 풍토를 아래와 같이 신랄하게 풍자한다.

우리 호주머니에 돈만 있다면 우리는 원하는 대로 맘껏 게으름을 피워도 된다. 우리가 인생을 살아오면서 하루도 제대로 일해본 적이 없고, 마치 그럴 의향도 없었던 것처럼 보일수록 우리는 마주치는 공직자들에게 더 많은 존경을 얻고, 모든 이들로부터 부러움과 정중함과 존경심의 대상이 된다. (…) 근로가 저주라는 사실은 우리 믿음의 일부분이다. 일을 한다는 것이 불명예라는 사실은 우리 사회규범의 첫 번째 조항이다.[4]

우리 사회는 때로 근로를 통해 스스로 부를 축적한 부자보다 대대로 부를 상속받은 부자에게 더 큰 경외심을 갖기도 한다. 나아가서 사람들은 정직한 근로보다 정치적, 경제적 혹은 사회적 힘이나 편법으로 재산을 얻는 것에 더 매혹되기도 한다. 한편으로는 근로가 정당한 부의 조건이라고 주창하지만, 다른 한편으로는 힘, 간교함, 편법을 적절히 사용할 수 있는 것을 개인의 진정한 능력이라고 여기며, 이러한 방식으로 얻는 부를 손쉽게 도덕적으로 정당화한다.

이런 주장은 필자만의 독자적 견해가 아니다. 이미 홉슨John A. Hobson이나 베블런이 지난 시대에 보았던 것이고 오늘날에도 많은 학자들이 꾸준히 지적하는 것이다. 이들의 주장은 현대사회에서 겉으로 보이는 윤리론과 달리, 강탈과 술수로 얻은 재산이 정직하게 일해서 얻은 것보다 값지다는 사회적 인식이 폭넓게 존재한다는 사실을 강조한다. 그리고 강탈과 술수를 행할 수 있는 자질과 역량을 특별한 사회적 지위에 소속된 특성으로 우리 사회가 인식하는 경향이 있음을 지적한다. 사실 현대사회에서 개인이 근면하게 일하기만 해서 부자가 되는 것은 쉽지 않은 일이다. 사람들에게 정직하게 일해서 재산을 늘리라고 요구하는 것은 호소력 없는 수사일 뿐이다.

근로와 부에 대한 우리 사회의 현실적 인식은 정의의 정신과 상당히 동떨어져 있다. 베블런은 성공한 집안과 회사들이 자신들을 상징하기 위해 만든 문장紋章에 어떤 짐승들을 그려 넣었는지를 살펴보라고 말한다. 이 문장들에 토끼나 비둘기 같은 연약한 동물이 들어가는 경우는 없다.

문장 안에는 공통적으로 사자나 독수리 같은 약탈적인 강자의 이미지가 들어가 있다. 베블런은 이것이 강탈과 술수를 공격적으로 주도하는 강자의 자부심이자 이에 대한 사회 일반의 혐오가 아닌 존경을 반영하는 것이라고 지적한다. 근면은 강탈과 술수를 행할 수 있는 역량을 지니지 못한 사람들이 생존을 위해 불가피하게 취하는 삶의 방식으로 남겨진 것이다. 우리 사회는 근면을 가치있고 숭고한 인간 활동이라고 칭송하는 듯 보이지만 실제로는 근로를 냉소한다. 부를 가진 소수의 유한계급에게 근로는 여전히 신분적 품위를 떨어뜨리는 행위로 인식될 뿐이라는 것이다.

‖ 과시적 소비의 동기 ‖

근로가 신분적 품위를 떨어뜨리는 행위라면 사람들은 가능한 한 근로 행위를 회피하려 들 것이다. 자신만 근로하지 않는다는 사실로는 만족하지 않는 사람들은 자신의 주변에 있는 이들도 자신의 덕택으로 근로에 참여하지 않는다는 것을 입증함으로써 자신의 신분적 지위를 과시하려 들 것이다. 그리고 유유자적한 삶만으로 자신의 부를 입증하기가 충분하지 않다고 판단될 때는 과시적인 소비 행위를 추가할 것이다. 만약 그것으로도 여의치 않을 경우에는 주변의 대리 소비자들을 늘림으로써 자신의 부를 끊임없이 과시하고자 시도할 것이다.

과시적 소비는 진정한 효용이 없는 낭비적 소비 행태를 가리키는 것이지만, 부를 과시할 수 있는 효율적인 수단인 것은 분명하다. 부를 과시하는 경쟁은 사회 내의 과시적 소비를 부추긴다. 물론 신분 상승을 희망하거나 더 높은 사회적 지위에 자신이 속하는 것으로 위장하고 싶은 사람들도 과시적 소비 행위에 동참한다. 우리 주변을 살펴보면 형편에 맞지 않는 값비싼 명품을 선호하는 사람들이 간혹 있다. 월급 200만 원을 받는 여성이 500만 원짜리 특정 핸드백을 팔에 끼고 다니는 모습을 어떻게 이해해야 할까? 그 핸드백이 독특한 디자인과 탁월한 편의성을 지니고 있어서 소비자가 높은 가격을 무릅쓰고 신중하게 구매한 것이라면 우리는 이를 탓할 이유가 없다. 이 경우 특정 브랜드의 핸드백을 선호하는 것은 개인 취향의 문제일 뿐이다.

하지만 명품 브랜드를 선호하는 심리에는 보통 다른 동기가 내재하기 마련이다. 값비싼 사치품으로 자신의 몸을 치장하는 것은 사회적 신분을 드러내는 가장 투박하면서도 노골적인 방식이다. 사람들이 자신의 사회적 지위를 드러내려는 이유는 통상 사회적으로 인정을 얻고 존경받기 위해서다. 사회적 인정과 존경은 일반적으로 개인이 이룩한 위업에서 비롯된다. 자신이 확보하지 못한 위업을 마치 확보한 듯이 포장하는 것은 결코 쉬운 일이 아니다. 우리는 주변에서 학벌을 부풀리고 자신의 정치적·사회적 인맥을 과장하는 사람들을 간혹 만난다. 그들은 자신의 위업을 과장함으로써 무리하게 사회적으로 인정받으려고 하지만 이런 시도가 성공하기는 쉽지 않다.

그렇다면 자신의 위업을 남에게 어떻게 입증할 수 있을까? 지혜나 용기, 불굴의 의지 같은 존경할 만한 덕목을 타인에게 입증해 보이기는 만만치 않은 일이다. 자신의 존경스러운 과거 행적이나 지혜로운 성찰자적 삶을 내세우듯 설명하고 다니는 것은 부담스러운 일이며, 이런 행적과 삶이 외모와 언행으로 쉽게 판별되는 것도 아니다. 반면, 부는 상대적으로 쉽게 입증이 가능하다. 바로 과시적 소비라는 수단이 있기 때문이다. 사람들이 부에 집착하는 이유는 부가 한편으로는 일반적인 필요와 욕구를 충족하는 데 탁월한 수단이기도 하지만, 다른 한편으로 개인의 위업을 타인에게 가장 쉽게 알릴 수 있는 방법이기 때문이다.

‖ 과시적 소비와 관용 ‖

구매하는 재화의 가격과 가치라는 관점에서 볼 때 과시적 소비는 합리적 소비와는 거리가 멀다. 소비는 인간의 필요를 충족하기 위해 재화를 구매하는 행위다. 따라서 소비한 다음에는 결핍이 해결되고 만족감이 뒤따라야 한다. 하지만 어떤 소비 행위는 만족감을 주지 않는다. 도리어 또 다른 소비 욕구만 불러일으킨다. 욕구가 충족되었는데 만족하는 것이 불가능하고 또 다른 욕구가 생길 뿐이라면 결코 만족될 수 없는 욕구를 충족하기 위해 계속해서 소비할 수밖에 없다. 현대인들이 과시적 소비를 멈추지 않는 이유는 재화가 가져다줄 효용에 환상을 갖기 때문이다. 사람들은 이런 환상을 좇아 소비를 계속하지만 환상은 현실이 되지 않는다. 과시적 소비의 문제점을 지적하는 사람들은 과시적 소비 행위가 인간의 물질적 소유욕에 대한 자기 절제에 실패한 결과이자 타인에게 자신의 부풀린 모습을 과시하려는 헛된 욕망에서 비롯되며, 결과적으로 자신에게 해를 끼치게 될 것이라고 말한다.

하지만 자유주의 사회는 개인의 자율성을 존중하며, 이런 존중은 개인의 소비 행위에 대해서도 예외가 아니다. 사람들은 자신이 원하는 삶을 영위하기 위해 소비라는 수단을 사용하며, 더 나아가 소비를 통해 자신을 표현한다. 개인이 자기 삶을 추구하는 방식이나 자기를 표현하는 방식에 대해 항상 다른 사람들의 동의를 얻어야 하는 것은 아니다. 그리고 다른 사람들의 동의를 얻지 못했다고 해서 그의 소비 행위가 비난받아야 하는 것도 아니다. 자기가 번 돈을 자의적으로 판단해서 소비하는 데 사회적 기준에서 볼 때 사치스럽다는 이유로 사회적으로 비난받아야 하는 걸까? 자신의 자산을 자기 삶에 도움이 되지 않은 방식으로 낭비한다면 이는 개인적으로 어리석은 행위다. 개인이 자신의 잘못된 행위로 이미 손해를 보는 마당에 거기에 대고 사회적 비난을 더해야 할 이유가 있는 것일까?

다양성을 전제하는 자유주의 사회의 핵심 가치는 관용이다. 서로 다른 가치관과 삶의 방식을 가진 다양한 사람들이 공존하기 위해서는 상대의 가치와 삶의 방식이 나의 삶에 치명적인 해악을 끼치지 않는 한 타협하고 인내할 수 있는 절충점이 찾아져야 한다. 시민성civility 혹은 정중한 매너란 관용을 표현하는 수단이다. 이는 나와는 다른 상대방에게 나의 심적 불편함을 숨기고 호의적 감정을 전달하는 것이다. 처음 대면하는 방문객에게 퉁명스러운 얼굴보다는 환한 미소로 응대하는 사무실 안내원을 가식적이라고 비판할 수도 있겠지만, 안내원은 그 순간 시민성을 표출하고 있다.

자유주의 사회의 특징인 관용과 시민성은 근대 초 종교개혁을 둘러싼 역사적 갈등에서 탄생했다. 중세 교회와의 시대적 단절을 시도한 종교개혁과 신교의 등장은 사람들의 사고방식에 일대 변혁을 가져왔다. 과거에는 성서를 바티칸이 해석한 대로만 이해해야 했으나, 신교의 등장은 성서의 해석을 이를 읽는 각 개인들에게 맡긴다. 이에 따라 바티칸이 설정했던 정통과 이단의 구분은 신교 사회에서는 무력화되었다. 대신 신교의 각 교파는 성서의 상이한 해석들을 주도했다. 문제는 성서 해석을 둘러싼 갈등이 유럽에서 끝없는 종교전쟁을 불러온 것이다. 기나긴 종교전쟁의 후유증으로 유럽 사회는 결국 상이한 해석들 사이의 공존을 위한 관용의 가치를 수용했다. 성서에 대한 나의 해석과 너의 해석이 다를지라도 상호 관용을 통해 공존하기로 한 것이다.

관용의 개념은 뒤이어 자유주의 이념에 투영되어 서로 다른 가치와 삶의 목표를 가진 사람들이 공존할 수 있는 해법으로 부상한다. 삶의 목표와 방식이 다를지라도 이로 인한 대결을 원치 않는다면 관용의 정신을 수용해야 한다는 것이다. 자유주의 사회가 발전시킨 사회적 매너의 핵심은 관용 정신의 현실적 표현이었다. 물론 이런 매너에도 사회적 신분을 표현하고자 하는 동기들이 들어 있다. 사회적 일체성을 강조하는 파

시스트 국가나 사회주의 사회는 대부분 사회적 매너가 투박한 것이 특징
이다. 합일성과 통일성을 강조하는 이들 전체주의 사회에서 시민성은 강
조되는 사안이 아니다. 따라서 다양성을 강조하는 자유주의 사회와 달리
정중한 매너도 일반적으로 덜 발달해 있다. 북한을 비롯해 과거 사회주
의 국가에서 사는 사람들이 표출하는 행위와 표현의 투박성은 우연한 결
과가 아니다.

‖ 사람들은 왜 유행을 좇는가 ‖

한국 사회는 유행에 민감한 사회다. 소비 행위도 예외가 아니어서,
옆집이 최신형 텔레비전을 구입하면 멀쩡한 텔레비전을 버리고 새 텔레
비전을 경쟁하듯 구매한다. 무엇인가 유행하면 반드시 따라하는 '집단
유행 신드롬'은 한국 사회의 순응주의적 성향의 한 단면을 보여준다. 유
행이란 한편으로 사회적 변화에 대한 미래적 안목을 가지고 다른 사람들
에 앞서서 새로운 트렌드를 창출하는 것을 의미하지만, 다른 한편으로는
주변으로부터 소외되지 않기 위해 집단적 움직임에 가담하는 것이기도
하다. 유행의 첨단을 걷는다는 것은 다른 사람과의 차별화를 꾀하는 행
위이지만, 다른 일면에서는 주변 사람들과 동질화를 꾀하는 이중적 동기
가 들어가 있다. 순응주의 사회일수록 유행에 민감하다는 점은 쉽게 예
상할 수 있다. 사람들은 유행을 따름으로써 주변 환경에 순응하려고 하

고, 주변 환경에 순응하면 심리적 안정감을 느끼기 때문이다. 자신감, 자기 주관, 자기 가치가 없는 사람들은 통상 유행에 더욱 민감하다. 이는 자아가 완성되지 않아 자기 주관성이 떨어지는 청소년들이 특히 유행에 민감한 이유이기도 하다.

한편 유행은 신분 상승의 욕구를 반영한다. 유행은 일반적으로 상류 사회에서 시작한다. 상류층의 삶을 그 아래 계층이 차례로 모방하면서 유행은 점차 대중적으로 확산된다. 물론 대중적 확산이 이루어지려면 많은 사람들이 유행에 편승할 수 있는 저렴한 방식이 찾아져야 한다. 유행을 따르는 데 고비용이 수반되면 유행의 확산은 한계를 지닐 것이다. 가치나 사고의 유행도 마찬가지다. 가치나 사고방식이 유행하려면 유행이 담지하는 메시지가 대중의 인식 수준으로 낮아져야 한다. 상류 사회의 삶을 선망하는 경향이 강할수록 사람들은 유행이 표방하는 실질적인 가치나 효용보다는 상류층의 신분적 지위를 모방하는 상징성에 더 집착한다. 예를 들어 19세기 중국에서 아편이 유행할 때 아편 복용은 부자들만이 할 수 있는 고상한 일로 여겨졌고 동경의 대상이었다. 유행에 부응하는 것은 경제적 부담을 초래할 수 있으며, 따라서 유행에 부응할 수 있는 역량은 사회적 신분으로 연결된다. 사회적 신분의 상징성 때문에 사람들은 유행에 더욱 민감하게 반응한다.

다원주의 사회에서 사람들은 유행에 덜 민감하게 반응한다. 다양한 삶의 표현 방식을 보장하는 사회에서는 집단에 순응하게 만드는 사회적 압박이 줄어들기 때문이다. 다원주의 사회에서는 신분을 구분하는 기준

역시 다양해져서 전통적인 형태의 위계적 신분 구조는 약화된다. 과거에는 신분과 강하게 연결되었던 매너와 규범도 이완된다. 넥타이를 착용하지 않고 청바지 차림으로 기업 설명회에 나서는 스티브 잡스를 볼 수 있었던 것도 이 같은 이유에서이다. 물론, 다원화된 사회라고 해서 신분 상승의 동기나 신분 과시의 욕구가 위축되는 것은 결코 아니다. 다원주의 사회는 신분 상승이나 신분 과시의 방식을 다양화할 뿐이다.

물질적 페티시즘과 1천만 원의 모피

우리 사회의 많은 사람들은 소수 부유층의 과시적 소비 행태를 비난한다. 하지만 이들이 만약 소수 부유층처럼 많은 부를 소유한다면 과연 이들 중 얼마나 많은 사람들이 과시적 소비의 유혹을 외면할 수 있을까? 소수 부유층을 비난한 이들 대다수도 부유층과 동일한 소비 행태를 보이는 것이 아닐까? 우리 사회의 대다수가 소수 부유층처럼 사치하지 않는 이유는 단지 사치를 감당할 재력이 부족하기 때문일 수 있다. 우리가 소수 부유층에게 던지는 비난의 본질은 기실 이들의 과도한 사치 행태에 있는 것이 아니라 왜 이 같은 사치가 소수에게만 가능한지의 상대적 박탈감과 이로 인한 분노일 수 있다.

과시적 소비 행태는 일부 상류층만의 전유물은 아니다. 마르크스는 인간 소유욕의 왜곡된 형태로 물질적 페티시즘material fetishism이라는 개념을 소개한다. 물질적 페티시즘은 물욕이라는 주술에 걸려 과도하게 재물을 숭배하고 집착하는 사고와 행위를 의미한다. 마르크스는 물질적 탐욕에 물든 대표적 계급이 자본가이며, 이들의 탐욕은 노동자의 착취라는 사회적 결과로 이어진다고 설명한다.

그렇다면 노동자 계급은 물질적 페티시즘으로부터 자유로운가? 마르크스는 자본주의 사회에 사는 모든 이들이 물질적 페티시즘으로부터 자유로울 수 없다고 말한다. 노동자는 자본자의 사치스러운 삶을 한편으로 비난하지만, 다른 한편으로 이를 갈망하고 모방하려 든다. 자본주의의 진정한 생존력은 어쩌면 자본주의 사회의 모든 구성원의 의식에 내재하는 물질적 페티시즘에서 비롯된다. 그리고 이런 물질적 페티시즘은 자본주의 사회의 구성원들이 지니는 정의의 감각에 혼선을 초래한다.

물질적 페티시즘은 과시적 소비를 자극한다. 우리는 과시적 소비를 통해 우리 자신의 가치를 증대시킬 수 있다고 믿기 때문에 이에 더욱 매달린다. 그렇다면 과시적 소비는 진정으로 우리의 가치를 증대시키는 것일까? 천만 원짜리 모피를 걸친 이가 있다고 하자. 그 자신의 가치가 천만 원이라고 생각하는 이가 이 모피를 걸친다면 그의 외형상 가치는 두 배로 증대할 것이다. 자신의 가치를 두 배로 늘릴 수 있었으니 고가의 모피를 입은 것은 분명 성공적 시도일 수 있다.

하지만 우리가 스스로의 존재 가치를 훨씬 더 높게 평가한다면 1천만 원의 모피는 우리 자신의 가치 증대에 크게 기여하지 못한다. 우리 자신의 존재 가치를 소중하게 생각할수록 천만 원의 모피를 걸치는 것은 의미 없는 가치 중대가 될 뿐이다. 비싼 사치품으로 몸을 장식하는 것은 자신의 가치를 스스로 하찮게 여기는 사람들이 집착하는 행위가 된다.

플라톤은 사람들의 상이한 품성과 태도를 각기 금, 은, 동의 재질로 만들어진 인간형에 비유하여 이야기한다. 그 자신이 금의 재질로 만들어진 사람은 사치스러운 금붙이에 미련을 두지 않는다. 그 자신이 바로 금일진대 추가적인 금붙이 치장물을 왜 필요로 하겠는가? 금붙이 치장물에 집착하는 이들은 그 자신이 금이 되지 못하는 사람들이다.

두 개의 '보이지 않는 손'

물질적 페티시즘은 많은 사람에게 비합리적인 소비를 부추긴다. 물욕의 주술을 극복하는 금의 인간으로 우리가 삶을 살 수 있으면 좋겠지만 우리 모두가 금의 인간이기를 기대하기는 힘들다. 비합리적 소비가 사회 내에 만연할 때 사회의 총 복리는 손상된다. 그런데 비합리적 소비가 사회적으로 비효용만 가져온다는 주장에 대한 반론도 있다. 이 반론의 실마리를 제공한 학자는 바로 애덤 스미스이다.

스미스는 사람들이 과시적 소비에 집착하는 이유가 소비가 주는 효용에 대한 환상 때문이라고 말한다. 그는 사람들이 부를 축적하려고 애쓰는 것도 재화가 가져다줄 효용에 대한 부풀려진 망상 때문이라고 설명한다. 돈을 더 많이 모으고 소비를 더 많이 할수록 더 행복해질 것이라는 믿음은 인간의 착각일 뿐이다. 그는 부가 "하찮은 효용의 장신구" 이상을 주지 못한다고 주장한다. 허영은 인간의 항구적인 속성이며, 허영 때문에 사람들은 하찮은 사치품에 집착해 효용과 무관하게 소비를 하고 자신이 가진 부를 허비한다는 것이다.

스미스가 여기에서 설명을 끝냈다면 그는 지금처럼 유명한 경제학자가 되지는 못했을 것이다. 그의 설명에는 파격적인 반전이 있다. 스미스에 따르면 부의 효용에 대한 환상은 사람들을 계속해서 열심히 일하게 만든다. 부의 부풀려진 기댓값 때문에 사람들은 끊임없이 부를 축적하려 하고, 이때 부를 축적하는 노력은 다른 사람들의 고용과 소득 증대에 기여하며 국부를 창출한다. 개인들의 경솔하고 비이성적인 사고와 행위가 도리어 사회 전체를 이롭게 하는 결과를 이끌어내는 셈이다.

결함이 가득한 개인들이 사회에 해를 입히는 게 아니라 이로움을 가져다준다는 스미스의 독특한 해석의 중심에는 '보이지 않는 손'이 있다. 스미스의 보이지 않는 손은 흔히 생각하듯이 수요와 공급 사이에서 가격이라는 균형점을 찾아주는 단순한 경제적 기능만을 행하는 것이 아니다. 보이지 않는 손은 어리석고 이기적인 개인들의 이해관계를 교묘히 조율하며 사회적 조화와 풍요를 제공하는 역할을 한다. 과시적 소비라는 어리석은 행위조차도 보이지 않는 손은 국부 증대에 도움이 되도록 이끈다.

물론 보이지 않는 손은 스미스가 가진 신념의 산물이지 그 실체를 확인할 수 있는 것은 아니다. 스미스의 보이지 않는 손이 확실히 기능한다면 우리는 굳이 어릴 적부터 '이기적인 인간이 되지 말고 타인을 배려하라'는 도덕 규칙을 배울 필요가 없을 것이다. 사람들이 설령 이기적인 행동을 하더라도 보이지 않는 손이 조용히 뒤처리해 주고 부정적인 사회적 결과를 막아줄 것이기 때문이다. 보이지 않는 손이 확실히 작동한다면 사회정의를 고민할 필요도 없다. 사회정의에 관한 개인들 간의 이해관계를 보이지 않는 손이 교통정리해줄 것이다. 그런데 우리가 이처럼 자비로운 손에 전적으로 의탁할 수 없는 이유는 무엇일까? 간단하고도 확실한 답은, 이런 손이 정말 존재하는지에 대한 우리의 확신이 없기 때문이다. 보이지 않는 손에 대한 믿음은 종교적 믿음과 비슷하다. 믿음이 없으면 보이지 않는 손은 그저 스미스가 만들어낸 상상일 뿐이다.

그렇다면 스미스는 자신의 믿음을 우리에게 강요하는 것이고, 현대 경제학자들은 이런 믿음을 과학처럼 받아들이며 그를 경제학의 선구자로 떠받드는 것일까? 사실 스미스의 주장은 우리가 흔히 생각하는 것보다 훨씬 복잡하다. 스미스는 보이지 않는 손이 완벽하게 기능하리라고 생각하지 않았다. 그리고 개인들이 사적 이익을 추구하도록 마냥 놔두어야 한다고 생각하지도 않았다. 도리어 그는 인간이 본원적으로 갖고 있는 도덕적인 감성이 발현되는 사회를 기대했다. 그는 인간이 타인의 기쁨과 슬픔을 공유하는 공감sympathy이라는 독특한 감성을 지닌 사회적 동물이고, 이런 감성은 사회적 존재로서 인간 도덕성의 핵심적인 부분이라고 보았다.

애덤 스미스는 사적 이익을 조화시키는 보이지 않는 손과 별개로, 자연이 인간성에 부여한 '도덕의 손'이라는 또 하나의 보이지 않는 손이 존재한다고 가정했다. 첫 번째 손이 효율적으로 기능하기 위해서는 두 번째 손의 역할은 필수적이다. 스미스의 궁극적인 문제는 도덕의 손의 역할을 지나치게 확신한 것이었다. 혹자는 스미스가 인간 본성을 너무 낙관적으로 판단했다는 점에서 순진했다고 평가한다. 도덕의 손에 대한 지나친 신뢰는 그의 이론 체계의 한계를 설정하는 주된 요인이 되었다. 도덕의 손의 효력이 없는 상황에서 앞선 보이지 않는 손이 정의와 풍요를 가져다줄 것으로 기대하는 것은 무리이다.

스미스의 논리는 과시적 소비가 부정적 외부 효과만 갖는 것은 아니라는 해석을 지지한다. 개인의 과시적 소비가 도리어 생산적 효율성을

애덤 스미스의 두 개의 손

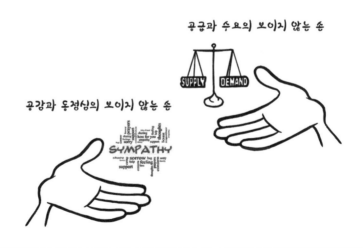

높일 수도 있다는 것이다. 이 주장이 실제 현실에서 타당할 것인지의 판단은 독자들의 몫으로 남긴다.

다원적 정의의 영역들

"사랑은 결코 돈으로 살 수 없다"는 말이 있다. 이 말은 부를 가지고 충족할 수 없는 욕구나 가치가 있다는 사실을 뜻한다. 하지만 한편으로는 부가 다른 무엇보다도 욕구와 가치를 충족하는 데 유용한 수단이라는 것을 함의하는 역설적인 표현이기도 하다. 베블런이 발견한 것은 부가 사회적 신분을 확보하는 데 매우 유용한 수단이라는 사실이다. 물론 사회적 신분이 확보되면 영향력이나 명예 등은 부수적으로 수반된다.

미국의 철학자 마이클 월저Michael Walzer는 『정의와 다원적 평등Spheres of Justice』에서 정의는 다면성을 갖는 만큼 사회 영역들은 서로 다른 분배 정의의 원칙을 적용해야 한다고 주장한다. 예를 들어, 의료 자원은 '필요성의 원칙'에 따라 아픈 사람에게 우선적으로 배분해야 하는 반면, 명예의 자원은 '응분의 원칙'에 따라 탁월한 덕성을 가진 사람에게 배분하는 것이 사회정의의 기본 원칙에 부합한다는 것이다. 월저에 따르면 사회정의를 마비시키는 가장 위험한 요소는 하나의 영역이 다른 영역들에 과도한 영향력을 미치며 사회 내의 모든 특권과 명예의 분배를 통제하는 것이다. 이를테면 부가 지배적인 자원으로 군림하면서 정치권력, 교육 기회,

사회적 명예 등 경제적 영역 바깥의 모든 자원의 배분에 대해서도 과도한 영향력을 끼치는 것이다. 월저는 부의 영역이 다른 영역에 주도적으로 영향력을 미칠 경우 사회적 다원주의와 평등의 가치가 무너질 수 있다고 우려한다. 과시적 소비는 부의 과도한 영향력이 외연으로 확장되는 현상을 보여준다. 이 점에서 과시적 소비는 월저가 우려하는 정의에의 위협을 보여주는 징후다.

부는 아름다움 창출의 물질적 토대다. 생활에 여유가 없이 아름다움을 추구하기는 힘들다. 역사적으로도 위대한 예술은 여가를 가진 사람들 men of leisure 의 집중적 창작 활동에서 나왔다. 이들이 창작 활동에 전념할 수 있도록 사회가 경제적으로 후원하지 않았다면 위대한 예술 작품들은 탄생하기 어려웠을 것이다. 우리가 모차르트의 음악과 렘브란트의 그림을 즐길 수 있는 것은 그들이 창작 활동에 전념할 환경을 마련해준 귀족들의 부가 있었기 때문이다. 문제는 예술 활동이 부에 지나치게 의존하게 되면 창의성과 자율성을 해치게 된다는 점이다.

요즘 유학을 고려하는 많은 사람들이 미국 대학을 선택하는 이유는 무엇보다 미국에 최고의 석학들이 몰려 있기 때문이다. 막대한 부 덕분에 미국은 학자들에게 최고의 연구 환경을 제공한다. 학문에 대한 투자 성과는 커피 자판기에서 커피를 뽑듯 투자를 하고 동일한 가치를 기대하는 것이 아니다. 학문 연구는 슬롯머신 앞에서 잭팟을 기다리는 사람처럼 언제 결실을 얻을지 모르는 채 불확실하고 장기적인 투자를 요구받는다. 학문 연구의 예기치 못한 성과는 여유로운 투자를 행할 수 있는 사회에서만 기대할 수 있다. 문제는 부에 의존하여 태어난 지식은 부의 요구로부터 완전히 독립적이기 어렵다는 점이다. 프랑스의 철학자 미셸 푸코 Michel Foucault가 말했듯이 지식은 종종 권력에 종속될 위험성을 지닌다. 권력에 종속된 지식에 정의를 기대하기는 힘들다.

⫴ 과시적 소비의 문제점 ⫴

과시적 소비는 물질적 재화에 대한 과도한 개인 욕구를 반영하는 소비 행위다. 이런 소비 행위가 진정으로 삶에 충족감과 행복을 가져다줄지는 의문이다. 과시적 소비가 사회적으로 비난받는 데는 크게 두 가지 중요한 근거에 기인한다. 첫째는 과시적 소비가 유용한 사회 자원을 낭비할 뿐만 아니라 소비의 과시적 성격으로 인해 사회적으로 위화감을 조성하고 나아가서 공동체 내부의 협력을 방해한다는 점이다. 둘째는 과시적 소비가 물질적 부의 사회적 영향력을 확대하는 데 기여한다는 점이다. 즉, 과시적 소비가 만연하는 사회에서는 물질적 부가 사회적 신분과 명예 같은 다른 가치의 배분에도 영향력을 증대하는 등 사회를 압도하는 지배적 가치의 위상을 점하게 된다.

부는 다방면으로 유용하다. 부는 물질적 욕구를 충족해 주기도 하고, 삶을 안락하게 만들어준다. 부는 사회적 신분을 입증하는 데도 효과적이다. 하지만 물질적 욕구가 충족됨이 없이 더 많은 욕망을 부추기며 더 높은 사회적 신분을 입증하기 위해 더 많은 부를 필요로 하는 사회 환경에서, 부를 향한 개인들 간의 경쟁은 멈춰질 수 없다. 그리고 부를 향한 치열한 각축 속에서 사회 구성원들 간의 상호 협력의 정신은 줄어든다.

베블런은 과시적 소비가 상류층 사람들 사이에서 지위의 순번을 결정하는 겨루기와 같다고 주장한다. 서로 겨루는 것이 목적인 소비 행위에서 효용과 합리성을 찾는 것은 무의미하다. 여기에서 과시적 소비는 일종의 게임이며, 참여하는 모든 사람에게 파괴적인 결과를 초래할 수 있다. 경쟁적 소비는, 설령 승리한다고 할지라도, 생산적인 결과를 낳기 힘들다.

과시적 소비가 사회적으로 더 큰 문제를 일으키는 경우는 사람들이 자신보다 상위 계층에 속하는 사람들의 소비 패턴을 모방하고 흉내낼 때이다. 높은 신분이나 상류층을 상징하는 이른바 지위재positional goods를 하층 계급이 추구할 경우 이들은 경제적 어려움에 처하게 될 것이다. 상위 계층의 지위재를 소비하는 것은 일시적으로 심리적인 만족감을 줄 수는 있지만, 내실 없는 소비로 귀결될 것이다. 상위 계층의 지위재를 소비한다는 사실만으로 그 자신이 상위계층에 소속되는 것은 아니기 때문이다.

‖ 넥타이의 비애 ‖

우리는 왜 여전히 넥타이를 매는가? 이제는 넥타이의 착용이 보편화되면서 넥타이가 과시적 소비라거나 신분적 상징을 표현한다는 생각은 사라지고 있다. 현대사회에서 넥타이는 남성 패션의 필수적인 요소로 자리 잡고 있다. 그럼에도 불구하고 넥타이가 과거 보유했던 신분적 속성이 완전히 소멸되었다고 보기는 이르다. 여전히 남성들은 예의와 격식이 필요한 자리에서 넥타이를 매야 한다. 오늘도 많은 화이트 컬러들은 자신의 의지와 무관하게 아침마다 자신을 블루 컬러와 구분하는 넥타이를 매고 출근한다. 주인과 산책하는 개의 목에 걸린 고리는 개의 행동반경을 통제한다. 아마도 우리 목에 두른 넥타이는 계급과 신분, 지위의 구분을 통해 이루어지는 사회적 통제에 우리 자신을 묶어두는 것인지도 모른다.

넥타이와 개목걸이의 공통점은?

1장

1. 의사 조력 자살(physician-assisted suicide)은 안락사와는 다소 다르다. 의사 조력 자살은 의사가 제공한 약물이나 기타 수단을 이용하여 환자가 스스로 죽음에 이르는 행위다. 앞서 언급한 케보키언의 기계들은 의사 조력 자살의 대표적인 도구라고 할 수 있다. 의사 조력 자살은 사망을 초래하는 의료 행위를 주관하는 주체가 의사가 아닌 환자 자신이라는 점에서 적극적 안락사와 구분된다. 다시 말해, 의사가 처방한 약물을 언제 어디에서 어떻게 실행할지는 환자의 결정에 맡긴다. 하지만 이 둘을 구분하는 것은 실질적으로 큰 의미를 지니지 않는다.

2. 안락사에 대한 우리 사회의 관심이 서구 사회에 비해 결코 뒤지지 않는다는 견해도 존재한다. 2021년 한 국내 병원의 연구팀은 우리나라 응답자의 무려 76.3퍼센트가 안락사 또는 의사 조력 자살의 법제화에 찬성했다는 조사 결과를 발표한 바 있다. 하지만 이 팀이 2016년 진행한 조사에서는 찬성 의견이 41.4퍼센트였다. 사회적으로 파급력 있는 사건이나 환경 변화가 발생하지 않은 상황에서 5년이라는 짧은 기간 동안 찬성 지지율이 과연 35퍼센트나 상승할 수 있는지는 의문이며, 이는 상기 여론조사 결과의 신뢰성에 대한 논란을 초래한다. 여론조사 결과는 동아일보, "국민 10명 중 8명 '안락사 허용해야'" (2022. 5. 25) 기사 참조.

3. 세계 가치 서베이(World Value Survey) 7차 조사(2017~2020)에서 나타난 서유럽

국가들의 안락사 지지율은 네덜란드 78퍼센트, 독일 68퍼센트, 프랑스 64퍼센트 등이다. 미국의 경우 갤럽(Gallup)이 2020년 조사한 바에 의하면 응답자의 74퍼센트가 의사 조력 자살을 지지하며, 이 수치는 2016년의 69퍼센트보다 증가한 것이다. 한편, 미국 내 의료업계 종사자들의 안락사에 대한 지지율은 연구에 따라 차이를 보이지만 일반적으로 찬성이 반대보다 높은 비율을 차지한다. 한 의학 사이트(Medscape)의 2016년도 여론조사에 따르면 의사 중 57퍼센트가 의사 조력 자살을 지지하는 것으로 나타나고 있다.

4. 미국의 경우를 살펴보면, 안락사의 조건을 충족하는 것이 생각만큼 쉽지 않아서 안락사 신청자의 일부에게만 최종적으로 안락사가 허용되고 있다. 의사 조력 자살을 허용하는 오리건주 내에서 이루어진 한 해 자살 사망자 수는 전체 사망자의 2퍼센트 수준인 것으로 조사되고 있다. 다른 주 사람들이 의사 조력 자살을 희망하여 오리건주로 일부 이동한 것을 감안한다면 오리건주의 원래 비율은 미국 전체 평균인 1.8퍼센트와 별다른 차이를 보이지 않는다. 이는 안락사나 의사 조력 자살을 법적으로 허용한다고 해서 실재 지원자가 급격히 증가하지는 않음을 의미한다. 1997년 미국 오리건주에서 처음으로 의사 조력 자살이 허용된 이래 2024년까지 미국의 총 의사 조력 자살수는 약 8,700명이며, 이들 중 대다수가 확인된 말기암 환자였다. 안락사를 제한하는 여러 제도적 장치들로 인해 조건을 충족하지 못한 환자의 안락사 가능성은 매우 제한적이다. Jesse Bedayn, "I'm Dying, You're Not: Those Terminally Ill Ask More States to Legalize Physician-Assisted Death," *Associated Press* (April 13, 2024).

5. 환자의 진중한 결정과 명백한 의사 표명을 중시하는 자유주의 사회에서 비자발적 안락사는 항상 논란의 대상이다. 비자발적 안락사의 경우 통상적으로 가족 전원이 동의하고 의사 2인 이상이 환자의 상태를 확인하는 등의 기술적

절차를 규정하지만 이들의 결정이 환자의 실제 의사에 충실히 부응하는지는 확인하기 힘들다. 무연고자의 경우 과연 병원이나 제3의 윤리위원회에서 결정할 수 있는지 여부도 논란거리다. 이 같은 논란을 잠재우기 위해 미국과 몇몇 나라들은 환자가 사전에 의사와 함께 작성하는 연명의료계획서(POLST) 제도를 도입함으로써 환자가 혼수상태에 빠졌을 경우를 대비한다. 연명의료계획서는 심폐 소생술, 인공호흡기, 인공 영양 공급 등의 중단 시점에 관한 내용도 포함한다. 말기 환자의 경우 심폐 소생술이 환자의 심장을 일시적으로 다시 뛰게 할 수는 있지만, 갈비뼈 골절 등 추가적 부상을 초래하며 단시간의 생명 연장 효과에 그치는 경우가 많다. 이 같은 이유로 네덜란드의 경우 대다수 시한부 환자들이 사전의료의향서를 작성할 때 심폐 소생술의 사용을 거부한다.

6. 장기간에 걸친 네덜란드의 안락사 추이를 조사한 하이드 등의 연구 결과 역시 동일한 결론을 이끌어낸다. Agnes van der Heide et al. "End-of-Life Decisions in the Netherlands over 25 years," *The New England Journal of Medicine* 377, 5 (2017).

7. C. Seale, "End-of-Life Decisions in the UK Involving Medical Practitioners," *Palliative Medicine* 23, 3 (2009). 또 다른 안락사 불법 국가인 일본에서도 상황은 비슷해서, 히라이 등의 연구는 소극적 안락사가 광범위하게 이루어지고 있음을 보여준다. Kei Hirai et al, "Good Death in Japanese Cancer Care: A Qualitative Study," *Journal of Pain and Symptom Management* 31, 2 (2006).

2장

1. Guttmacher Institute, *Abortion Worldwide 2017: Uneven Progress and*

Unequal Access (Guttmacher Institute, 2017).

2. 아프리카의 경우 남아프리카공화국을 제외한 대다수의 국가가 낙태를 불법
   화하고 있다.

3. Statista, "Abortin in France" (Jan 10, 2024).

4. 낙태 합법화와 불법화를 나누는 미국 주의 수는 반반으로 나뉘고 있지만, 인
   구 비율로는 합법화의 지지가 압도적으로 높은 수치를 보인다. 퓨리서치의
   여론조사에 따르면, 미국 내 합법화 지지율은 2024년 현재 63퍼센트에 달
   하고 있다. Pew Research Center, "Public Opinion on Abortion: Views on
   Abortion, 1995-2024" (May 13, 2024).

5. 한국의 낙태 건수는 2005년의 복지부 통계에서 년 34만 건을 넘는 것으로 조
   사되었으나, 이후 수치가 대폭 감소하여 2020년대 들어와서는 년 3만 건 내
   외인 것으로 나타난다. 하지만 낙태 건수가 왜 이렇게 감소했는지에 대한 적
   절한 설명은 제시되지 않고 있다. 반면 2017년 대한산부인과의사회가 비공
   식적으로 추정한 연간 국내 낙태 수치는 100만 건을 넘는다. 만약 이 수치가
   맞다면 한국의 낙태율은 의심할 여지없이 OECD국가 중 압도적 1위이다. 낙
   태 관련 통계의 충분한 신뢰성이 확보되지 않은 상황에서 통계 수치의 정확
   한 의미를 찾는 것은 무리이지만, 이들 수치는 낙태가 합법화되기 전에도 음
   성적인 낙태 시술이 광범위하게 진행되었음을 확인시킨다. 관련 통계 수치
   들은 손명세 외, 『전국 인공임신중절 변동 실태조사』(보건복지부, 2011)와 한국
   보건사회연구원, 『2021년 인공임신중절 실태조사 주요결과 세부내용』(2022)
   참조.

6. Centers for Disease Control and Prevention (CDC), "ART and Gestational
   Carriers" (May 2024).

7. 대리모 시장은 차후에도 급속한 성장세를 보일 것이며, 2032년의 시장 규모는 1,290억 달러(한화 약 177조 원)에 이를 것으로 예측된다. Karen Gilchrist, "The Commercial Surrogacy Industry Is Booming as Demand for Babies Rises," *CNBC* (March 7, 2023).

3장

1. 바이든 대통령의 마리화나 소지관련 사면 조치는 2023년에도 추가적으로 진행되었다. Office of the Pardon Attorney, "Presidential Proclamation on Marijuana Possession, Attempted Possession, and Use," *U.S. Department of Justice* (2024).

2. John J. Macionis, *Social Problems*, 8th ed. (Pearson, 2020), p. 241.

3. J. C. Anthony et al, "Comparative Epidemiology of Dependence on Tobacco, Alchohol, Controlled Substances, and Inhalants: Basic Findings from the National Comorbidity Survey," *Experimental and Clinical Psychopharmacology* 2, 3 (1994). 중독성 측면에서 담배와 술이 마리화나보다 높다는 사실은 추후의 연구들에서도 확인된다. D. Nutt et al, "Development of a Rational Scale to Assess the Harm of Drugs of Potential Misuse," *The Lancet* 369, 9566 (2007).

4. 2021~2022년 기준 유럽 주요 국가들의 전체 인구 대비 성인 마리화나 흡연자 비율은 적게는 3퍼센트에서 많게는 11퍼센트에 이르는 넓은 분포를 보이고 있다. 프랑스, 스페인, 이탈리아가 10~11퍼센트로 가장 높은 수치를 보이고 있으며, 네덜란드, 영국, 독일은 7~8퍼센트 수준을 기록하고 있다. 스웨덴은 노르웨이, 포르투갈과 더불어 가장 낮은 3퍼센트대를 나타내고 있다.

European Union Drugs Agency, *Statistical Bulletin 2024: Prevalence of Drug Use* (2024).

5. 대검찰청 마약·조직범죄부, 『2023년 마약류 범죄 백서』(대검찰청, 2023), 129쪽.

6. 미국 내 마약 문제를 다루는 행정기관(SAMHSA)의 2023년 조사에 따르면, 미국에서 마약 사용의 경험이 있는 12세 이상 인구는 전체 12세 이상 인구 대비 51.2퍼센트였으며, 이 중 92퍼센트가 마리화나 경험자였다. 이전 년도에 마리화나를 흡연했다고 밝힌 사람의 수는 6,000만 명을 넘었고, 이는 전체 인구의 21.8퍼센트에 달하였다. 미국인 5명 중 1명 이상이 마리화나를 지속적 혹은 간헐적으로 사용한다는 결론이었다. 이처럼 마리화나의 사용이 광범위한 상황에서 사용자를 처벌하는 법안이 실효성을 갖기는 힘들 것이다. Substance Abuse and Mental Health Service Administration, *2023 National Survey on Drug Use and Health* (SAMHSA, 2024).

7. Lyle Daly, "Marijuana Tax Revenue by State: Marijuana Can Bring in Big Bugs for State Governments," *The Motley Fool* (September 11, 2024).

8. Salomeh Keyhani, "Ask a Doctor: Is Marijuana As Bad for Me As Alcohol?" *The Washington Post* (December 12, 2022).

9. Henry Simons, *Personal Income Taxation: The Definition of Income as a Problem of Fiscal Policy* (University of Chicago Press, 1938), 13쪽.

4장

1. 시민 결합은 동성애자들에게 결혼에 준하는 혜택을 부여하면서, 다른 한편으로는 동성 결혼에 대한 사회적 반발을 해소하는 시간적 여유를 갖기 위한 과

도기적 조치이기도 하다. 이 점에서 동성애자들에 대한 사회 차별을 개선해 나가는 현실적인 방안으로 평가받는다. 그러나 결혼제도가 지니는 모든 혜택을 부여하는 것은 아니기 때문에 여전히 동성애자에게 이성애자와 동일한 권리를 보장하지 않는다는 한계가 있다. 시민 결합은 결혼과는 달리 이를 인정하지 않는 다른 국가로 여행 혹은 이주할 경우 법적 지위를 보장받지 못한다는 결정적인 약점을 갖는다. 시민 결합의 구체적 내용은 이를 운용하는 국가별로 달라서 결혼과의 차이점을 일반화하기는 힘들지만, 일반적으로 자녀 입양, 외국 배우자의 시민권 취득, 배우자 입원 시 보호자로서의 지위 등에서 결혼에 비해 제약을 받는다.

2. Megan Brenan, "Same-Sex Relations, Marriage Still Supported by Most in U.S." *Gallup* (June 24, 2024).

3. United States Census Bureau, *Characteristics of Same-Sex Couple Households: 2005 to Present* (October 26, 2023).

4. European Union, Special Eurobarometer 535: Discrimination in the European Union-France, *Eurobarameter* (May 2023). 퓨리서치센터(Pew Research Center)가 2023년에 진행한 여론조사에 의하면 프랑스의 동성 결혼 지지율은 82퍼센트로 더 높은 수치를 보이고 있다. Sneha Gubbala et al, "How People Around the World View Same-Sex Marriage," *Pew Research Center* (November 27, 2023).

5. Levada Center, "The Attitude of Russians to the LGBT Community," (October 19, 2021). 2013년의 한 여론조사에서는 러시아 응답자의 무려 75퍼센트가 동성애자를 도덕적으로 타락하거나 정신적으로 비정상적인 사람들로 여긴다는 결과를 보였다. ODR, "Do Russians Give a Damn about Homosexuality?"

(June 20, 2013).

6. 한국갤럽, "동성 결혼, 동성애에 대한 여론조사" (2017. 6. 1).

7. 한국리서치, "여론 속의 여론: 2023 성소수자 인식 조사" (2023. 8. 2).

8. 퓨리서치센터의 조사 결과는 Sneha Gubbala et al, "How People Around the World View Same-Sex Marriage," *Pew Research Center* (November 27, 2023) 참조.

9. 프랑스는 65.2퍼센트, 노르웨이는 63.1퍼센트, 포르투갈은 60.2퍼센트의 비결혼 출산율을 보이고 있다. European Union, "Marriage and Divorce Statistics," *Eurostat* (March 2024).

10. 김승권 외, 『2012년 전국 출산력 및 가족보건·복지실태조사』 (한국보건사회연구원, 2012), 203쪽.

11. 한국리서치, "여론 속의 여론: 2024 자녀·육아 인식 조사" (2023. 6. 18).

5장

1. 한계 세율(marginal tax rate)은 소득 증가액에 대한 세금 증가액의 비율이다. 예를 들어 소득이 200만 원 이하일 때는 세율이 20퍼센트, 이상일 때는 40퍼센트가 부과된다고 가정해 보자. 이때 소득이 300만 원인 사람은 세금을 80만 원을 내야 한다(0.2×2,000,000+0.4×1,000,000). 이때 이 사람의 '평균 세율'은 800,000/3,000,000=약 26퍼센트이고, '한계 세율'은 40퍼센트다. 만약 이 사람의 소득이 1만 원 증가하면 소득 증가액에 40퍼센트의 세율이 적용되어 세금 증가액은 4,000원이 된다.

2. Jacob Lunberg et al, "Taxing High Incomes: A Comparison of 41 Countries," *Tax Foundation* (October 23, 2019).

3. Greg Leiserson & Danny Yagan, "What Is the Average Federal Individual Income Tax Rate on the Wealthiest Americans?" *The White House* (September 23, 2021).

4. OECD, *Revenue Statistics 2023: Tax Revenue Buoyancy in OECD Countries* (December 6, 2023), 79쪽.

5. IPSOS, *Income and Wealth Disparities Perceived As the Most Serious Form of Inequality* (March 26, 2021).

6. Alice Tidey, "Majority of People Want Higher Taxes for the Rich, A 21-Country Poll Has Found," *EuroNews* (March 20, 2019).

7. J. Baxter Oliphant, "Top Tax Frustrations for Americans: The Feeling That Some Corporations, Wealthy People Don't Pay Fair Share," *Pew Research Center* (April 7, 2023). 폴리티코(Politico)와 모닝컨설트(Morning Consult)가 주관한 2021년 여론조사에서는 미국인의 무려 74퍼센트가 부자 증세를 요구한다는 결과를 보이기도 한다. 한편, 대공황시절이던 1939년 이래로 현재까지 동일 질문으로 여론 변화 추이를 꾸준히 추적해온 갤럽의 조사 역시 부자 증세 여론은 부단히 상승해왔음을 확인시킨다. 갤럽(Gallup) 연구는 부자 증세 여론이 1939년의 35퍼센트에서 시작하여 지속적인 증가 추세를 보이면서 2020년대에 접어들면서 52퍼센트에 이르렀음을 보여준다. Frank Newport, "Average American Remains OK with Higher Taxes on Rich," *Gallup* (August 12, 2022).

8. Léon Walras, *Elements of Pure Political Economy*, trans. W. Jaffe (George Allen

and Unwin, 1954), 77쪽.

9. Henry Simons, *Personal Income Taxation*, 13쪽.

10. Walter J. Blum and Harry Kalven, *The Uneasy Case for Progressive Taxation*, Midway Reprint (University of Chicago, 1953), 82쪽.

11. Adam Smith, *The Wealth of Nations*, ed. E. Cannan (University of Chicago Press, 1976), 2권, Bk. V, 1장, 232쪽.

12. Walter J. Blum and Harry Kalven, *The Uneasy Case for Progressive Taxation*, 67~68쪽.

13. John A. Hobson, *Wealth and Life: A Study in Values* (Macmillan, 1929), 213쪽.

14. John Allett, *New Liberalism* (University of Toronto Press, 1981), 223쪽.

15. John A. Hobson, *Poverty in Plenty: The Ethics of Income* (Macmillan, 1931), 28쪽.

6장

1. 단두대는 1977년까지 프랑스 공화국의 정식 사형 집행 기구로 사용되었다. 프랑스는 1981년에 사형 제도를 폐지했다.

2. BBC News, "How Many Countries Still Have the Death Penalty, and How Many People Are Executed?" *BBC* (January 26, 2024).

3. 미국 내에서 사형 제도 폐지의 선두에 섰던 주는 미시간과 위스콘신으로, 폐지 시기는 19세기 중반까지 올라간다.

4. Death Penalty Information Center, *Facts about the Death Penalty* (August 8, 2024).

5. 한국갤럽, "사형제 존폐, 흉악 범죄 발생 원인, 경제 전망, 부동산 집값 전망," (2022. 7. 21). 일부 다른 여론조사들의 경우 한국갤럽의 조사보다 사형제 유지에 대한 더 높은 지지율 수치들을 보이고 있다. 머니투데이의 2021년 여론조사에서는 77.3퍼센트, 국가인권위원회의 2019년 여론조사에서는 79.7퍼센트를 기록하였다. 머니투데이, "사형 찬성자 95% '흉악범 집행해야'… 77.3% '사형제 유지' 응답 (2021. 9. 15)와 KBS뉴스, 인권위 "국민 10명 중 8명은 사형제 찬성" (2019. 5. 2) 참조.

6. Thomas Hobbes, *Leviathan*, ed. C. Brooke (Penguin Classics, 2017).

7. John Locke, *Second Treatise of Government*, ed. C. B. Macpherson (Hackett Publishing Company, 1980).

8. 사형제에 대한 밀의 영국 의회 연설은 John Stuart Mill, "Speech in Favour" in Peter Singer, ed., *Applied Ethics* (Oxford University Press, 1986). 밀의 철학적 입장은 John Stuart Mill, *On Liberty, Utilitarianism and Other Essays*, 2nd ed. (Oxford University Press, 2015) 참조.

9. Death Penalty Information Center, "Study: 88% of Criminologists Do Not Believe the Death Penalty is an Effective Deterrent" (July 28, 2009).

10. Death Penalty Information Center, "Murder Rate of Death Penalty States Compared to Non-Death Penalty States" (August 30, 2024).

11. Dave Collins, "Yale Study: Racial Bias, Randomness Mar Conn. Death Penalty Cases," *Associated Press* (December 12, 2007).

12. John J. Donohue, "An Empirical Evaluation of the Connecticut Death Penalty System Since 1973: Are There Unlawful Racial, Gender, and Geographic

Disparities?" *11 Journal of Empirical Legal Studies* 637 (2014).

13. Jeffrey D. Kubik and John R. Moran, "Lethal Elections: Gubernatorial Politics and the Timing of Executions," *The Journal of Law & Economics* 46, 1 (April 2003).

14. USAFacts, "How Much Do States Spend on Prisoners?" (March 28, 2023). 시 단위 수준에서 교도소 운영비가 가장 높은 도시는 뉴욕시로, 2021년 한 해 동안 죄수 1인당 55만 6,000달러라는 막대한 금액을 뉴욕시가 사용하는 것으로 알려지고 있다. New York City Comptroller, "Comptroller Stringer: Cost of Incarceration per Person in New York City Skyrockets to All-Time High" (December 6, 2021).

15. 정의의 기준들 중 현대 정치철학을 주도해 온 것은 아마도 공정성일 것이다. '선'에 대한 다양한 생각이 존재하는 사회에서 정의는 이들 생각 사이의 관계를 설정하는 작업이기도 하다. '공정으로서의 정의(justice as fairness)'는 개인 자율성과 자기 결정, 안전과 복지, 개인의 발전, 쾌락의 극대화, 공동체적 이익, 종교적 실천 사이에서 무엇을 우선해야 할 것인가에 직접적으로 답하기보다는 논의의 기본 규칙을 제시하는 데 초점을 맞춘다. '공정으로서의 정의'는 존 롤즈(John Rawls)나 브라이언 배리(Brian Barry) 등 자유주의 학자들이 체계화하고 널리 알린 논리로, 그 핵심은 개인들이 자신의 현 이해관계와는 무관한 익명의 구성원 지위를 부여받고, 그 지위 상황에서 합리적으로 사고하도록 유도함으로써 합의의 결과가 공정성의 원칙을 최대한 만족하도록 하는 데 있다. '공정으로서의 정의론'은 대범위 정의론이 되기에는 어려움이 있지만, 그럼에도 불구하고 다른 정의론보다 높은 논리적 체계성을 입증해 왔다. '공정으로서의 정의론'은 자유주의가 내세울 수 있는 가장 진보적이고 적극적인 사회 비판 이론이다. 자유주의의 시각에서 평등주의의 이론적 토대를 마련

한 것은 '공정으로서의 정의론'의 중대한 기여이다.

7장

1. 서울대 여성연구소, 『성매매 실태 보고서』 (2010. 12).

2. Global Commission on HIV and the Law, *Risks, Rights & Health* (July 2012), 43쪽.

3. 매춘은 흔히 노예 거래나 인신매매와 비슷한 것으로 인식되기도 한다. 하지만 매춘과 이 거래들은 현저하게 다르다. 노예 거래나 인신매매의 근본적 문제점은 거래가 매매되는 객체의 의사와 무관하게 이루어진다는 점이다. 이런 거래에서는 매매되는 객체의 인권이 심각하게 훼손될 여지가 있다. 한편 대리모나 인간 장기의 자발적 매매는 매춘과 상대적으로 유사하다. 쌍방이 최소한 형식적으로는 동의하기 때문이다. 대리모는 여성의 출산 기능을 활용해 금전적 이익을 취한다는 특성을 갖는다. 장기 매매의 경우 장기의 손실이 영구적인 데 반해, 대리모의 출산 능력은 재생될 수 있다는 점에서 대리모는 매춘과 비슷한 점이 있다. 우리는 장기 매매가 양자의 동의에 의한 거래이고 제삼자에 대한 부정적 외부 효과가 제한적이더라도 시장에서 거래되는 것을 쉽게 허용하지 않는다. 이는 아무리 거래 당사자들이 자발성과 동의라는 요소를 갖추었다고 할지라도, 자신의 장기를 자발적으로 판매하는 상황을 가정하기가 상식적으로 쉽지 않기 때문이다. 인체에서 장기가 제거되면 이를 현대 의학 기술로 완전히 복원하는 것은 불가능하다. 국가가 장기 매매를 불법화하는 이유는 정상적인 상황의 사람이 이런 위험 부담을 감수하며 장기 매매에 참여하지 않으리라는 판단 때문이다. 다시 말해, 강요되지 않은 자발적이고 형평성 있는 장기 매매는 결코 성립될 수 없다고 믿기 때문이다.

1. 취업을 준비하는 데 외모가 영향 변수인지를 묻는 국내 설문 조사에서는 응답자의 무려 88퍼센트가 그렇다고 응답하였다. 헤럴드경제, "'외모패권주의' 신조어 속 구직경험자 88%, 외모 여전히 취업 스펙으로 작용" (2017. 5. 22).

2. Émile Durkheim, *Suicide: A Study in Sociology*, ed. George Simpson & trans. John A. Spaulding (Free Press, 1997).

3. 이 흥미로운 해석은 막스 베버의 『프로테스탄트 윤리와 자본주의 정신』의 중심 내용을 이룬다.

4. George Bernard Shaw, *The Intelligent Woman's Guide to Socialism and Capitalism* (Brentano, 1928), 399쪽.

이 책은 여덟 개의 소주제를 논의하면서 각 주제와 관련한 다양한 이론적 및 경험론적 자료들에 의존했다. 이 자료들 중 중요하다고 생각한 자료의 출처는 본문 중에 명시했다. 여기는 이 책의 논의에서 중심적인 역할을 한 문헌을 선별해서 소개한다.

우선 플라톤의 『국가 The Republic』와 아리스토텔레스의 『니코마코스 윤리학 Nichomachean Ethics』은 이 책이 폭넓게 인용한 고전적 문헌이다. 홉스의 『리바이어던 Leviathan』과 로크의 『통치론 Two Treatises of Government』 역시 근대를 대표하는 저서로 이 책에서 꾸준히 언급되는 문헌이다. 고전적 공리주의와 관련한 논의는 벤담의 『도덕과 입법의 원칙에 대한 서론 An Introduction to the Principles of Morals and Legislation』, 흄의 『도덕 원칙에 관한 논고 An Enquiry Concerning the Principles of Morals』, 그리고 밀의 『공리주의 Utilitarianism』를 토대로 한다. 밀의 또 다른 저서인 『자유론 On Liberty』, 칸트의 『법이론의 형이상학적 기초원리 The Metaphysical Elements of Justice』와 『실천이성비판 Critique of Practical Reason』, 스미스의 『국부론 Wealth of Nation』과 『도덕감성론 Theory of Moral Sentiments』, 마르크스의 『자본론 The Capital』과 『고타 강령 비판 Critique of the Gotha Programme』 등도 이 책이 의존하는 주요 문헌이다.

이 책은 정의론과 관련해서도 다양한 시각의 이론들을 참조했다. 응분의 개념을 토대로 한 정의의 논의는 셔의 『응분 Desert』과 사더스키의 『정의의 몫 Giving Desert its Due』 등에서 이루어진다. 필요의 개념을 토대로 한 정의는 센의 『빈곤과 기아 Poverty and Famines』 등에서 논의된다. 공리주의 정의론은 구딘의 『공공철학의 공리주의 Utilitarianism as a Public Philosophy』 등에 잘 요약되어 있다. 절차적 정의론을 대변하는 문헌으로는 하이에크의 『노예의 길_The Road to Surfdom_』과 노직의 『무정부, 국가, 그리고 유토피아_Anarchy, State and Utopia_』, 뷰캐넌의 『자유의 한계_The Limits of Liberty_』 등이 있다. 상호 이익의 정의론은 고티어의 『동의의 도덕_Morals by Agreement_』과 엡슈틴의 『취득_Takings_』 등에서 논의되고 있다. 공평성의 정의론을 대표하는 저서는 롤즈의 『정의론_A Theory of Justice_』이다. 배리의 『공평성의 정의론_Justice as Impartiality_』, 드워킨의 『지고의 덕_Sovereign Virtue_』, 스캔론의 『우리가 서로에게 지는 의무_What We Owe to Each Other_』 등도 유사한 시각을 전개한다. 공동체주의 정의론은 매킨타이어의 『덕의 상실_After Virtue_』, 테일러의 『자아의 원천_Sources of the Self_』, 샌들의 『자유주의와 정의의 한계_Liberalism and the Limits of Justice_』 등에서 다룬다. 한편, 정의 다원주의를 이끄는 저서로는 월저의 『정의의 영역들_Spheres of Justice_』과 밀러의 『사회정의 원리_Principles of Social Justice_』 등이 있다.

마지막으로 이 책은 홉슨과 베블런으로부터 많은 도움을 받았다. 홉슨의 『사회 문제_The Social Problem: Life and Work_』와 『풍요 속의 빈곤_Poverty in Plenty: The Ethics of Income_』, 그리고 베블런의 『유한계급론_Theory of the Leisure Class_』은 19세기 유럽 사회를 날카롭게 분석한 저작으로 현 시대의 분석에서도 유용한 지적 통찰력을 제공한다.

청소년을 위한
생각하는
사회

초판 1쇄 인쇄 · 2025년 2월 27일
초판 1쇄 발행 · 2025년 3월 7일

지은이 · 장의관
펴낸이 · 천정한
펴낸곳 · 도서출판 정한책방

출판등록 · 2019년 4월 10일 제446-251002019000036호
주소 · 충북 괴산군 청천면 청천10길 4
전화 · 070-7724-4005
팩스 · 02-6971-8784
블로그 · http://blog.naver.com/junghanbooks
이메일 · junghanbooks@naver.com

ISBN 979-11-87685-98-2 (03190)